筹码分布技术入门与实战精解

每位股民都学得会的筹码分析入门书

主力动向追踪仪，系统讲解筹码分布技术实战操作技巧

刘振清◎著

中国宇航出版社

·北京·

图书在版编目（CIP）数据

筹码分布技术入门与实战精解 / 刘振清著. -- 北京 : 中国宇航出版社，2017.1（2024.1重印）
ISBN 978-7-5159-1263-9

Ⅰ. ①筹… Ⅱ. ①刘… Ⅲ. ①股票交易－基本知识 Ⅳ. ①F830.91

中国版本图书馆CIP数据核字(2016)第305200号

责任编辑 田芳卿
责任校对 白希国　**装帧设计** 宇星文化

出版发行	**中国宇航出版社**		
社　址	北京市阜成路8号	**邮　编**	100830
	(010)60286808		(010)68768548
网　址	www.caphbook.com		
经　销	新华书店		
发行部	(010)68767386		(010)68371900
	(010)68767382		(010)88100613(传真)
零售店	读者服务部		
	(010)68371105		
承　印	北京厚诚则铭印刷科技有限公司		
版　次	2017年1月第1版		2024年1月第10次印刷
规　格	787×960	**开　本**	1/16
印　张	13	**字　数**	186千字
书　号	ISBN 978-7-5159-1263-9		
定　价	35.00元		

使用筹码分析，
做自己看得懂的行情
（代序）

有涨跌就会有利可图。股市中最不缺少的就是挣钱的机会，然而大多数的机会散户却难以把握，原因在于其风险过大。这可能与很多投资者的初衷并不一致，但事实就是如此。只有把握极少数自己看得懂的机会，才能顺利实现盈利。

寻找主力筹码的运动轨迹，并判断主力未来的操盘动向，是筹码分布理论的核心与精髓。不得不承认，在很多时候，大家即使非常熟练地掌握了筹码分布理论，也不可能准确地判断主力的持仓量、持仓成本等关键信息。其实，对投资者来说，这并不是一个大问题，因为没有人能够百分之百地看清行情。

交易的目标不是看清每一波行情，而是实现盈利。换句话说，利用筹码分布理论，做自己看得懂的行情就可以了。至于那些看不清的机会与行情，错过了其实也没有什么。股市中永远不缺少机会，就怕机会到来时，你手中却没有资金。

与市面上同类讲解筹码分布的图书不同，本书更注重K线形态与筹码分布的综合分析。很多投资者研判K线形态时，往往会有这样的疑惑：股价筑顶时，为什么有时会出现倒V形顶，有时会出现M顶，有时又会出现三重顶，甚至多重顶；股价筑底时，为什么有时会出现V形底，有时会出现W底，有时又会出现三重底，甚至多重底。其实，如果将筹码分布理论与K线形态组合分析，很容易就会找到答案。一切都是有原因的，这些形态与主力的吸筹与派发有关。

即使使用筹码分布理论，想寻找股票的最佳买点与卖点，也不是一件容易的事。不过，若能以筹码分布理论为核心，辅之以K线形态、均线系统构建一套完整的交易系统，并结合其他技术分析工具，那么这件不太容易的事也许就真的实现了。不过，在使用筹码分布理论分析股价运行趋势时，还要注意如下几点。

第一，仔细研判筹码峰中筹码到底是不是主力的。投资者不能见到高点处的筹码峰就认为筹码是散户的，见到低点处的筹码峰就认为筹码是主力的。还要结合当时的市场情形以及股价的运行态势进行综合分析。总之，主力永远不会轻易暴露自己的意图。

第二，建立一套符合个人特点的筹码分布交易计划。每个投资者都有自己的性格、爱好，这些个性化特征必然会作用于交易实战。当然，这些个性化的特征本身并无好坏优劣之分，关键是要善加引导和利用，尽可能地扬长避短，这样才能在交易中游刃有余。

作为一名投资者，能够熟练应用筹码分布理论并做到以上两点还远远不够。在股市中交易，还需要练就更加严格的纪律约束力、更成熟的心态和更敏锐的洞察力，这些东西不是任何一本书能直接传授给读者的，而是要通过不断的交易去积累和沉淀。

投资路上注定充满荆棘与坎坷，本书愿与大家一路同行！

目 录 CONTENTS

第一章

筹码分布技术精髓

筹码分布理论是指根据筹码的流动性特点，对标的股或指数的成交情况进行汇总分析，得出某一时段的筹码结构即各个价位成交股票的数量，从而预判股价未来走势的一种技术分析方法。筹码分布理论由陈浩在《筹码分布》一书中提出，后经多人发展逐渐走向成熟，是一种植根于中国的股市技术分析理论。

第一节　筹码分布的核心效用

通常情况下，在炒股软件 K 线图界面，点击右下方的“筹码”或“成本”等类似图标，就可以调出筹码分布图，不过不同的炒股软件可能会有不同的图标，如图 1-1 所示。

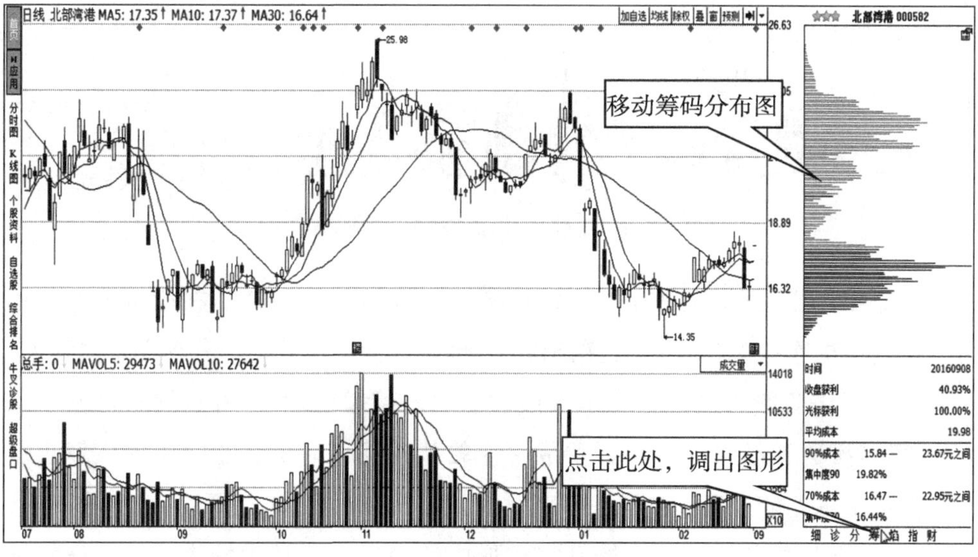

图 1–1　筹码分布图（同花顺）

筹码分布技术的核心作用包括识别阻力位与压力位、判断运行趋势与买卖时机等。

一、识别阻力位与支撑位

从本质上来说，交易过程中形成的每个筹码峰，都是为股价波动划定的支撑位与阻力位，只是这些阻力位、支撑位对股价的支撑力与阻力大小不同：在股价上涨过程中，遇到筹码峰时可能会感受到一定的压力；反之，在股价下跌过程中，遇到筹码峰可能会感到一定的支撑。

下面先来看一下红阳能源的案例，如图 1-2 所示。

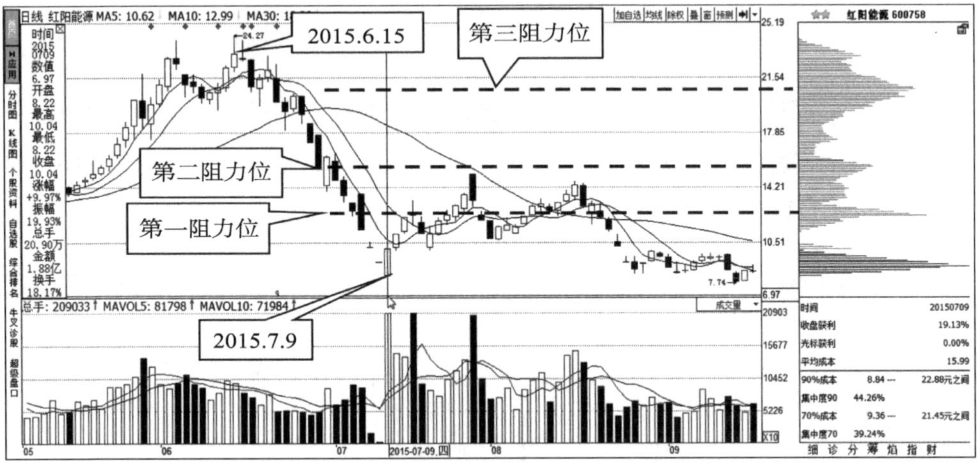

图 1-2　红阳能源（600758）筹码分布图

红阳能源的股价从 2015 年 6 月 15 日自高点快速下跌。在股价下跌过程中，该股甚至连一次像样的反弹都没有，足见空头实力之强，做空意愿之强烈。7 月 9 日，该股股价已经下跌了 6 成以上，之后才启动了一波反弹行情。

很多投资者都将这波反弹看成一次较佳的买入时机，于是纷纷入场。不过，若对照右侧的筹码分布图，可以发现此时出现的反弹，上涨空间十分有限，因为该价位上方有几个较大的套牢盘形成的筹码峰。其中较为明显的筹码峰有三个，就是图中标示的三个阻力位区域。也就是说，当股价反弹至这几个价位附近时，若不能消化掉这些筹码，股价势必会重归下跌通道。

事实上，该股股价反弹至第一阻力位和第二阻力位之间的区域时，就因这些筹码峰的阻力而早早地结束了反弹行情。

下面再来看一下江淮汽车的案例，如图 1-3 所示。

2016 年 4 月 8 日，江淮汽车的股价启动了一波下跌走势。观察此时该股的筹码分布可以看出，在当日价位下方有一个明显的筹码峰，且该筹码峰非常大。这就说明该位置为股价下跌过程中的重要支撑位，股价回调至该位置时，一般来说都会受到强大的支撑。如果股价遇到该支撑位不能组织有效的反弹，反而继续向下突破，则意味着股价运行趋势将趋向于弱势，此价位就是最后的清仓位了。反之，若股价遇到该位置的支撑而重新上涨，则该价位就是一个较佳的加仓位。

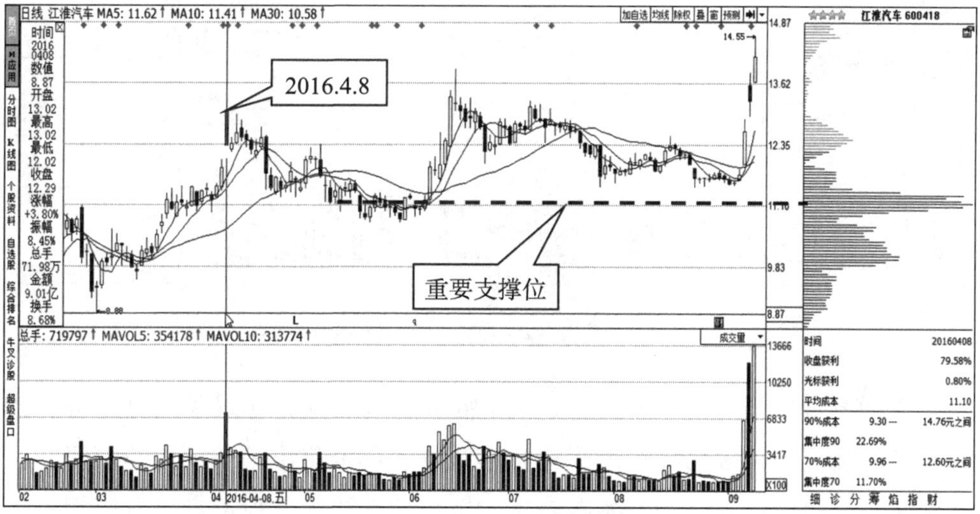

图 1-3　江淮汽车（600418）筹码分布图

通过对该股后期走势的观察可知，该股在该位置遇到支撑后重新上攻。这说明该股将重新走出一波上涨趋势，投资者可以在该支撑位加仓买入该股。

二、判断运行趋势与买卖时机

股价的运行趋势主要包括三种，即上升趋势、下跌趋势和横向震荡趋势。

1. 判断上升趋势与买入时机

借助筹码分布识别上升趋势的方法包括以下两种。

（1）脚踩筹码峰上升。

股价在底部盘整一段时间后，筹码峰逐渐下移，在底部堆集出一个最大的筹码峰。此时，一旦股价脱离底部区域，则意味着股价将启动一波上攻行情，此时就是投资者买入建仓的良机，如图 1-4 所示。

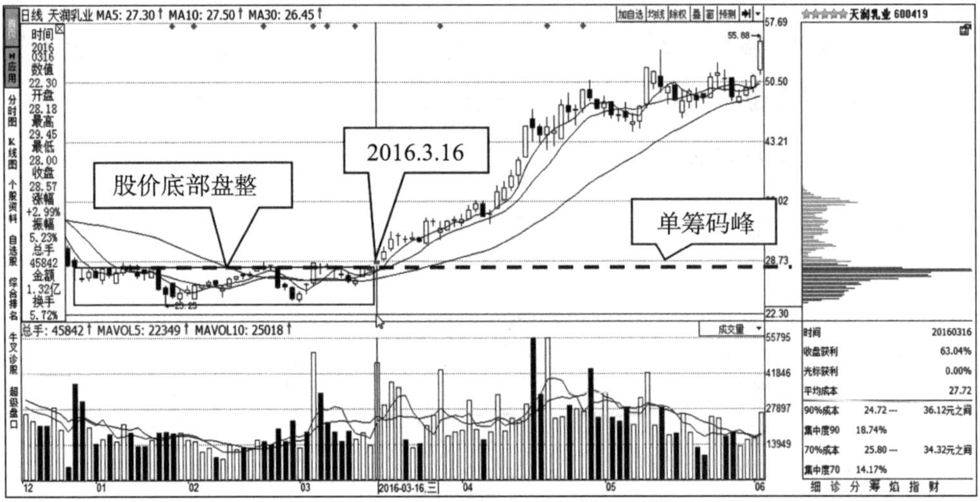

图 1-4 天润乳业（600419）筹码分布图

天润乳业的股价从 2016 年 1 月开始出现了一波底部震荡盘整走势。在底部震荡过程中，筹码峰逐渐下移，不久在底部堆集出一个巨大的筹码峰。这种情况说明，主力已经开始在该价位区域建仓买入，投资者可以密切关注该股的后期走势。

2016 年 3 月 16 日，该股跳空放量上攻，成交量相比前一交易日放大了数倍，且股价脱离了底部震荡区域，这说明股价即将启动一大波上涨行情。此时投资者观察整个筹码分布图可知，在该价位的上方没有明显的筹码峰，这说明该股股价在上涨过程中不会遇到太大的阻力，筹码分布比较有利于股价的上涨，投资者可以加大仓位买入该股。

（2）突破筹码峰上升。

股价经过一波上攻后出现回调，并在回调起始位形成了一个巨大的筹码峰。若未来股价遇到支撑重新上攻，且能够向上突破这个巨大的筹码峰，则意味着该筹码峰的作用将由阻力转化为支撑，股价将迎来一波新的上涨行情，如图 1-5、图 1-6 所示。

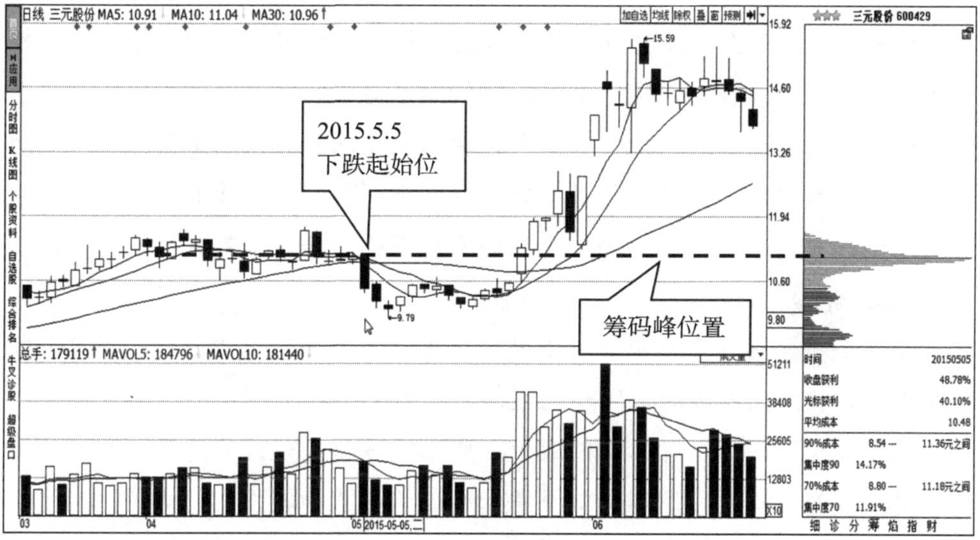

图 1–5　三元股份（600429）筹码分布图（一）

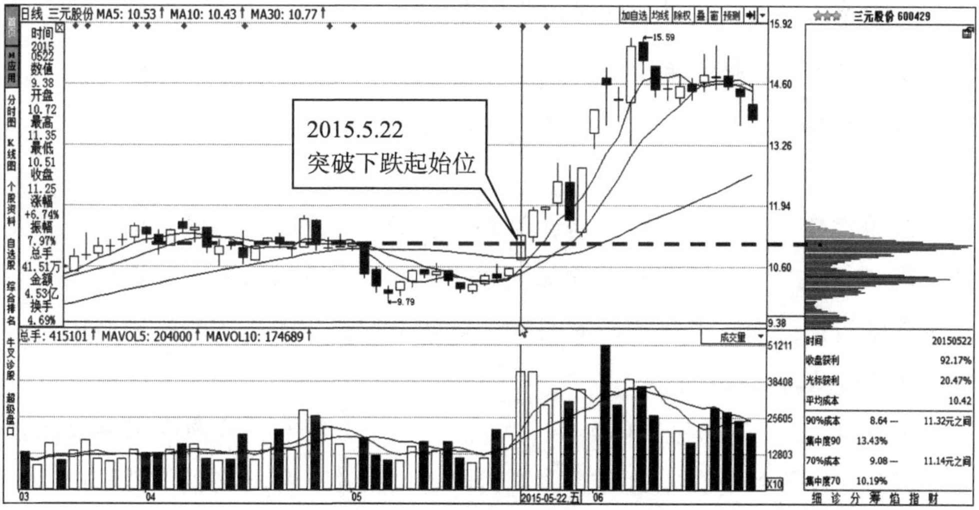

图 1–6　三元股份（600429）筹码分布图（二）

由图 1-5 可知，三元股份的股价在 2015 年初追随大盘上攻，出现了一波上涨行情。2015 年 4 月底 5 月初期间，该股股价在顶部出现了横盘走势，且筹码迅速聚集。这说明该股短线有回调的可能，至于回调的空间则不好测量。

5 月 5 日，该股股价放量下跌，这说明股价已经启动了回调或下跌，投资者宜卖出手中的股票。该股下跌起始位置的筹码峰所对应的价位，有可能成为股价未来上涨的阻力位，投资者宜密切关注该股后期的走势以及筹码运行情况。随着股价的回调，若筹码峰能够同步下移，则之前的下跌起始位阻力就不会太大；反之，若筹码峰不出现明显下移，则该位置就会成为今后股价上涨的重要阻力位。

该股股价经过几个交易日的下跌后出现反弹走势，很快运行至下跌起始位附近，并且之前形成的筹码峰仍在，如图 1-6 所示。

由图 1-6 可知，三元股份的股价在底部震荡时，筹码峰并未下移。当股价启动上攻时，筹码峰所对应的下跌起始位将会成为较强的阻力位。5 月 22 日、25 日，该股连续两个交易日放量上攻，一举突破了下跌起始位，股价成功站到了筹码峰的上方。原来的阻力位已经转化为支撑位，未来股价将会启动新一轮上涨，投资者可在此时加仓买入该股。

2. 判断下跌趋势与卖出时机

借助筹码分布识别下跌趋势的方法包括以下两种。

（1）自筹码峰下跌。

股价在顶部盘整一段时间后，筹码峰逐渐上移并在顶部堆集出一个最大的筹码峰。此时一旦股价脱离顶部区域开始下跌，就意味着股价将启动一波大幅下跌行情。向下突破筹码峰时，一般就是投资者卖出该股的最后机会，如图 1-7 所示。

六国化工的股价从 2016 年 5 月底至 6 月初出现了一波顶部震荡盘整走势。股价在顶部震荡盘整过程中，筹码峰逐渐上移，并且在顶部堆集出一个巨大的筹码峰，这说明主力在该价位区域不停地出货，所有的波动都是主力

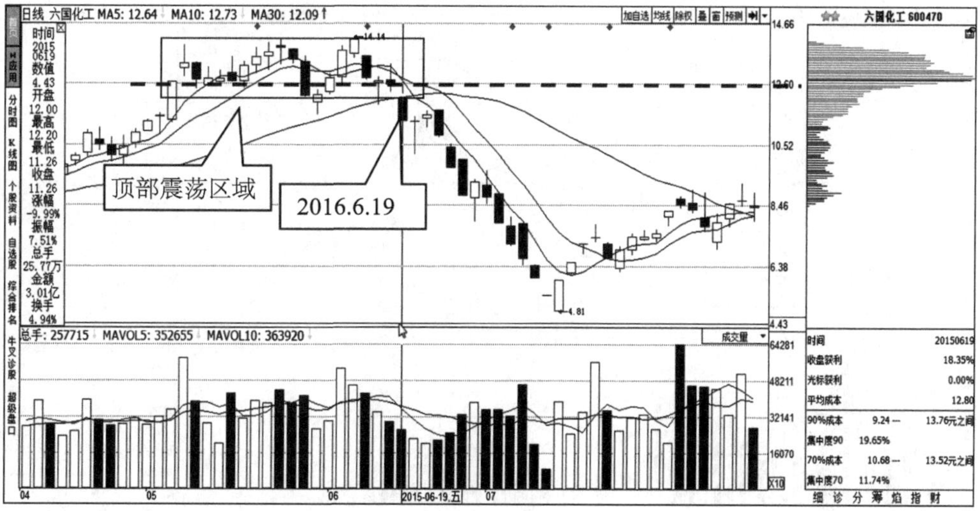

图 1–7　六国化工（600470）筹码分布图

为了出货方便故意制造出来的，投资者可以考虑提前出局。

2016 年 6 月 19 日，该股跳空下跌，且该股股价已经脱离了顶部震荡区域，这说明股价即将启动大幅下跌行情。此时，观察整个筹码分布图可知，在该价位的下方已经没有了明显的筹码峰，这说明主力已经出货完毕，股价下跌过程中下方不会有任何的支撑，股价下跌的动能较为强大，投资者宜远离该股。跳空下跌当日，就是投资者最后清仓的机会，若错过该时机，将会被深套其中。

（2）跌破筹码峰下跌。

股价经过一波下跌后出现反弹，并在反弹起始位形成了一个巨大的筹码峰。若未来股价重新下跌受到该位置的支撑，但股价最终向下跌破这个巨大的筹码峰，则意味着该筹码峰的作用将由支撑转化为阻力，未来股价将迎来一波新的下跌行情，如图 1-8、图 1-9 所示。

由图 1-8 可知，航天晨光的股价在 2015 年 11 月出现了一波下跌行情。12 月 1 日，该股股价到达阶段性底部后，出现了筑底企稳迹象。与此同时，该股的筹码逐渐向该价位区域聚集。

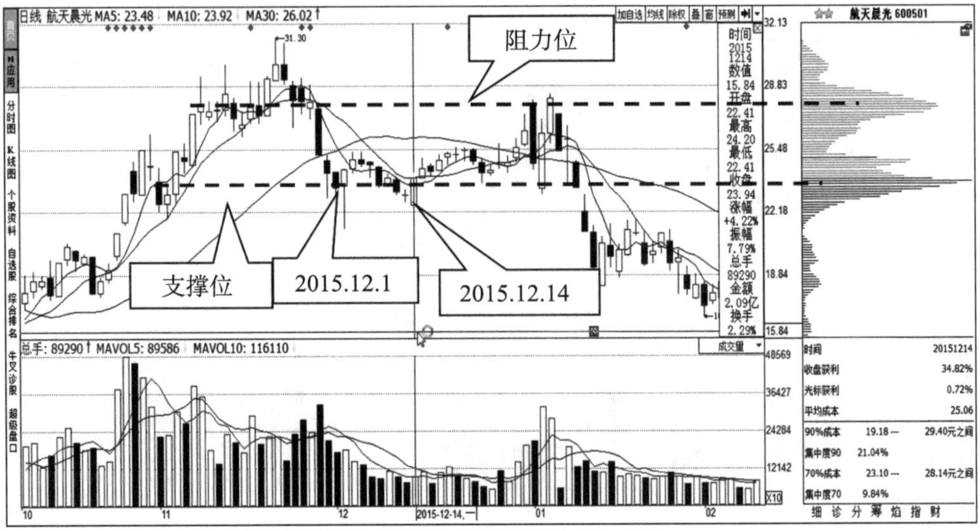

图 1–8 航天晨光（600501）筹码分布图（一）

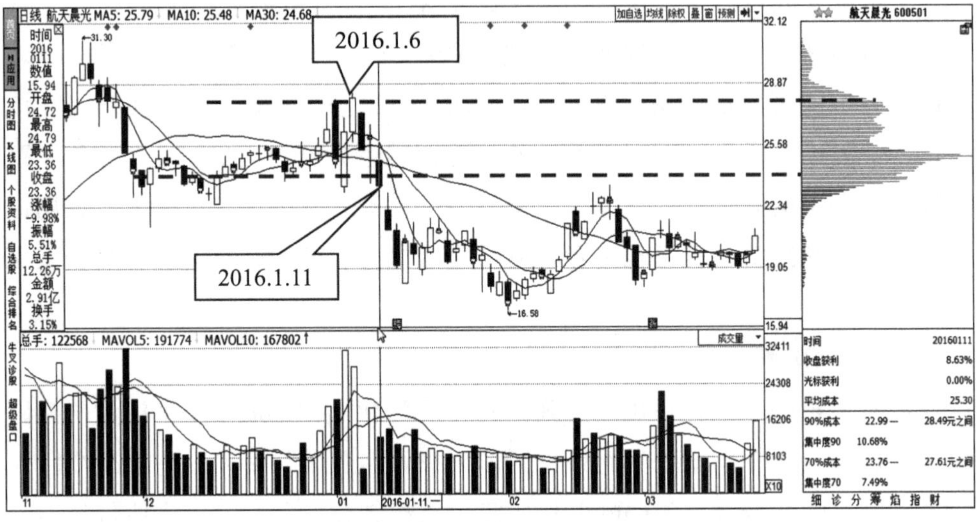

图 1–9 航天晨光（600501）筹码分布图（二）

12 月 14 日，该股股价重新开始上涨，且在该价位附近已经聚集了一个较大的筹码峰。这说明该价位可能成为未来该股下跌时的重要支撑位。观察该股的筹码分布图可知，在该价位上方不远处还有一个规模较大的筹码峰，这说明该股上攻的空间十分有限，投资者应密切关注该股后期的走势。

由图 1-9 可知，航天晨光的股价经过几个交易日的上涨后，于 2016 年 1 月 6 日触顶下跌，这也印证了之前股价上涨空间较小的判断。按照之前的判断，该股股价下跌至 2015 年 12 月 14 日形成的筹码峰位置，将会遇到一定的支撑。不过，2016 年 1 月 11 日该股股价下跌至该价位区域时，并未受到任何支撑，而是以大幅下跌的形式突破了具有支撑作用的筹码峰，今后该筹码峰的支撑作用将会转化为阻力作用，未来股价还会大幅下跌，投资者宜卖出手中的股票。

3. 判断横向震荡趋势与买卖时机

股价运行在底部或顶部区域时，有可能出现两个筹码峰并存的情况，即股价所处位置存在一个明显的筹码峰，上方或下方也存在一个明显的筹码峰。该股股价在顶部或底部盘整震荡一段时间后，两个筹码峰逐渐消失，两个筹码峰之间的低谷被逐渐填平，并形成一个新的筹码峰。此时，若股价出现向上或向下突破的形态，则意味着股价新一轮上涨或下跌行情即将到来。

下面来看一下西陇科学的案例，如图 1-10、图 1-11 所示。

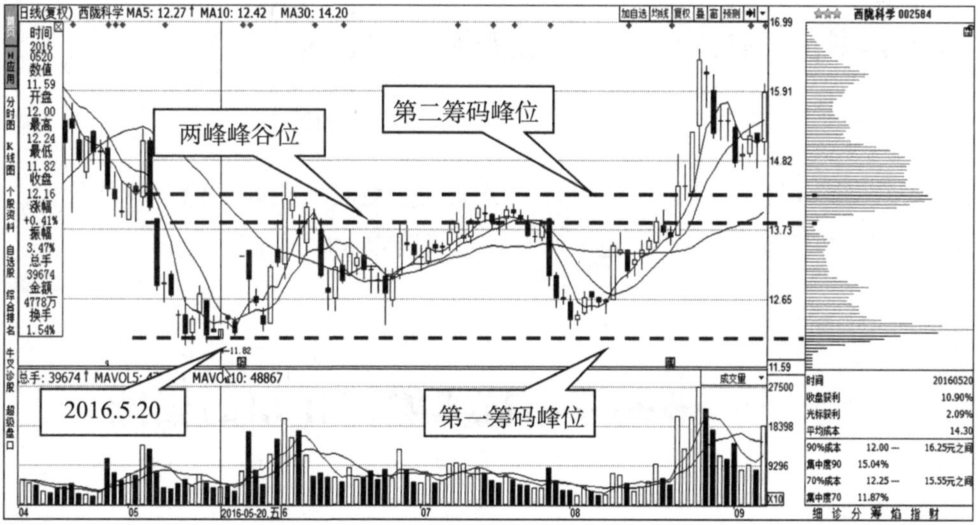

图 1-10 西陇科学（002584）筹码分布图（一）

由图 1-10 可知，西陇科学的股价自 2016 年 4 月中旬出现了下跌走势，股价在 5 月 20 日下跌至 11.82 元位置后开始企稳反弹。观察该股的筹码分布图可知，此时该股的筹码分布图呈现双峰并立的形态，股价在双峰之间运行。

此后，随着股价在两个筹码峰之间震荡运行，两峰的高度逐渐降低，两峰之间的低谷被逐渐填平，并形成了新的筹码峰，如图 1-11 所示。

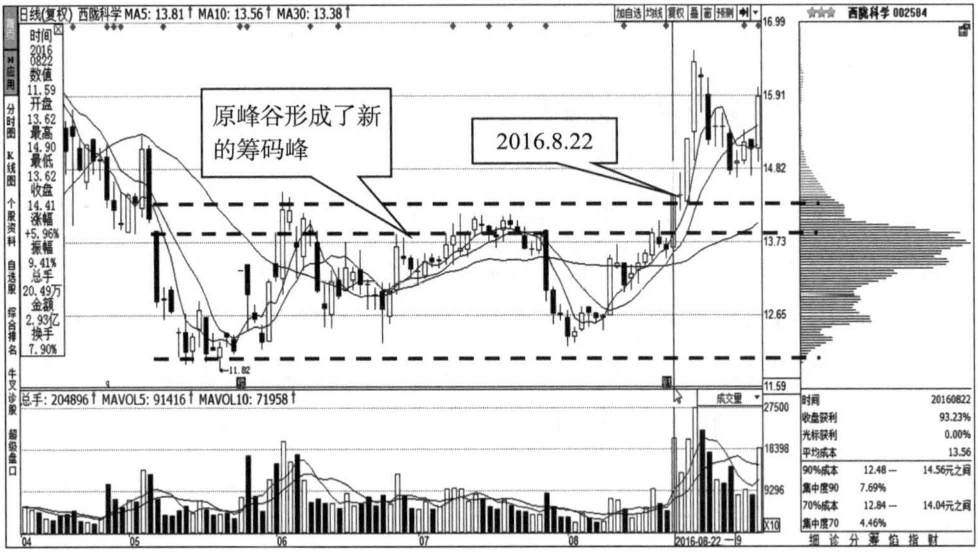

图 1-11 西陇科学（002584）筹码分布图（二）

2016 年 8 月 22 日，该股股价放量上攻，突破了新筹码峰对应的价位。这说明股价很可能迎来新一轮上涨，投资者可在此时追涨买入。

第二节 筹码分布技术发挥作用的根源

透析对手的底牌，是每个玩牌者的愿望。股票市场就像一个由众多选手组成的牌局，每个投资者都想了解其他对手的底牌。筹码分布技术就是一个帮助投资者了解对手底牌的工具。筹码分布技术之所以能够起到这样的作用，主要因为其遵循了以下几项原理。

一、成本与趋势理论

股价的上涨与下跌，归根结底是由资金的流入与流出推动的。当市场上大部分筹码处于盈利时，就会吸引更多的资金流入该股市，促进股价继续上行，这就是上升趋势形成的原因。反之，当市场上大部分筹码处于亏损状态时，很难有新的投资者接盘买入。若股价出现反弹，先前的套牢盘就会蜂拥而出，从而导致股价继续下跌，这就是下跌趋势产生的原因。筹码分布图可以直观地告诉投资者在什么价位有多少筹码处于盈利状态，多少筹码处于亏损状态。

下面先来看一下奥拓电子的案例，如图 1-12 所示。

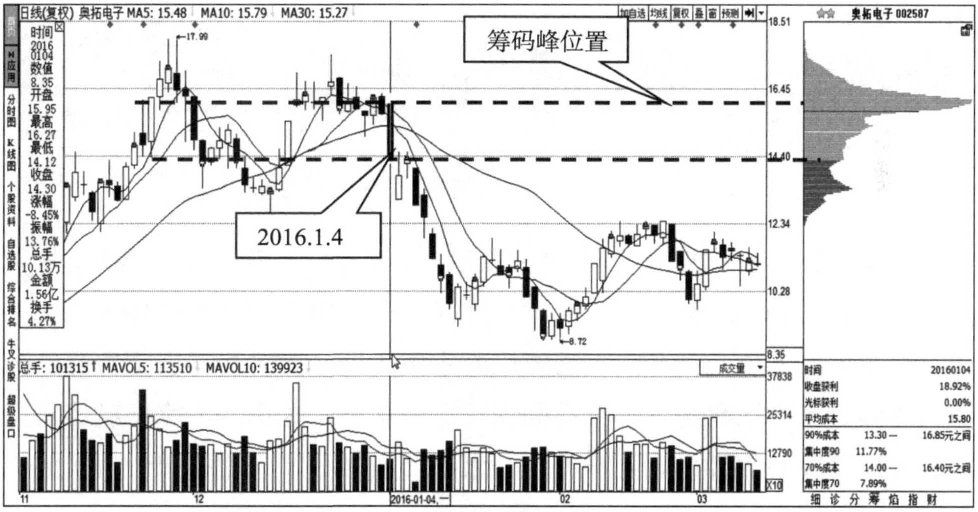

图 1-12 奥拓电子（002587）筹码分布图

奥拓电子的股价在 2015 年底到 2016 年初的一段时间内出现了筑顶迹象，筹码迅速向顶部区域集中，并形成了顶部筹码峰。2016 年 1 月 4 日，该股股价大幅下跌，并跌出筹码峰集中区域。此时观察当日的筹码分布图可知，当日该股绝大部分筹码处于亏损状态。这说明庄家已经出货完毕，大量散户被套在了高位，其后该股必然会出现下跌行情。因此大幅下跌当日，就是投资者最后的清仓时机。

下面再来看一下山东章鼓的案例，如图 1-13 所示。

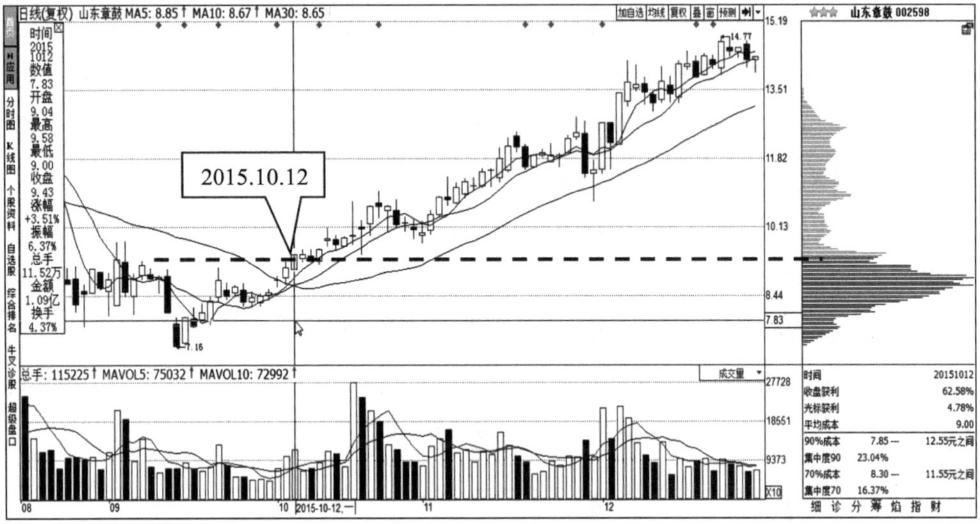

图 1-13 山东章鼓（002598）筹码分布图

山东章鼓的股价在 2015 年 8 月底到 10 月初的一段时间内出现了筑底迹象，筹码迅速向底部区域集中，并形成了底部筹码峰。2015 年 10 月 12 日，该股股价大幅上攻，并向上突破筹码峰集中区域。此时观察当日的筹码分布图可知，当日该股绝大部分筹码处于盈利状态，这说明庄家已经建仓完毕，其后该股必然会出现上涨行情。大幅上涨当日，就是投资者最佳的建仓时机。

二、力量转化原理

股价在运行过程中必然会遇到支撑与阻力，支撑位与阻力位的相互转化就会一次又一次地重演。这种力量转化的背后，其实与筹码分布息息相关。

股价上方筹码峰所在的点位，就是以前套牢盘所在的区域，一旦股价重新上涨至该位置，就会有套牢盘蜂拥而出，这会为股价上攻带来阻力。如果股价能顺利向上突破这一位置，则说明在此位置有更大的承接盘涌入，那么股价必将上涨。上涨之后回调至此位置时，又会有大量的承接盘涌入，因为大家相信股价还会上涨，此位置便是最好的买入位，因此该位置就由阻力位变成了支撑位。反之，支撑位也可以变成阻力位。

下面来看一下中科金财的案例，如图 1-14 所示。

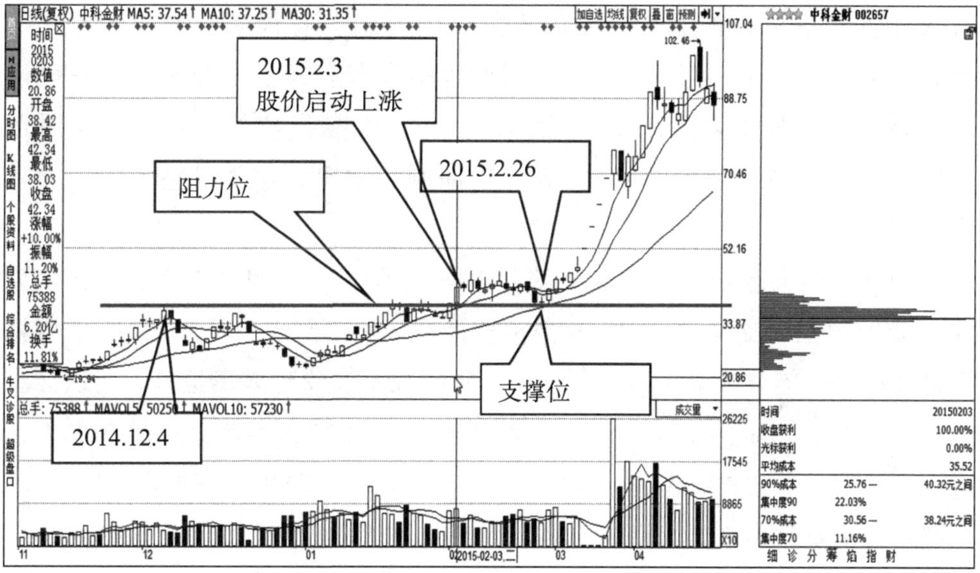

图 1-14 中科金财（002657）筹码分布图

中科金财的股价从 2014 年 12 月 4 日创下阶段高点后开始下跌。与此同时，在高点附近形成了一个明显的筹码峰。此后，该筹码峰对应的价位就成了该股的一个重要阻力位。该股股价曾多次反弹至筹码峰位置，均因筹码峰的阻力而重归下跌通道。

2015 年 2 月 3 日，该股股价放量向上突破了筹码峰，这说明该筹码峰的阻力作用将转化为支撑作用。其后，该股股价经过几个交易日上涨后出现回调，且在 2 月 26 日回调至筹码峰附近时遇到支撑重新上涨。由此可见，该筹码峰的支撑作用是非常强大的。

三、心理影响原理

历史会不断地重演，这是技术分析者坚持的基本逻辑。某一点位一旦构成了对股价的支撑或阻力作用，那么当股价再次回到这里时，很多投资者自然而然地会选择回避风险，于是这些筹码峰的作用就被一次又一次地强化了。

例如，当大盘指数自下而上上涨到3000点附近时，由于历史上指数每次冲破整数关口都会有一定的反复，因而就会有很多投资者认为大盘指数不会轻松向上突破3000点，因此很多投资者就会选择卖出股票以回避风险。正因投资者纷纷卖出股票，就会对大盘指数的上行构成实质性的压力，造成指数遇到3000点就出现回调的情况，这就是整数关口的阻力作用。

同样，当大盘指数自上而下跌到3000点附近时，很多投资者就会认为3000点有很强的支撑力，大盘指数不会轻易跌破该点位，因而很多投资者就会进场抄底，等待大盘指数反转向上。正因投资者纷纷入场抢筹，所以会对大盘指数构成一定的支撑，使得大盘指数遇到3000点后就开始掉头向上，这就是整数关口的支撑作用。这也是大盘在2000点、3000点等重要点位附近，多空双方都要经历激烈交锋的原因。

第三节 筹码分布技术研判的核心

筹码分布图通常通过线条的长短反映某一价位成交股票的数量，通过线条集合展现的形态，反映某一价位附近筹码的集中度。同时，筹码分布的形态会根据每日成交量和价格的波动而变化。正因如此，筹码分布的形态、位置与移动速度，都是投资者需要重点研判的内容。

一、筹码分布的形态

筹码分布的形态，是筹码分布技术研究的重点方向，也是本书的核心内容。筹码分布形态分为单峰密集形态、双峰密集形态、多峰密集形态以及发散形态等几种。

通常情况下，若筹码分布呈现单峰密集形态，则意味着股价很可能会出现单边上涨或下跌走势。反之，若筹码呈多峰密集形态或发散形态，则意味着股价运行过程中会遇到很多的支撑与阻力，股价震荡运行的概率较高。投资者若能了解这些筹码峰所处的位置以及股价波动情况，就能大致判断主力运作的动向，为自己的操盘计划提供更有力的决策支持。

例如，某只股票的筹码分布在某一时段呈现出两个主要的筹码峰，且股价恰好位于筹码峰之间的位置，那么，由于上方筹码峰的阻力作用和下方筹码峰的支撑作用，股价未来很可能会长时间处于震荡走势，震荡区域就位于两个筹码峰之间，如图 1-15 所示。

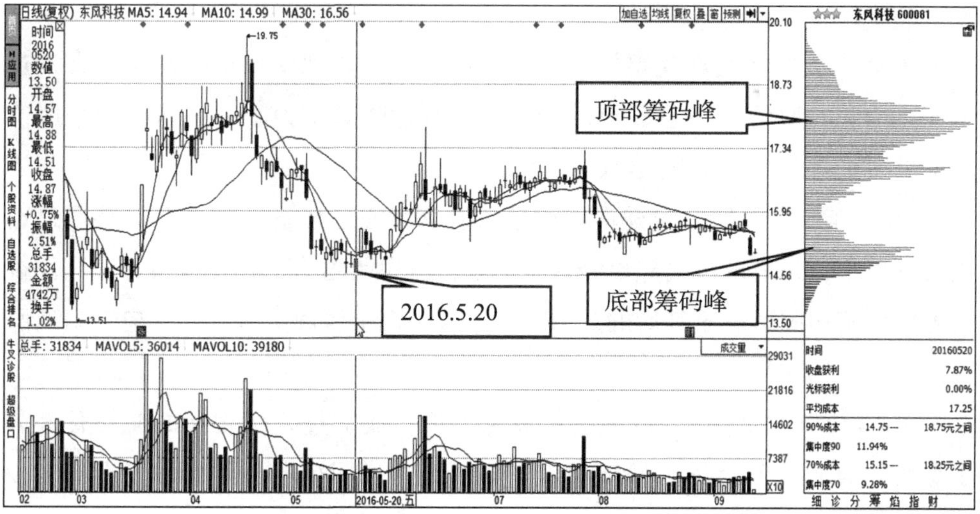

图 1-15　东风科技（600081）筹码分布图

2016 年 5 月，东风科技的股价自高位下跌。5 月 20 日，该股股价下跌至低位后出现企稳迹象。观察此时的筹码分布图，可以看出筹码分布呈现出两个主要的筹码峰，其中股价上方有一个明显的筹码峰，下方也存在一个明显的筹码峰。基于前面的讲述可以判断，下方的筹码峰对该股股价具有一定的支撑作用，上方的筹码峰则具有较强的阻力作用，未来股价很可能会在两个筹码峰之间震荡。

事实上，随后的一段时间内该股都在两个筹码峰之间的区域运行，直至两个筹码峰之间的低谷被填平并形成了新的筹码峰后，股价才脱离这一震荡区域。

二、筹码分布的位置

位置决定价值，这句话同样适用于筹码分布。筹码峰尤其是单个筹码峰所处的位置以及与价格之间的关系，很可能会对股价的未来走势产生巨大的影响。出现一个或多个筹码峰形态，说明在某一个或某几个价位区域成交量较大。出现这种情况，背后的原因则是主力的运动结果，如主力出货或主力吸筹等。当这些筹码在底部或顶部完成聚集时，就是股价选择突破方向之际。

例如，股价在底部盘整期间筹码逐渐集中，呈现底部单峰密集形态，这说明主力正在吸筹。一旦股价启动上攻，则意味着主力吸筹完毕，未来股价上涨的可能性较大，如图 1-16 所示。

2014 年年中时段，龙建股份的股价在底部盘整了三个月之久，筹码迅速在底部集中，并呈现出底部单峰密集形态，这说明主力正在积极吸筹建仓。投资者可以密切关注该股其后的走势，一旦股价向上脱离吸筹区，则应立即追涨买入。

2014 年 7 月 25 日，该股股价放量上攻，成交量相比之前的交易日放大了数倍，且股价已经远远脱离单峰密集区。这说明该股已经启动了上涨，投资者可在此时追涨买入该股。

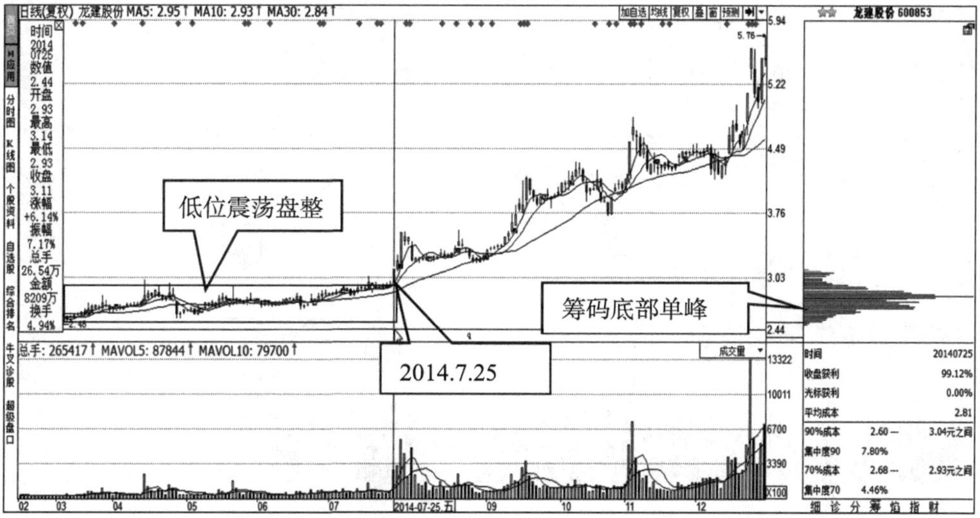

图 1-16　龙建股份（600853）筹码分布图

三、筹码移动的速度

股价启动上涨行情或下跌行情后，筹码也会随之向上移动或向下移动。不过，筹码移动的速度与股价移动的速度并不一致，有时候股价快速上涨时，底部的筹码峰并不会随之上移，这是因为主力在锁仓拉升，这类股票后期上涨的幅度往往会很大。反之，有的股价刚从底部启动上涨，筹码就迅速发散，并形成多个筹码峰，这说明该股筹码比较分散，未来上涨的潜力要远远小于主力锁仓的股票。

股价下跌时也是同样的道理。如果股价已经启动下跌，而筹码峰却仍旧横在顶部不动，则说明跌势远未结束，投资者不可轻易入场。只有顶部筹码全部移动至底部后，投资者才可以入场建仓。

下面来看一下中国医药的案例，如图 1-17、图 1-18、图 1-19 所示。

由图 1-17 可知，中国医药的股价在 2015 年 12 月 31 日自高位启动下跌，此时该股的筹码全部集中于下跌起始位附近。

按照通常的理解，当股价启动下跌后，筹码也会随之向下移动。但是当中国医药的股价下跌至底部区域时，该股的筹码峰仍然滞留在高位，如图 1-18

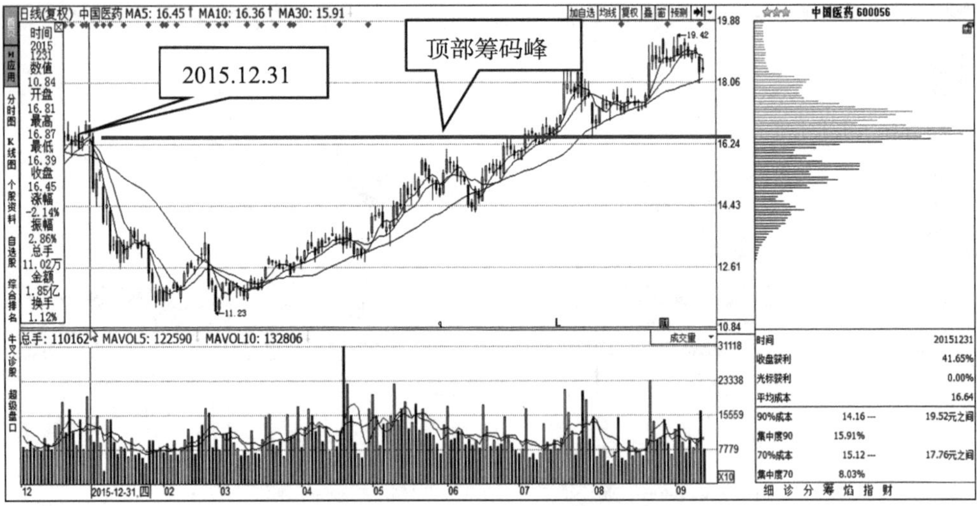

图 1–17　中国医药（600056）筹码分布图（一）

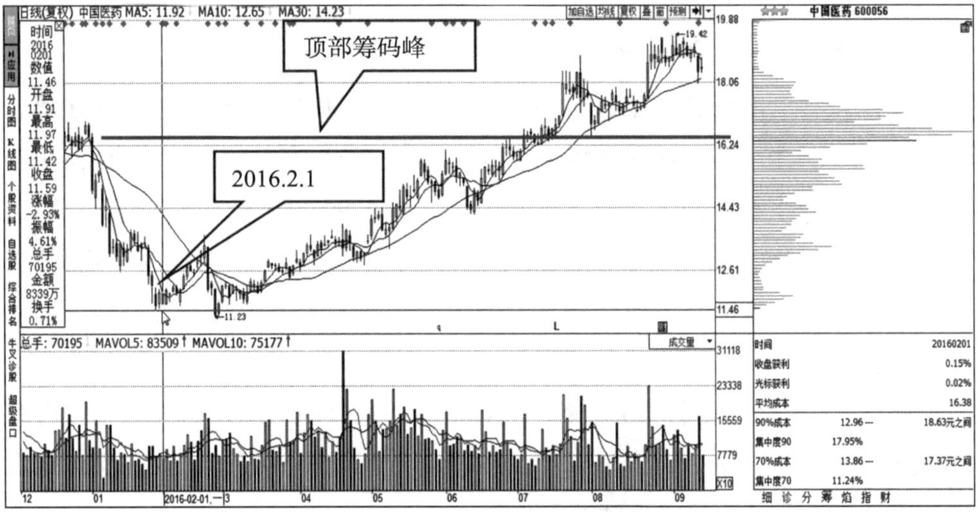

图 1–18　中国医药（600056）筹码分布图（二）

所示。这说明该股大量套牢盘仍未出货，主力此时不可能入场，未来股价还将继续下跌，或者在底部长期维持震荡态势。

此后，该股在三个月的时间里一直在底部震荡，并在底部形成了一个 W 底形态。当股价向上走出 W 底形态时，顶部筹码峰已经全部移至底部，并在底部形成了一个新的筹码峰。

2016 年 5 月 3 日，该股股价放量大幅上涨，并突破了底部筹码峰所在的区域，这说明股价将迎来新的一波上涨行情，如图 1-19 所示。

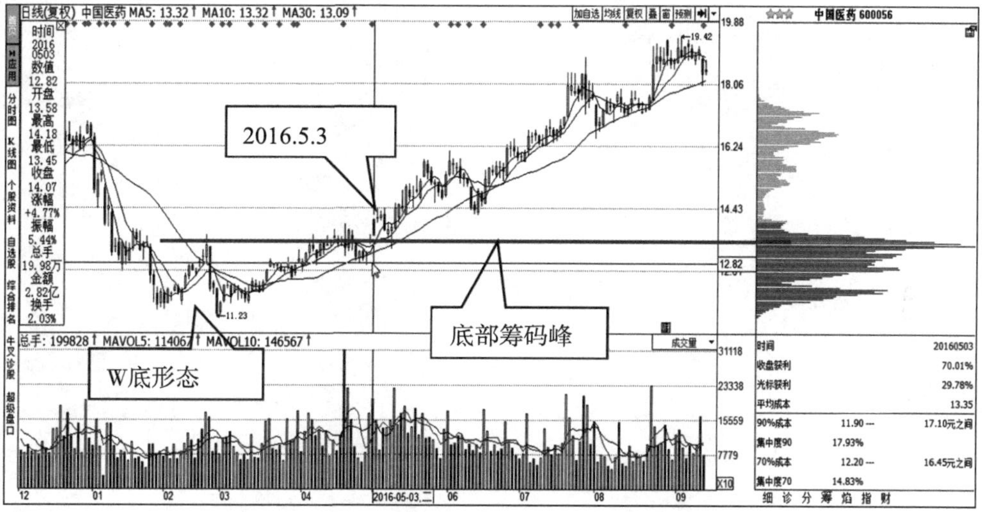

图 1-19　中国医药（600056）筹码分布图（三）

第二章

筹码分布理论基础

谁能准确了解对方在什么价位拿到筹码，无疑会在股市交易中占尽先机。筹码分布理论就是一种帮助投资者探寻各个价位筹码分布情况的工具。

第一节　筹码及筹码分布图

筹码、筹码分布与筹码分布图，是学习和研究筹码分布理论必须掌握的基本概念。

一、筹码与筹码分布

筹码，本是博彩中常用的术语，是一种现金替代品。通常情况下，一个人进入赌场后，要将携带的现金兑换成筹码，然后才能参与赌博。离开赌场前，可以将筹码重新兑换为现金。后来，“筹码”这一概念被引申到股市中，特指以某种价格购入的股票。当然，也只有在中国股市中，才会将股票称为筹码，从中也可以看出中国股市在某种程度上与赌场具有相似的特性。

1. *筹码分布*

筹码分布，是指在某一时间点市场上持有某种股票的成本分布情况。例如，假定某种股票有 100 股，A 在 4 月 1 日以 5 元买入了 20 股；B 在 4 月 2 日以 6 元买入了 40 股（A 没有卖出）；C 在 4 月 3 日以 7 元买入了 10 股（A 和 B 都没有卖出）；D 在 4 月 4 日以 8 元买入了 30 股（A、B 和 C 都没有卖出）。那么，截至 4 月 4 日收盘时，该只股票的筹码分布图就会呈现如图 2-1 所示的分布形态。

当然，在真实的股市中，股价上涨时，原来以较低价格买入股票的 A，很可能会卖出全部或部分股票。例如，还假定某种股票有 100 股，A 在 4 月 1 日以 5 元买入了 20 股；B 在 4 月 2 日以 6 元买入了 40 股（A 没有卖出）；

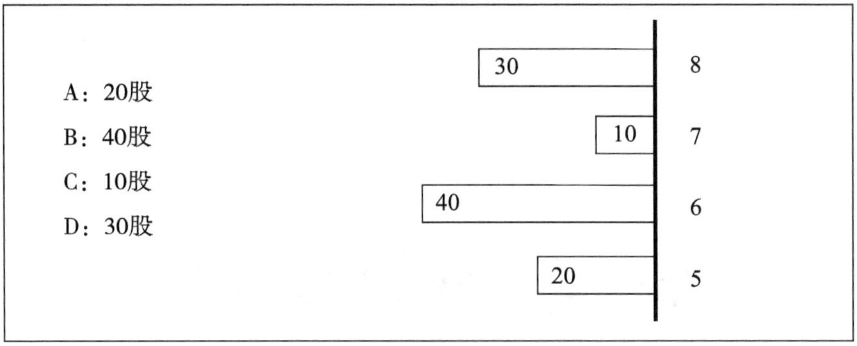

图 2-1　最简单的筹码分布（一）

C 在 4 月 3 日以 7 元买入了 30 股（A 卖出了 10 股，B 没有卖出）；D 在 4 月 4 日以 8 元买入了 30 股（B 卖出了 20 股，C 卖出了 10 股），A 也在 4 月 4 日以 8 元价格买入了 20 股。那么，截至 4 月 4 日收盘时，该只股票的筹码分布图就会呈现如图 2-2 所示的分布形态。

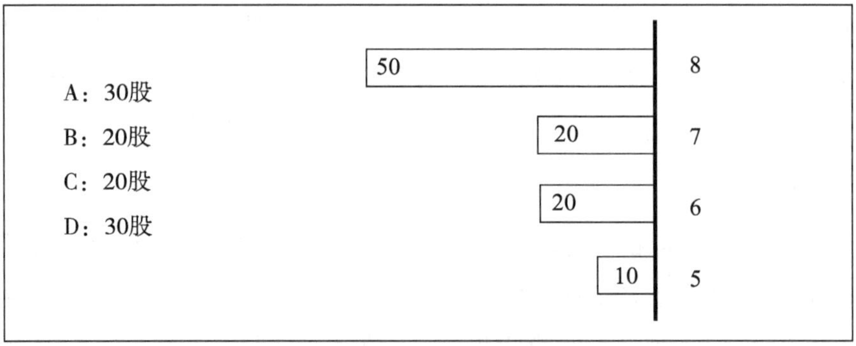

图 2-2　最简单的筹码分布（二）

由图中可知，在股市交易过程中，筹码会随着交易不停地流动，筹码分布图也会随之不断地变化。不过，在真实的股票交易中，作为普通的投资者，是无法准确掌握“谁在何种价位卖出股票”和“某一时刻在册股东以及持股数据”等信息的，交易软件提供的筹码分布数据，都是通过一系列计算得出的近似值。

2．了解筹码分布的意义

了解筹码分布的意义，主要包括以下几点。

（1）掌握市场上持仓价格分布情况。

掌握市场上持仓价格分布情况，就如同打牌时了解各个对手手中有什么牌一样。尽管无法非常精确地计算出每个对手的底牌，但若能了解对手手中有哪些大牌，对于自己下一步的决策也会有相当大的帮助。

筹码分布图能够给出各个价位聚集的筹码数量的大致情况，投资者通过观察和分析筹码分布图，就能够清楚自己手中的筹码大致处于何种位置，如图 2-3 所示。

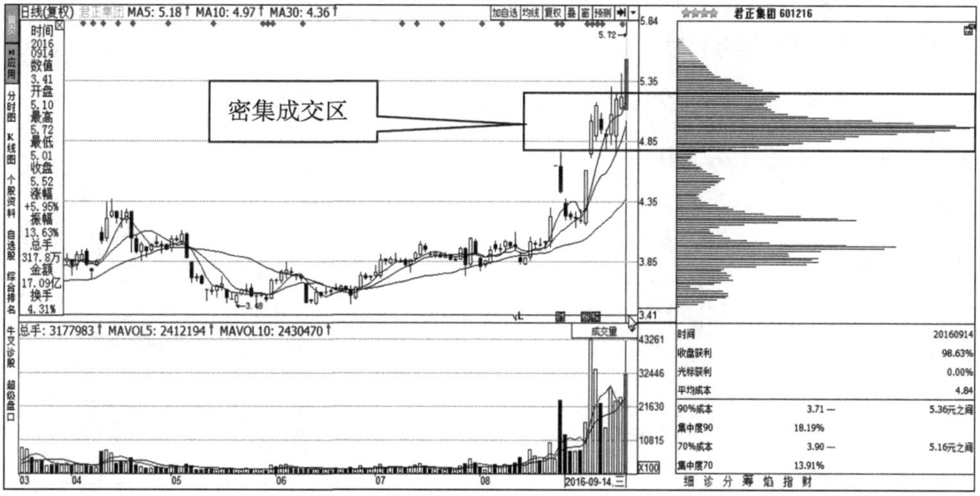

图 2–3　君正集团（601216）筹码分布图

由图中可知，截至 2016 年 9 月 14 日收盘，市场上近期买入该股的投资者都处于一种盈利状态。从该股的筹码分布图可知，该股在 5.10 元价位附近聚集了大量的筹码，该位置以后有可能成为股价上涨过程中回调时的支撑位。

如果投资者个人的持仓成本在 5.10 元以下很远的地方，那么未来操盘时，可以非常从容地将 5.10 元设为止盈位。因为投资者的持仓成本低于市场上的大多数人，一旦股价跌破筹码聚集区域就卖出止损，投资者仍然可以获得不错的收益。

若投资者在 5.10 元以上价位买入该股，尽管也可以将 5.10 元设为出货价位，但那却是一个止损位了。同时，如果投资者的持仓成本高于市场上大多数人，就会对自己的操盘构成一定的压力。

（2）通过持仓价格与数量的变化，预测股价可能的运行方向。

股价运行过程中，普遍存在这样的规律：当市场上大部分筹码都处于盈利状态时，未来股价上涨的概率会更高。反之，当大部分筹码都处于亏损状态时，未来股价下跌的概率会更高。从这一点上来说，筹码分布告诉投资者的信息与均线相似：当市场上大部分人处于盈利状态时，越来越多的投资者会受到赚钱效应的感染，纷纷买入该股，这样会促使股价进一步上升；反之，则可能造成股价持续下跌。

下面来看一下宋都股份的案例，如图 2-4、图 2-5 所示。

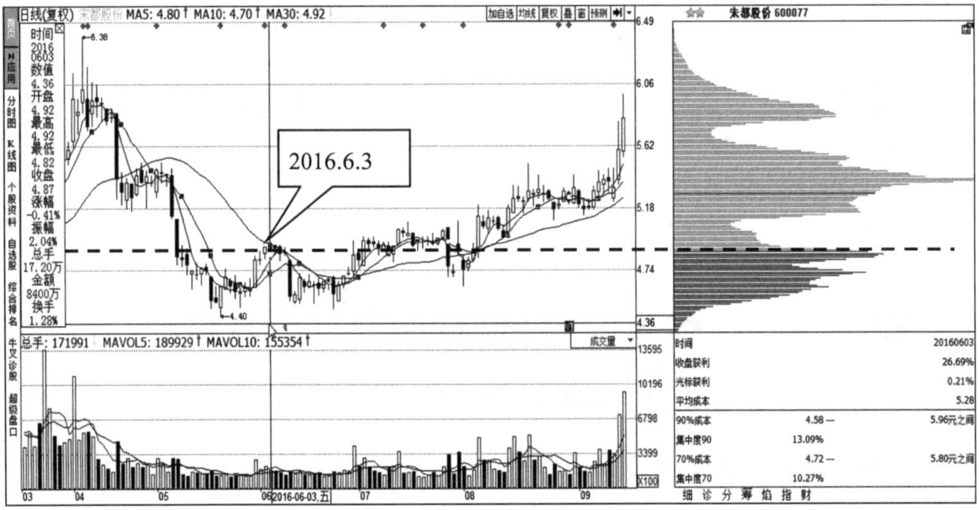

图 2-4 宋都股份（600077）筹码分布图（一）

由图 2-4 可知，2016 年 6 月 3 日，宋都股份的股价在经历了一波反弹后重归下跌通道。观察此时的筹码分布图可知，此时大部分筹码都处于亏损状态，未来股价下跌会更加容易，所以很快股价就重新开始下跌了。

此后该股开启了一段震荡筑底走势，在底部波动过程中，筹码逐渐下移。到了 8 月 11 日，该股股价重新来到了 6 月 3 日的价位附近，如图 2-5 所示。

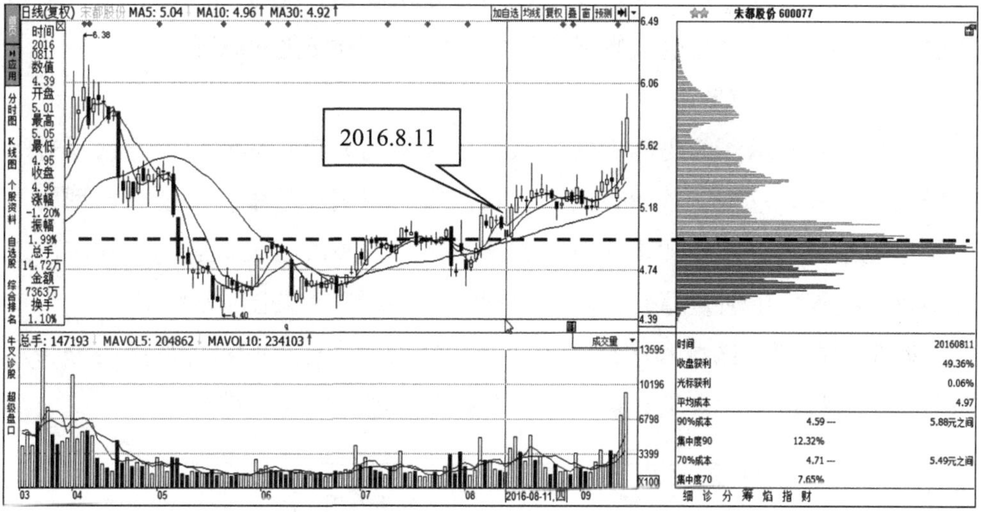

图 2-5　宋都股份（600077）筹码分布图（二）

观察图 2-5 中的筹码分布图可知，8 月 11 日收盘时，当时股价与 6 月 3 日相近，但此时大部分筹码都处于盈利状态，因此未来股价继续上攻会更容易。

二、如何看筹码分布图

筹码分布图，顾名思义，就是一张反映筹码分布情况的图形，其主要由双色横条形以及附属数据构成。

1. 筹码分布图的条形区

查看筹码分布图时，需要注意如下几点。

（1）盈利筹码与亏损筹码分布。

筹码分布条形区被一条横线分为上下两部分。在炒股软件中，这两部分分别用不同的颜色标示，其中上半部分表示处于亏损状态的筹码，下半部分表示处于盈利状态的筹码。中间的分割线，就是光标所指交易日的收盘价位置。也就是说，筹码分布图给出的是：截止到光标所指交易日的收盘时段，处于亏损状态和处于盈利状态的筹码构成情况。横条线中还有一条比较明显的黑线，这条黑线是均价线。投资者用光标在K线图上左右移动，筹码分布图也会随之变化，这是由于光标所指的日期在不断变化的原因。

（2）筹码分布形态。

如图2-6所示，筹码峰中间区域有一波筹码分布线非常长，并且周边的横条又多又长，这说明该价位附近区域成交的筹码比较多，这就是典型的筹码峰，也是筹码分布中比较典型的密集形态，即单峰密集形态。出现该形态说明该位置聚集了大量筹码，未来股价向上突破该区域会非常困难。

在股价的顶部区域和底部区域，经常会出现这种单峰密集形筹码分布形态。关于这种形态的含义和特点，将在后面的内容中详细讲述。

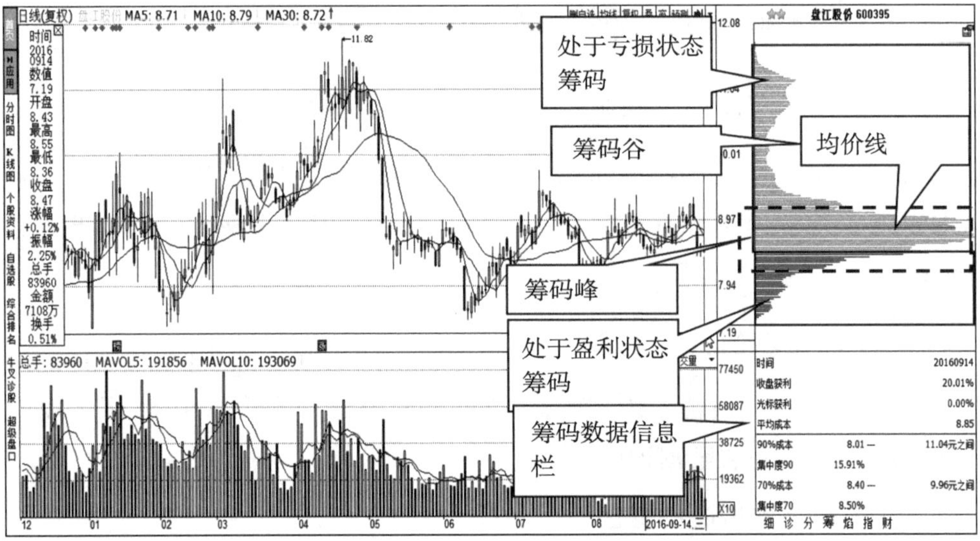

图2-6 筹码分布图示例

从图中还可以看出，有些区域的筹码分布线很短，这说明该价位附近成交的筹码很少。若股价出现跳空涨停或跌停时，该区域会出现断档和空白。

2. 筹码分布数据解读

在横条形筹码分布图下方，有一个筹码分布数据信息框。投资者可以通过对信息框中相关数据的解读，详细了解筹码分布的状态，如图 2-7 所示。

时间		20160914
收盘获利		20.01%
光标获利		0.00%
平均成本		8.85
90%成本	8.01 ---	11.04元之间
集中度90	15.91%	
70%成本	8.40 ---	9.96元之间
集中度70	8.50%	

图 2–7　筹码分布数据

（1）收盘获利。

收盘获利，是指以光标所指的交易日收盘价为基准线，持仓筹码的价格位于基准线以下的筹码比例。图中所示截至 2016 年 9 月 14 日收盘时段，处于盈利状态的筹码比例为 20.01%。

（2）光标获利。

光标获利，是指以光标所指示的价格为基准线，持仓筹码的价格位于基准线以下的筹码比例。图中光标位于 K 线图的下方，已经没有任何筹码位于基准线以下，因而光标获利的比例为 0。

（3）平均成本。

平均成本，是指以光标所指的交易日收盘时刻为基准，在此之前所有买入股票的平均持仓价格。图中所示为截至 2016 年 9 月 14 日收盘时段，市场上所有筹码的平均持仓成本为 8.85 元。

（4）90% 成本。

90% 成本，是指市场上 90% 的股票买入价格在某一价格区间。图中 90% 成本对应的成本区间为 8.01 ～ 11.04 元。也就是说，市场上 90% 筹码的买入价格在 8.01 ~ 11.04 元之间。

（5）70% 成本。

70% 成本，是指市场上 70% 的股票买入价格在某一价格区间。图中 70% 成本对应的成本区间为 8.40 ~ 9.96 元。也就是说，市场上 70% 股票的买入价格在 8.40 ~ 9.96 元之间。

（6）筹码集中度。

筹码集中度数值，理论上可以在 0 ~ 100 之间波动，数值越小，说明股票成本越集中，持仓成本相差不大；反之，则说明股票成本分散，持仓成本相差较多。

筹码集中度的计算公式如下：

（区间最高价－区间最低价）/（区间最高价＋区间最低价）×100%

集中度 90，即指市场上 90% 筹码所对应的持仓成本集中情况。图中集中度 90 的最高价为 11.04 元，最低价为 8.01 元，那么筹码集中度 90 的计算方法为：

（11.04 － 8.01）/（11.04 ＋ 8.01）×100%≈15.91%

集中度 70，即指市场上 70% 筹码所对应的持仓成本集中情况。图中集中度 70 的最高价为 9.96 元，最低价为 8.4 元，那么筹码集中度 70 的计算方法为：

（9.96 － 8.4）/（9.96 ＋ 8.4）×100%≈8.5%

第二节 筹码的运行：密集与发散

有交易产生，就会有筹码的运动。股价上涨时，筹码会逐渐由低位向高位运动；反之，股价下跌时，筹码会由高位向低位运动。不过，由于筹码持有人不同，对筹码的期望不同，股价在上涨或下跌时，筹码运动的速度也不尽相同。

同时，股价启动上涨或下跌趋势时，筹码就会由密集状态转向发散状态；股价筑顶或筑底时，筹码又会由发散状态转为密集状态。筹码密集与发散，是筹码运行过程中表现出的最显著特征。

一、筹码密集形态的形成

筹码密集，是指某只股票在某一狭小的价格区间内集中了较多的筹码。也就是说，较大部分的成交发生在较小的价格区间内。筹码密集，是筹码分布形态中比较常见的一种形态。按照密集的情况，可以细分为单峰密集、双峰密集和多峰密集等几种。图 2-8 为中葡股份筹码单峰密集形态。

由图中可知，出现筹码密集形态，需要如下两个显著的条件。

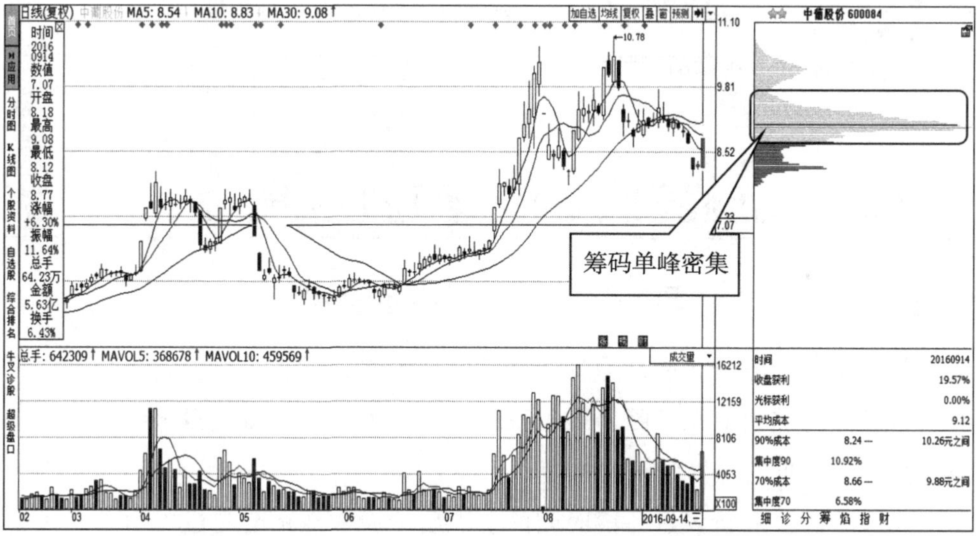

图 2-8　筹码单峰密集形态

（1）在某一狭小的价格区间内，累计的成交量较大。

（2）在前述价格区间的上方和下方价格区间，成交量相对较小甚至没有。

也就是说，只有具备了上述两个条件，才能形成明显的筹码密集形态。

下面从股价上涨和下跌两个角度来分析筹码密集形态。

1. 上涨趋势中出现的筹码密集形态

在股价上涨过程中，出现筹码密集的情形有如下两种。

（1）在上涨中途出现筹码密集。

股价在上涨途中形成筹码密集形态，大致包含三个阶段，如图 2-9 所示。

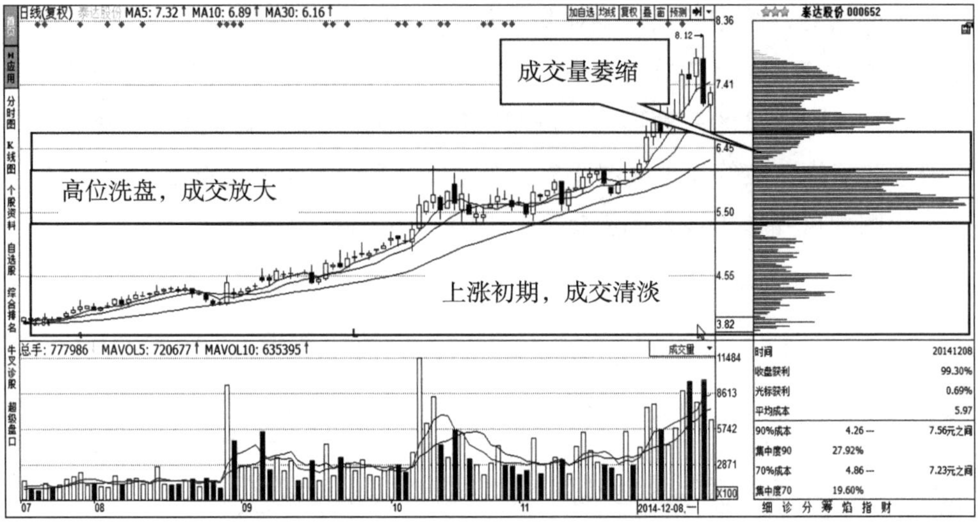

图 2–9　上涨途中的筹码密集形态

第一阶段：股价自底部启动上涨后，在上涨初期，市场上大部分投资者都认为股价将继续上涨，因而谁也不愿意抛出筹码。这就使得该阶段成交清淡，在筹码分布图上横条线非常短。

第二阶段：股价经过一段时间的上涨后（通常涨幅会超过 15%），主力为了下一阶段的拉升，主动展开洗盘动作，以清洗出持股意志不坚定的人，股价就会出现震荡回调。很多投资者尤其是散户，认为此时是一个较佳的兑现利润的机会，于是纷纷卖出股票。一些场外的投资者和主力，则将其视为吸筹的良机，因而成交量会出现放大。表现在筹码分布图上，横条线开始拉长，出现了筹码密集的形态。

第三阶段：主力洗盘完毕，重新开始拉升股价。此时主力会锁定仓位，快速拉升，以防止其他投资者或机构入场。这一阶段成交量会再度萎缩，筹码分布图上横条线也随之缩短。

至此，股价在上涨途中就会形成一个筹码密集峰。在股价上涨途中，可能只出现一个筹码密集峰，也可能出现多个筹码密集峰相连的情况。

（2）在价格进入顶部区域后出现筹码密集。

股价在顶部区域形成筹码密集形态，大致包含两个阶段，如图 2-10 所示。

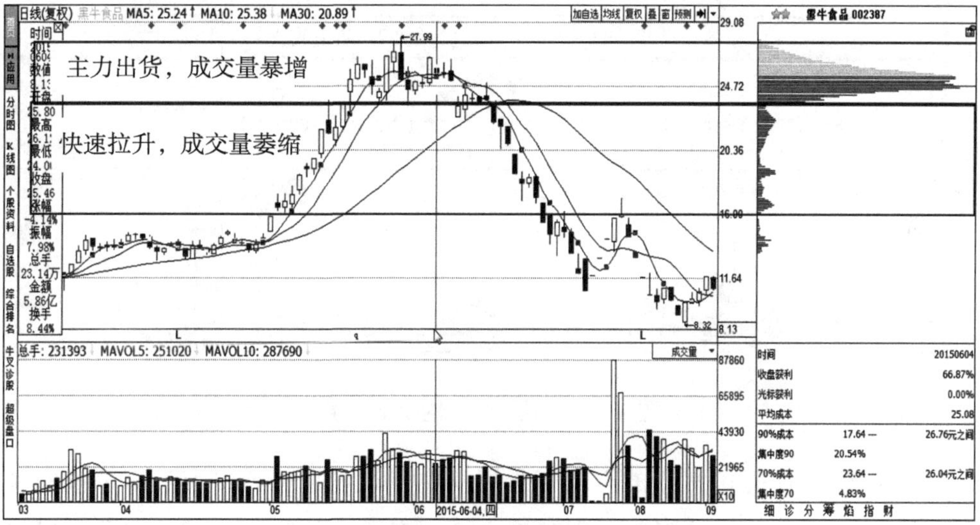

图 2-10 顶部筹码密集形态

第一阶段：主力洗盘完毕，开始快速拉升股价。此时主力会锁定仓位，快速拉升，以防止其他投资者或机构入场。不过，在即将进入顶部区域时，成交量会逐渐放大，筹码分布图上横条线也会逐步伸长。

第二阶段：股价进入主力目标出货区域后，主力可能会反复震荡拉升，以便为出货赢得空间。此阶段成交量会迅速放大，筹码分布图上的横条线也会伸长到非常长的程度。一旦股价脱离这一区域，则意味着主力完成出货，未来股价将开始下跌。

2. 下跌趋势中出现的筹码密集形态

在股价下跌过程中，出现筹码密集的情形有如下两种。

（1）在下跌中途出现筹码密集。

在股价下跌途中形成的筹码密集形态，大致包含三个阶段，如图2-11所示。

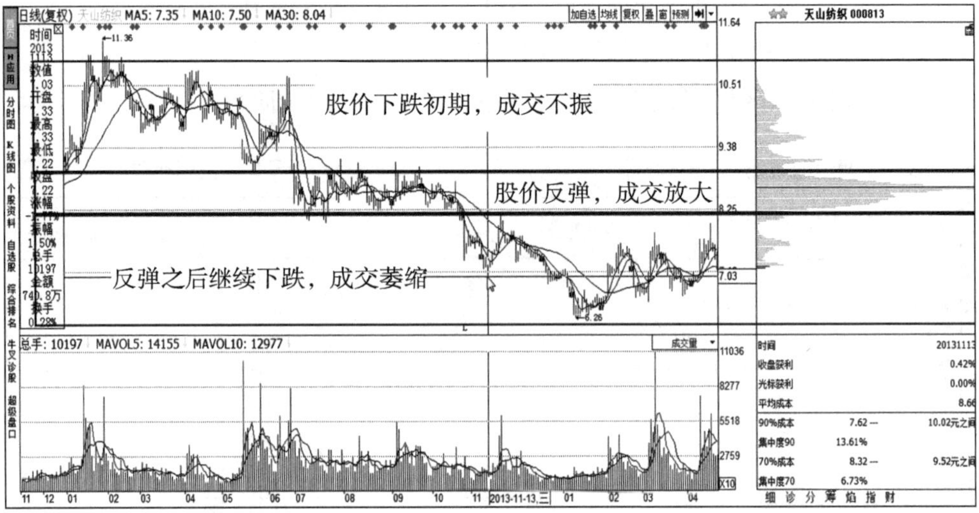

图2-11　下跌途中的筹码密集

第一阶段：股价自顶部启动下跌后，在下跌初期，市场上大部分投资者都会认为股价将会继续下跌，因而谁也不愿意买入筹码。这就使得此阶段成交清淡，反映在筹码分布图上，横条线也会显得非常短。

第二阶段：股价经过一段时间的下跌后出现反弹，部分投资者认为股价已经下跌到位，于是纷纷入场买入股票。先前套牢的投资者中，一部分人会选择认赔出局，从而引发成交量放大。反映在筹码分布图上，横条线会快速伸长，呈现筹码密集形态。不过，此阶段成交量放大的程度通常比较有限。

第三阶段：股价反弹一段时间后，由于没有主力介入，散户实力有限，一旦散户发生股价无法反弹向上，就会争相出局，股价也会再次出现下跌走势，成交量再度萎缩。

至此，股价在下跌途中就会形成一个筹码密集峰。在股价下跌途中，可能只出现一个筹码密集峰，也可能出现多个筹码密集峰相连的情况。

（2）价格进入底部区域后出现筹码密集。

股价在底部区域形成筹码密集形态，大致包含两个阶段，如图 2-12 所示。

第一阶段：反弹结束后，开始快速下跌。此时，主力仍然只是看客，坐等股价下跌，散户则会不断割肉。不过，在反弹结束后的下跌初期，仍有一部分投资者还在持股并坚信股价一定会再次反弹，因而成交量仍然不大，筹

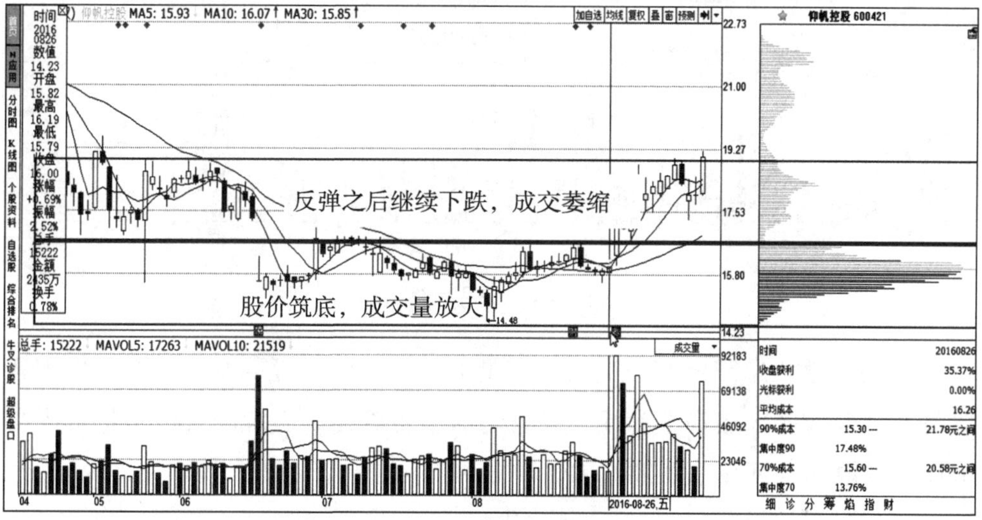

图 2-12　底部筹码密集

码分布图中的横条线也会很短。

第二阶段：股价进入主力目标建仓区域后，主力可能会反复震荡筑底，以消磨散户的耐心。直至大部分散户割肉离场，主力才会完成建仓吸筹任务。当然，很多前期坚定的持股者并不会轻易交出手中的筹码，所以主力会在筑底阶段反复折腾很长时间。与此相对应，筹码分布图上就会留下一些较长的横条线。

二、筹码发散形态的形成

有聚就有散。筹码发散，是指某只股票在一个相对宽阔的价格区间内分布了较多的筹码，这些筹码并未形成明显的密集峰。筹码发散，也是筹码分布中比较常见的一种形态。图 2-13 为文投控股筹码发散的形态。

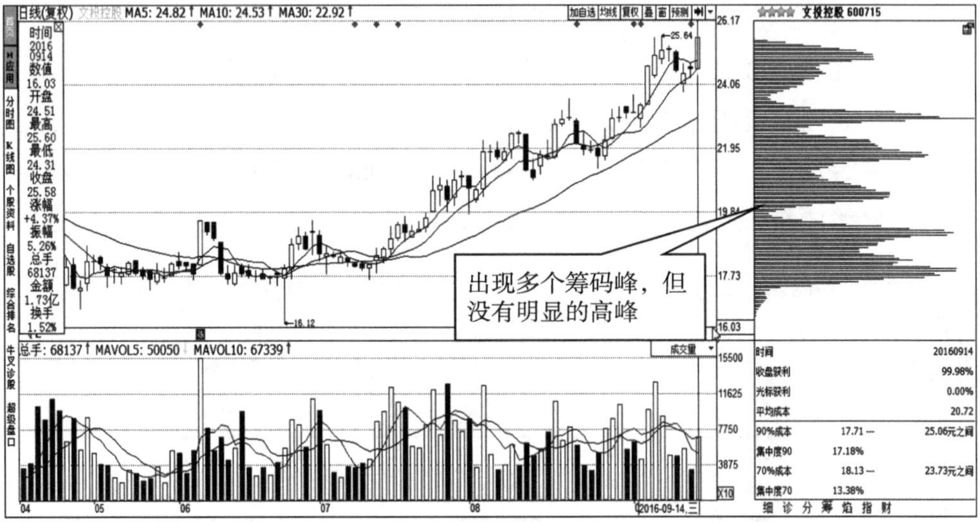

图 2-13　筹码发散状态

筹码发散状态需要有一个相对广阔的空间，因而筹码发散状态多出现在股价在顶部或底部启动上涨或下跌行情时。也就是说，筹码发散包括筹码自上而下发散和自下而上发散两种。

1. 上涨趋势中筹码自下而上发散

从筹码分布的角度来看，股价上涨的过程，就是筹码由密集状态转向发散状态的过程。图 2-14 和图 2-15 为大连控股筹码由密集状态转变为发散状态的情况。

由图 2-14、图 2-15 可知，在底部震荡阶段，筹码逐渐趋向密集，并形成了单峰密集形态；当筹码形成密集形态后，股价启动了上涨。在股价上涨的过程中，底部筹码峰的筹码逐渐上移并发散。

如果筹码停止发散，即在某一高点处重新开始密集，则意味着股价可能要上涨到顶部区域了。当然，筹码密集之后，股价也并不一定会下跌，还存在着继续上攻的可能。如果股价继续上攻，该筹码密集的高点区域就会成为股价上涨时的半山腰。换句话说，投资者在应用筹码分布理论时，不能过于机械地认为筹码在高位密集就是上涨到顶了，要等到股价真正走出某种形态，

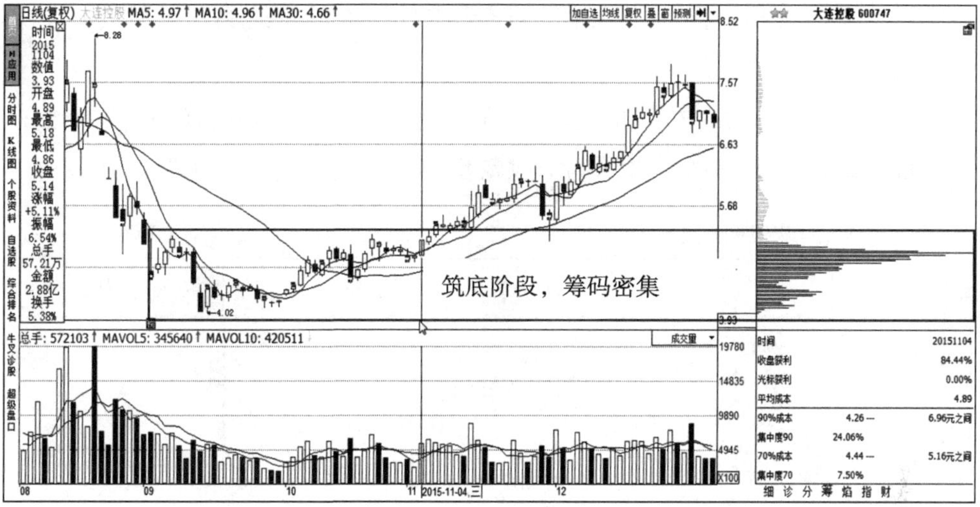

图 2-14　大连控股（600747）筹码密集状态

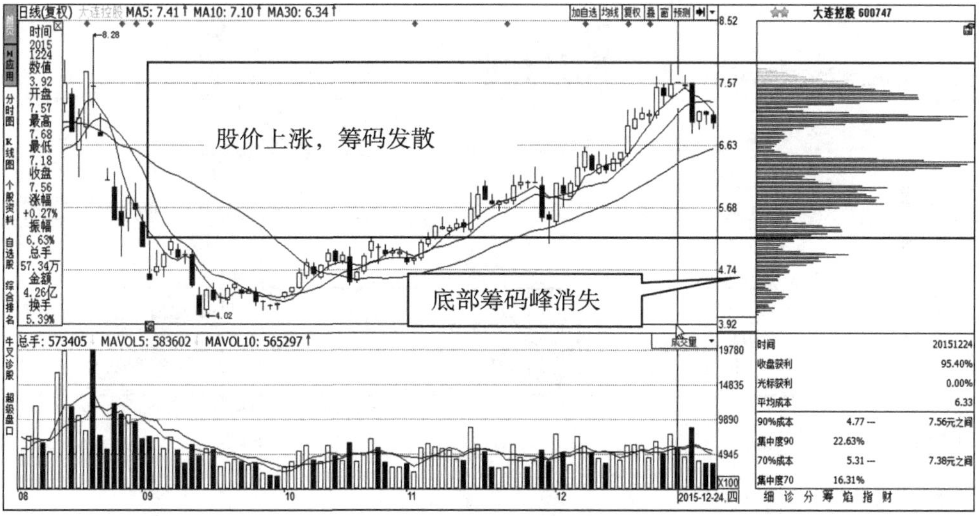

图 2-15　大连控股（600747）筹码发散状态

再采取相应的行动。

2. 下跌趋势中筹码自上而下发散

从筹码分布的角度来看，股价下跌的过程，也是一次筹码由密集状态转向发散状态的过程。图 2-16 和图 2-17 为先导智能的筹码由密集状态转变为发散状态的情况。

由图 2-16、图 2-17 可知，股价在顶部震荡阶段，筹码逐渐趋向于密集，并形成了单峰密集形态。当筹码形成密集形态后，股价启动下跌。在股价下

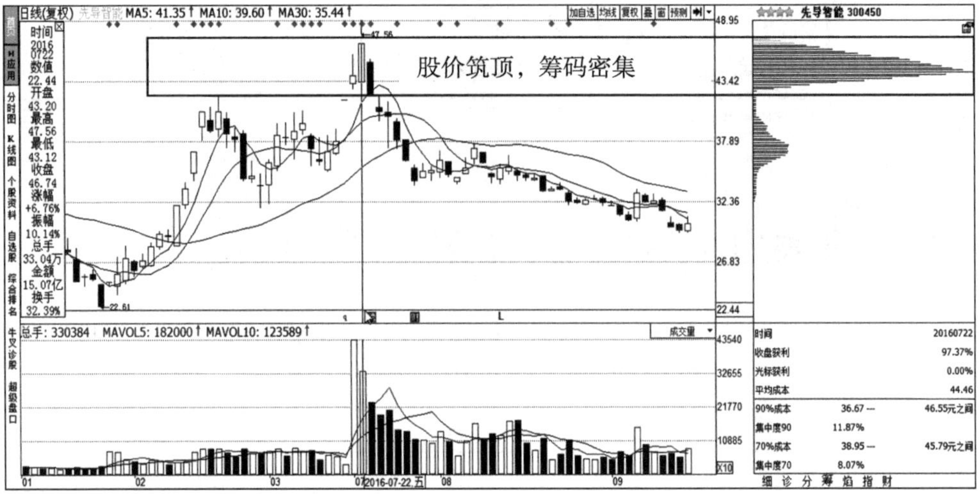

图 2-16　先导智能（300450）高位筹码密集形态

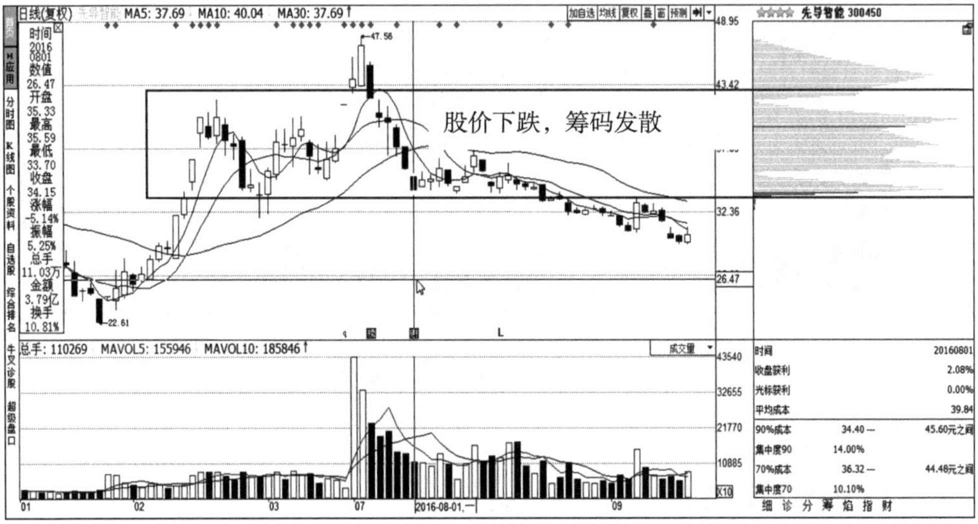

图 2-17　先导智能（300450）筹码发散形态

跌的过程中，顶部筹码峰的筹码逐渐下移并发散。

如果筹码停止发散，即在某一低点处重新开始密集，则意味着股价可能下跌到底部区域了。当然，筹码在低位密集之后，股价也并不一定会上涨，还存在着继续下跌的可能。如果股价继续下跌，那么该筹码密集的低点区域就会成为股价下跌时的半山腰。

第三节 筹码分布辅助技术指标

对于很多投资者来说，通过股价与筹码分布图形态研判主力的意图，确实是非常困难的事。正因如此，一些投资者后来又基于筹码分布图设计了一系列筹码分析技术指标。本节将选取其中比较实用的几种技术指标，为大家做一个简单的介绍。

一、筹码集中度（SCR）

筹码集中度的算法和定义，上一节已经讲过。通过筹码集中度的计算公式，可以得出这样的认识：当股价波动区间变大时，筹码集中度的数值就会增大；当股价波动的区间变小时，筹码集中度就会减少（按照之前讲解的筹码集中度计算公式，筹码集中度与股价波动区间的最大值与最小值之差相关）。换句话说，筹码集中度越高，说明筹码越分散；反之，筹码集中度越低，筹码也就越集中。

在一些炒股软件中，将筹码集中度单独编译成了一个技术指标，简称SCR。该指标将每个交易日的筹码集中度数值连接成曲线，用以形象直观地反映筹码集中度的变化情况，如图 2-18 所示。

目前，大多数炒股软件默认的筹码集中度指标是以集中度 90 数值为基准编制的。投资者用鼠标选中某一交易日的筹码集中度指标线，则该指标当时的指标值会与右侧筹码分布图下方标示的集中度 90 数值相同。

图 2-18　筹码集中度指标

当 SCR 指标线向右下方倾斜时，说明筹码集中度在逐渐走低，筹码趋于集中。当 SCR 指标线向右上方倾斜时，说明筹码集中度在逐渐走高，筹码趋向于发散。

SCR 指标可以帮助投资者认清筹码运动的状态。若单凭直觉查看当前筹码分布状态是密集形态还是发散形态，可能会有些困难，尤其是由密集形态向发散形态过渡或由发散形态向密集形态过渡时更是如此。利用 SCR 指标进行研判，当指标线拐头时，往往就是筹码分布形态转换的时刻。

将 SCR 指标与股价、筹码分布形态相结合，可以更加准确地了解股价的运行趋势，并合理安排自己的交易计划。

1. 底部筹码密集与 SCR 指标拐头

利用底部筹码密集与 SCR 指标拐头，可以识别最佳的底部入场点。

具体操作要点如下。

（1）股价经过一段时间的下跌后，出现筑底迹象。

（2）筹码分布图上，筹码呈现底部密集形态，并持续了一段时间。

（3）SCR 指标在股价筑底过程中仍然处于下降态势，最好能低于 10，这说明筹码集中度仍在走低，筹码越来越趋向于集中到主力手中。

（4）某一交易日，股价上涨，SCR 指标拐头向上，则意味着筹码将由密集形态向发散形态转变，股价将迎来一波上涨行情。

下面来看一下三安光电的案例，如图 2-19 所示。

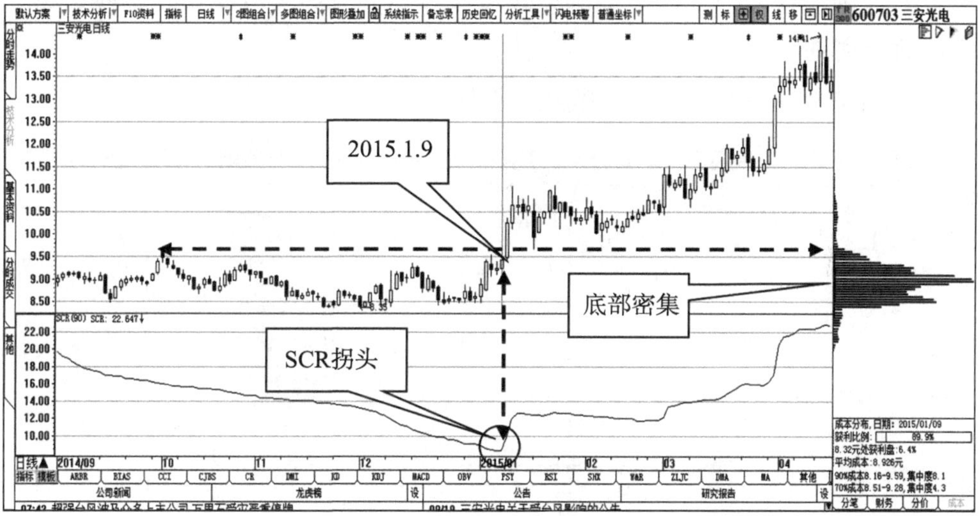

图 2–19　三安光电（600703）SCR 指标走势图

三安光电的股价在 2014 年底出现了一波横盘筑底走势。在筹码分布图上，筹码逐渐向底部密集，SCR 指标呈现单边下降态势，这说明筹码的集中仍在持续。2015 年 1 月 9 日，该股股价在连续两个交易日的调整后重拾升势，此时 SCR 指标拐头向上，这说明筹码开始由密集转向发散，股价的波动范围将重新扩大，未来上涨的可能性非常大，投资者可在此时买入该股。

2. 顶部筹码密集与 SCR 指标拐头

利用顶部筹码密集与 SCR 指标拐头，可以识别最佳的顶部卖点。

具体操作要点如下。

（1）股价经过一段时间的上涨后，出现筑顶迹象。

（2）筹码分布图上，筹码开始呈现顶部密集形态。

（3）在股价上攻过程中，SCR 指标一直呈现同步上升形态。当股价不再上攻时，SCR 指标拐头向下，开始趋向于集中。

（4）通常情况下，股价不再上升，SCR 指标拐头向下时，投资者就该警惕股价可能会出现回调或转向。当然，SCR 指标拐头向下，并不意味着股价整体运行趋势一定会由上涨转为下跌，此时的股价波动也有可能只是一次短暂的回调整理。不过，出于投资安全的考虑，出现该信号时，投资者还是应该暂时离场。

下面来看一下光明地产的案例，如图 2-20 所示。

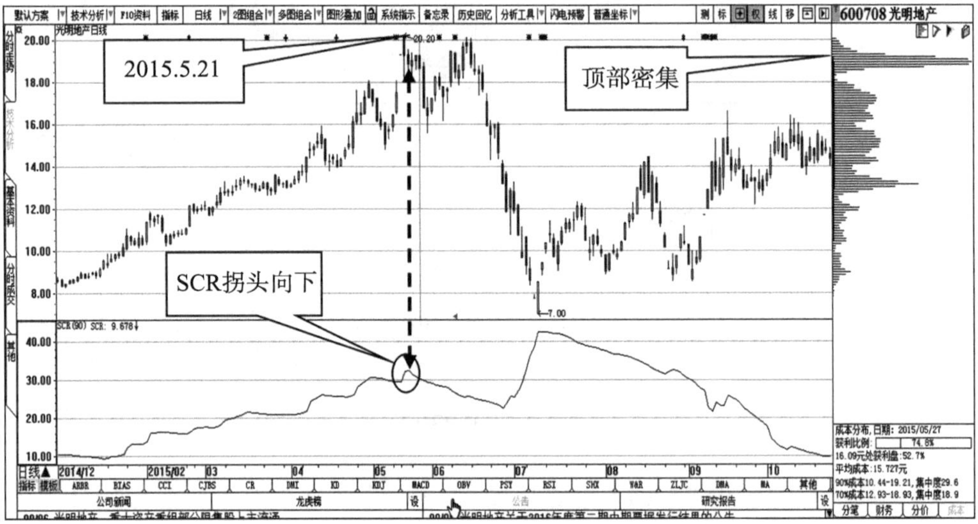

图 2-20　光明地产（600708）SCR 指标走势图

光明地产的股价在 2015 年上半年出现了一波震荡上扬走势。在筹码分布图上，筹码逐渐由发散状态向顶部密集，SCR 指标呈现单边上涨态势，这说明筹码处于发散状态。

2015 年 5 月 21 日，该股股价在创下阶段高点后开始回落。与此同时，SCR 指标拐头向下，这说明筹码开始由发散状态重新趋于集中，主力开始出货。在连续两个交易日的调整后，从该股的筹码分布图上也能够看出，顶部区域出现了明显的筹码密集形态，这也印证了主力的出货行为。为避免可能的投资损失，投资者最好能够提前出局。

股价回落，SCR 指标拐头向下，并不一定意味着股价一定会由上涨趋势转为下跌趋势，也有可能只是一次整理动作。同样，股价上涨，SCR 指标拐头向上时，也有可能是股价的一次短暂反弹。总之，投资者必须结合当时的市场环境、股价上涨或下跌的幅度等综合分析。

二、活动筹码（ASR）

活动筹码又称浮筹，是指在当前股价上下 10% 幅度内的筹码。活动筹码指标的设计思想，更多地是源于投资者的持仓心理：投资者买入股票后，股价在买入价 10% 左右波动时，卖出的比例最高；相反，当股价启动上涨或下跌，脱离 10% 的波动区域后，人们由于获利颇丰或被套牢而不愿意采取卖出操作。从这个意义上来讲，活动筹码就是不安定的筹码，是一些随时可能变现流出的筹码。

当然，投资者不可能单凭活动筹码的多少，就判断出股价未来会上涨还是下跌。如果这些活动筹码都是主力吸入的，那么未来肯定上涨的概率更高；如果这些活动筹码是主力吐出来的，那么下跌的可能性肯定更大。正因如此，实战需要根据活动筹码出现的区域来研判其对交易的指示含义。

1. 底部筹码密集与 ASR 指标拐头

筹码在底部出现密集形态时，往往也是 ASR 指标逐渐上升之际。利用底部筹码密集与 ASR 指标拐头，可以识别最佳的底部入场点。

具体操作要点如下。

（1）股价经过一段时间的下跌后，出现筑底迹象。

（2）筹码分布图上，筹码呈现底部密集形态，并持续了一段时间。

（3）ASR 指标在股价筑底过程中仍然处于上升态势，最好能高于 80，这说明活动筹码在这一区域聚集较多，主力必定已经吸入足够多的筹码。这时主力肯定不希望其他机构或投资者入场抢走筹码，因此向上拉升就成了唯一的选择。

（4）某一交易日，股价上涨，ASR 指标拐头向下，则意味着筹码将由密集形态向发散形态转变，股价将迎来一波上涨行情。

下面来看一下广电电气的案例，如图 2-21 所示。

广电电气的股价在 2014 年底到 2015 年初的一段时间内出现了底部横盘震荡走势。在股价震荡过程中，反弹的高点一个比一个低，并始终被一条下降趋势线压制。观察该股的筹码分布图可知，该股的筹码逐渐趋向于密集形态，这说明筹码正在集中。ASR 指标在股价震荡过程中逐渐走向高位，并超过 80 线。这说明主力很可能在短期拉升股价，投资者宜密切关注股价盘面的变动。

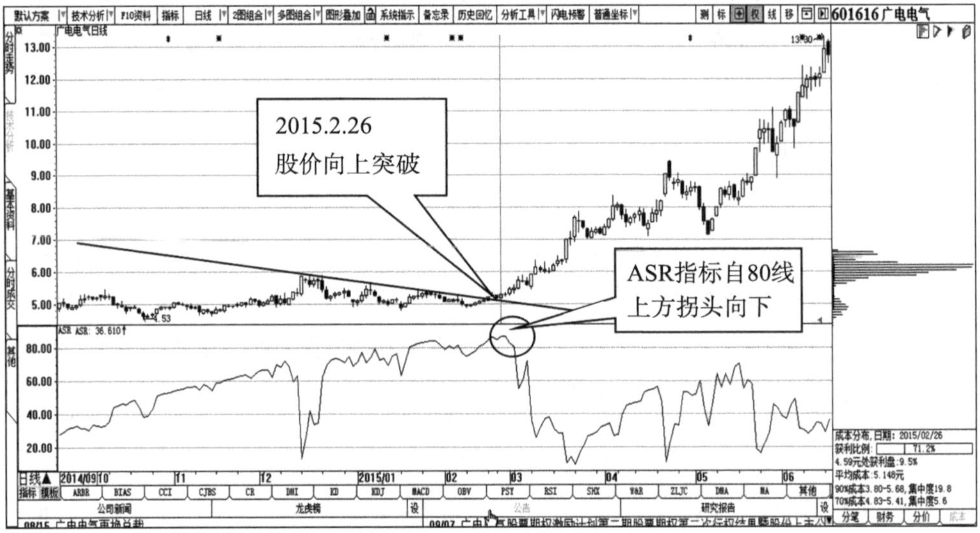

图 2-21 广电电气（601616）ASR 指标走势图

2015 年 2 月 26 日，该股股价向上突破了下降趋势线，ASR 指标自 80 线上方拐头向下。这说明主力很可能要开始拉升股价了，投资者可以考虑追涨买入该股。

股价自底部筹码密集区启动上涨后，ASR 指标就会呈现下降的态势。下降的幅度越大，说明筹码锁定越好，股价未来上攻的幅度可能就会越大；若下降幅度有限，则说明股价在上涨过程中散筹较多，未来上涨困难重重。

2. 顶部筹码密集与 ASR 指标拐头

筹码在顶部出现密集形态时，往往也是 ASR 指标逐渐上升之际。当

ASR 指标拐头向下，则意味着顶部形态成立。利用顶部筹码密集与 ASR 指标拐头，可以识别最佳的顶部卖点。

具体操作要点如下。

（1）股价经过一段时间的上涨后，出现筑顶迹象。

（2）筹码分布图上，筹码开始呈现顶部密集形态。

（3）ASR 指标在股价上攻过程中的走势，大部分可分为两个阶段：第一阶段，股价启动初期，ASR 指标直线走低，这是主力在锁仓快速拉升股价；第二阶段，股价上涨一段时间后，获利盘开始涌出，主力也会适度散筹，这时 ASR 指标会逐渐走高。

（4）通常情况下，股价进入顶部区域并开始震荡筑顶后，ASR 可能重新进入高位，这说明主力在加紧出货。此后，若股价下跌，ASR 也自高位下跌，则说明很可能是主力完成出货，投资者宜迅速清仓这类股票。

下面来看一下中国远洋的案例，如图 2-22、图 2-23 所示。

由图 2-22 可知，中国远洋的股价在 2015 年 4 月下旬连续大幅上攻。鉴于之前该股股价已经上涨了较大幅度，此时的上攻很可能是主力为了出货而进行的最后一次拉升。尤其是 4 月 30 日，更是创下近期最高价。

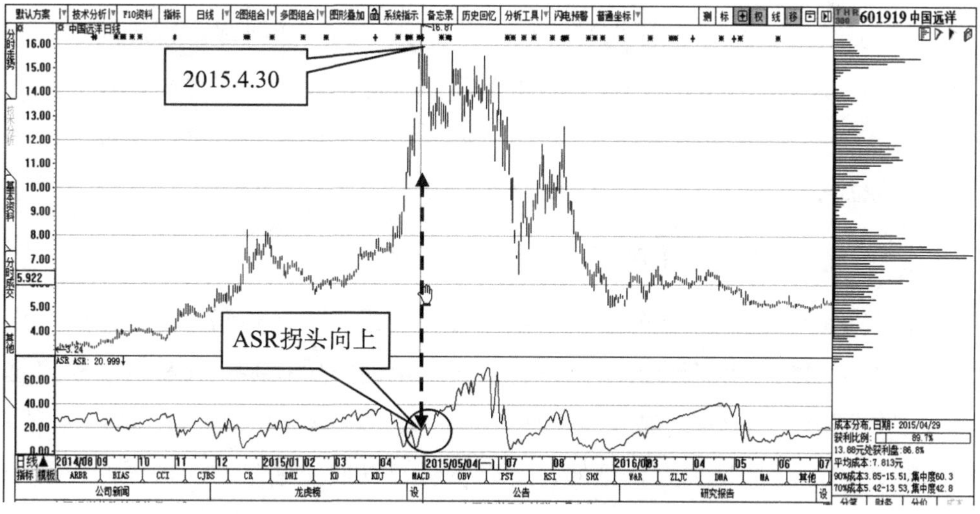

图 2–22　中国远洋（601919）ASR 指标走势图（一）

观察此时的筹码分布图可知，下方筹码仍然较多，这说明筹码并未移动至高位，也就是说主力此时并未大规模出货。再观察 ASR 指标可知，ASR 指标拐头向上，这说明获利盘在加速流出，主力开始加速散筹，投资者宜谨慎。

此后，该股在顶部区域震荡了一段时间，如图 2-23 所示。

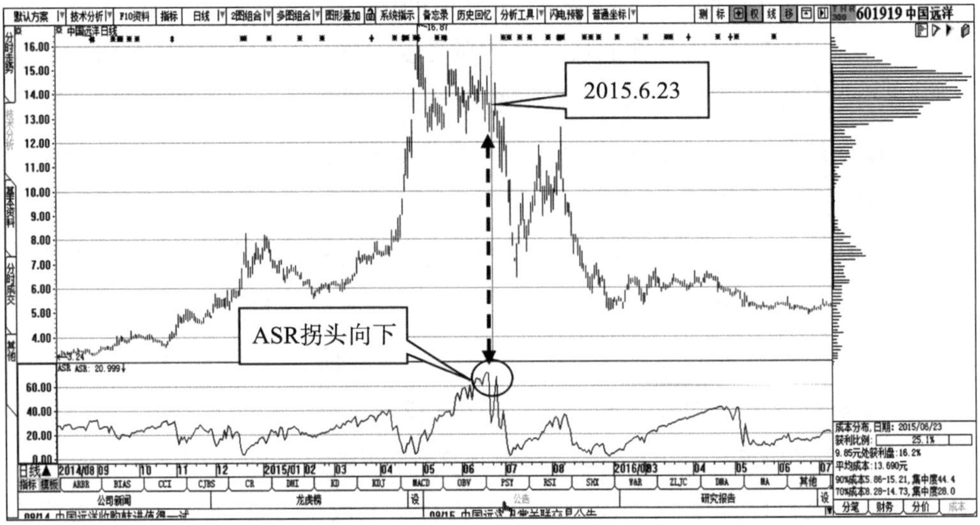

图 2-23　中国远洋（601919）ASR 指标走势图（二）

2015 年 6 月 23 日，中国远洋的股价连续下跌。此时观察该股的筹码分布图可知，该股的筹码已经全部转移至高位，这说明主力很可能已经完成出货。观察 ASR 指标可以发现，当日 ASR 指标自高位拐头向下，这说明该股将脱离原来的震荡区域，未来下跌的概率很大。

三、筹码穿透力（PR）

前面已经讲过，当筹码形成密集形态时，股价若自筹码峰的下方向上穿越，必然会遇到重重阻力。不过，若某只股票的股价在某一交易日轻松穿越了较多的筹码密集区，且成交量并未明显放大，就说明此时主力已经控盘了。股价穿越的筹码都是主力自己的，所以不会引发成交量暴增。这样的股票未来往往会有一波较大的涨幅，而且这类股票是筹码穿透力较强的股票。

筹码穿透力是指股价穿透筹码区的能力。筹码穿透力的计算公式如下：

筹码穿透力=（今日收盘价获利比－昨日收盘价获利比）/换手率

从筹码穿透力计算公式可以看出：筹码穿透力与穿越筹码的数量、换手率的大小密切相关。穿越的筹码越多，换手率越低，筹码穿透力越强；反之，筹码穿透力则越弱。

筹码穿透力数值还具有以下几个方面含义。

（1）当筹码穿透力为正值时，数值越大（至少超过10），则说明筹码穿透力越强，股价向上穿透筹码层引发的抛盘越少。

（2）当筹码穿透力为正值时，数值越趋近于0，则说明筹码穿透力越弱，股价向上穿透筹码层引发的抛盘越多。

（3）当筹码穿透力为负值时，数值越大（低于-10），则说明筹码穿透力越强，股价向下穿透筹码层引发的抛盘越少。

（4）当筹码穿透力为负值时，数值越趋近于0，则说明筹码穿透力越弱，股价向下穿透筹码层引发的抛盘越多。

筹码穿透力处于正常波动区域时，无需过多关注，一旦其上升至高点或下降至低点点位时，则需要密切注意了。此外，将筹码穿透力与股价所处区域、成交量变化、筹码分布结合起来分析，可以更加准确地判断主力拉升和出货的时间点，从而便于制定投资决策。

1. 底部筹码密集与PR指标创高点

某只股票在底部区域震荡盘整一段时间后，筹码呈现底部密集形态，说明主力很可能已经掌握了大量筹码。某一交易日，股价向上穿越密集筹码区，且PR指标值突然创下一个高点（超过10）。这说明股价穿越密集筹码区时只用了很少的筹码，未来股价继续上涨的可能性很大。股价站稳密集筹码峰顶部的当日，若以无量大阳线形式收盘，则未来股价继续上攻的可能性更大。

下面来看一下太平洋的案例，如图2-24所示。

太平洋的股价在底部区域震荡盘整了一段时间，筹码迅速密集，这说明主力可能已经入场建仓了。

图 2-24　太平洋（601099）PR 指标走势图

2013 年 11 月 12 日，该股股价跳空高开高走，不过成交量仍维持在较低水平。观察 PR 指标的走势，发现该指标数值却创下了 25.455 的新高，可见当日筹码穿透力之强。这说明主力已经掌握了大部分筹码，股价在上涨时并未见到过多的抛盘，筹码锁定情况良好。

其后，该股股价在几个交易日内快速拉升。

通常情况下，股价在底部区域盘整时，PR 指标创出新高，往往可能成为股价即将启动的一个信号。在 PR 创出高点不久，主力很可能就会迅速拉升股价。

2. 上涨途中洗盘与 PR 指标创极低点与极高点

某只股票在拉升一段时间后出现震荡整理走势。某一交易日，股价向下穿越密集筹码区，且 PR 指标值突然创下一个极低点（低于-10），这说明股价穿越密集筹码区时只用了很少的筹码。未来，当主力想要拉升股价时，很可能还是只用很少的筹码，就可以完成对筹码密集峰的突破，也就是 PR 指标再创出一个高点。接着，主力就会重新开始拉升股价了。

下面来看一下华能国际的案例，如图 2-25 所示。

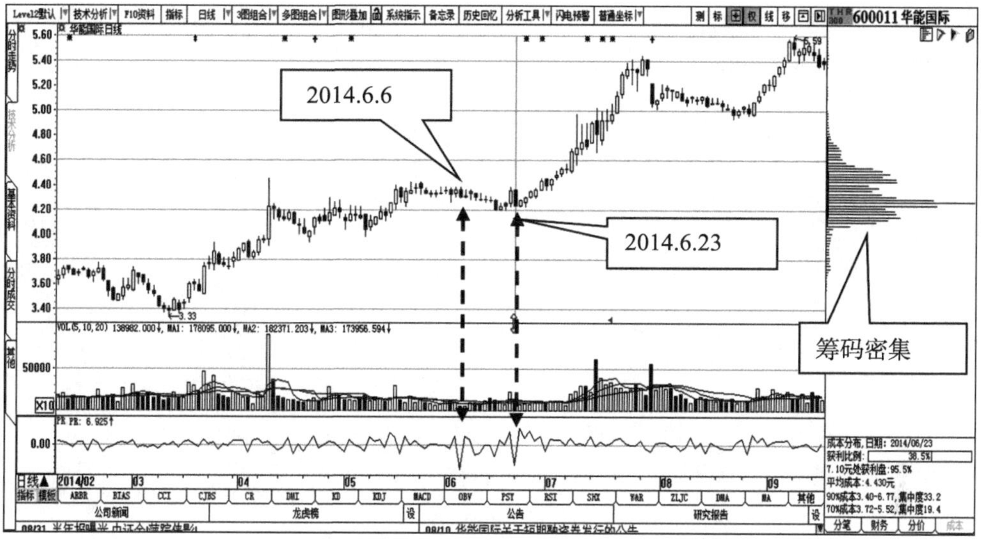

图 2-25　华能国际（600011）PR 指标走势图

华能国际的股价经过一段时间的拉升后出现了震荡横盘走势。该股在股价横盘过程中，成交量逐步缩小，股价上下波动幅度较大，筹码在横盘位置不断密集，这说明主力洗盘的可能性较高。

2014 年 6 月 6 日，该股股价低开低走，不过成交量仍维持在较低水平。但是当日 PR 指标的数值却创下了低于-70 的新低，可见当日筹码穿透力之强，也说明成交量确实足够低。之后，该股又经过了一段时间的震荡波动，投资者此时只需观望即可。

2014 年 6 月 23 日，该股股价再次低开低走，成交量同样维持在较低水平，PR 指标再次逼近-70 点，这说明当日筹码穿透力仍旧较强。次日即 6 月 24 日，该股股价回升，成交量仍旧较低，PR 指标值超过了 50 点，足见筹码向上的穿透力之强。

通过以上几次震荡可以看出，主力掌握的筹码已经非常多了，以至于每日的成交量都足够低，但股价却可以轻松地穿透筹码密集区。这种情况也说明，未来某日主力必定会再次向上大幅拉升股价。

其后不久，该股股价在几个交易日内快速拉升。

第三章

筹码分布经典形态及交易含义

在股价涨跌变化过程中，筹码分布也会呈现各种不同的形态，其中一些形态对股价的未来走势可能产生重要的影响。

第一节　单峰密集形态

单峰密集形态，是指在某一时间的筹码分布图上，一个狭小的价格区间内聚集了较多的筹码，其他价格区域的筹码很少，甚至没有。出现单峰密集形态，说明在这一价格区间内集中了大量筹码。通常情况下，出现这种形态大多是主力刻意为之的结果，不是主力在吸筹，就是主力在出货。

根据单峰密集形态出现区域的不同，可以将单峰密集形态划分为低位单峰密集形态和高位单峰密集形态两种。

一、低位单峰密集

股价经过一段时间的下跌后进入底部整理区域。股价在底部盘整期间，尽管也会出现一些涨跌，但不会改变盘整的整体形势，一些经典的底部形态多在此时出现，如W底形态、三重底形态、头肩底形态等。在股价整理过程中，高位筹码逐渐向底部转移，并在底部形成单峰密集形态。随着盘整时间的持续，底部筹码峰的横条线长度会非常长，其他区域的筹码则越来越少，这种情况也说明主力吸筹接近于完成。

出现低位筹码单峰密集形态，投资者可耐心等待主力开始拉升的信号，这些信号包括以下几类。

（1）在底部盘整接近尾声时，股价可能会突然出现无量下跌的情况，但很快又会重新回到整理区间（该信号有时不会出现）。

（2）股价开始小幅上涨或快速上攻，成交量同步放大。

（3）随着股价的上涨，各条均线开始呈多头发散。

（4）股价很快站到筹码单峰顶部位置，这说明股价已经脱离了筹码密集区，未来股价将发动一波上涨行情。

（5）股价上涨后，若出现回调走势，该筹码峰位置会成为股价的一个较佳支撑位。

（6）股价上涨时，通常情况下成交量会随之放大，这时投资者要分两种情况来研判成交量：股价上涨时，成交量明显放大，筹码峰必会随之上移，这是一种常见的筹码移动形态；股价上涨时，成交量放大不明显，筹码峰未随股价的上涨而上移，这种情况说明主力很可能已经控盘锁仓，未来股价上涨的空间较大。

下面来看一下歌华有线的案例，如图 3-1、图 3-2 所示。

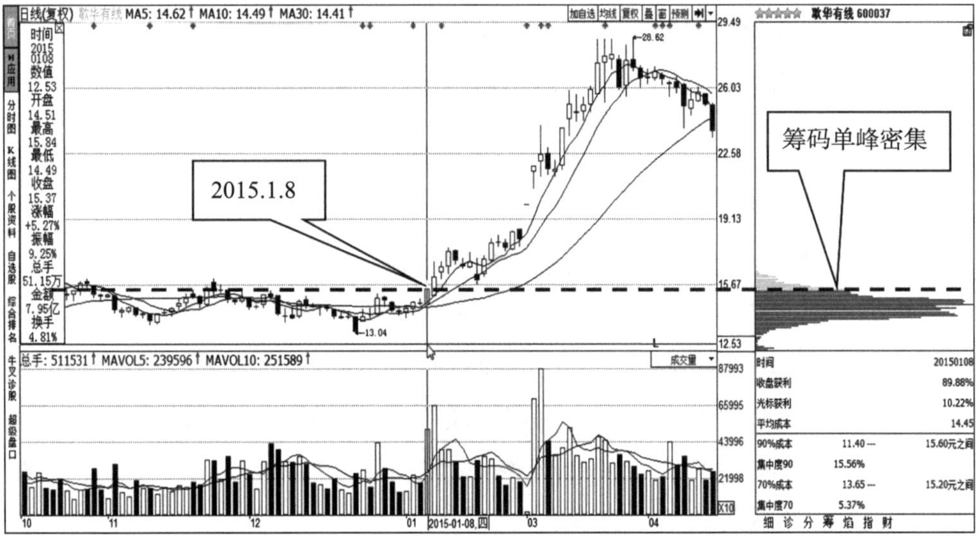

图 3–1　歌华有线（600037）底部单峰密集形态

如图 3-1 所示，歌华有线自 2014 年 10 月底开始在底部区域横盘震荡。在股价横盘震荡过程中，筹码逐渐向底部密集，并形成了底部单峰密集形态，这说明主力已经掌握了大量的筹码。

观察该股走势可知，该股在股价启动之前的几个交易日出现了无量下跌走势，即股价下跌时成交量萎缩，拉升时成交量呈放大态势，这也印证了主力控盘程度较高的判断。

2015 年 1 月 8 日，该股股价放量拉升，成功站稳了底部单峰筹码的上沿。这种情况说明该股涨势确立，未来将会出现一波上涨行情。

买入股票后，可以再观察一下该股后期的走势，如图 3-2 所示。

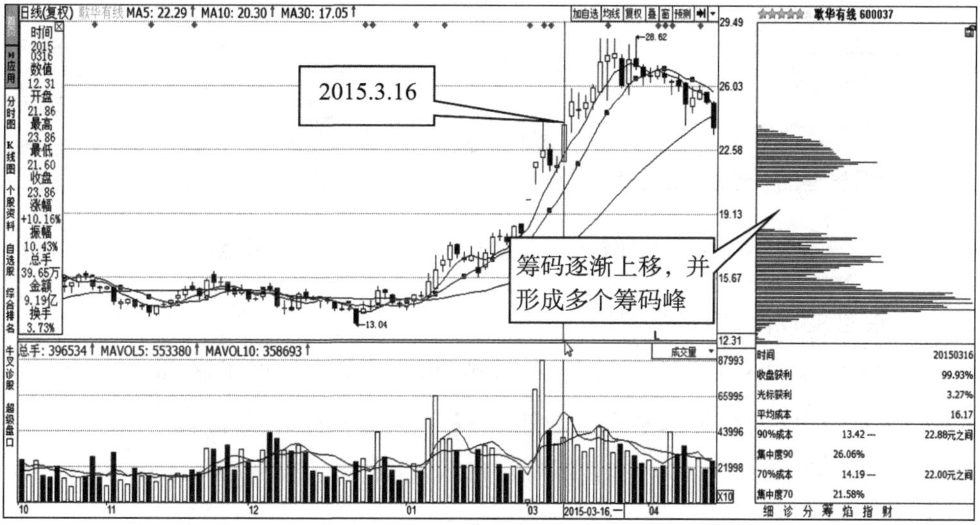

图 3–2 歌华有线（600037）股价上涨，筹码发散

歌华有线的股价启动上涨后，成交量随之不断放大，底部单峰筹码不断上移，这说明股价的上涨与成交量配合较佳。不过也应该注意一点：该股股价上攻与成交量上涨同步，一旦成交量无法持续放大，那么股价也就难以维持上涨了。

下面再来看一下金龙机电的案例，如图 3-3、图 3-4、图 3-5、图 3-6 所示。

由图 3-3 可知，金龙机电自 2014 年 10 月底开始在底部区域横盘震荡。在股价震荡过程中，筹码逐渐向底部密集，并形成了底部单峰密集形态，这说明主力已经掌握了大量的筹码。

观察该股走势可知，在股价启动之前的几个交易日，该股出现了无量下跌走势，即股价在下跌时成交量萎缩，拉升时成交量呈放大态势，这也印证

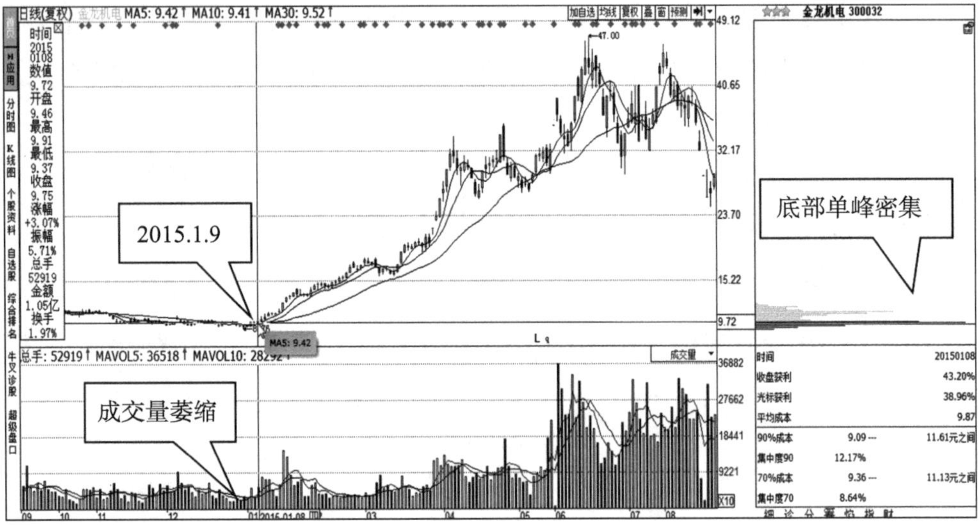

图 3-3　金龙机电（300032）底部单峰密集形态

了主力控盘度较高的判断。

2015 年 1 月 9 日，该股股价放量拉升，并成功站稳了底部单峰密集筹码的上沿。这说明该股涨势确立，未来将会出现一波上涨行情。

买入股票后，可以再观察一下该股后期的走势，如图 3-4 所示。

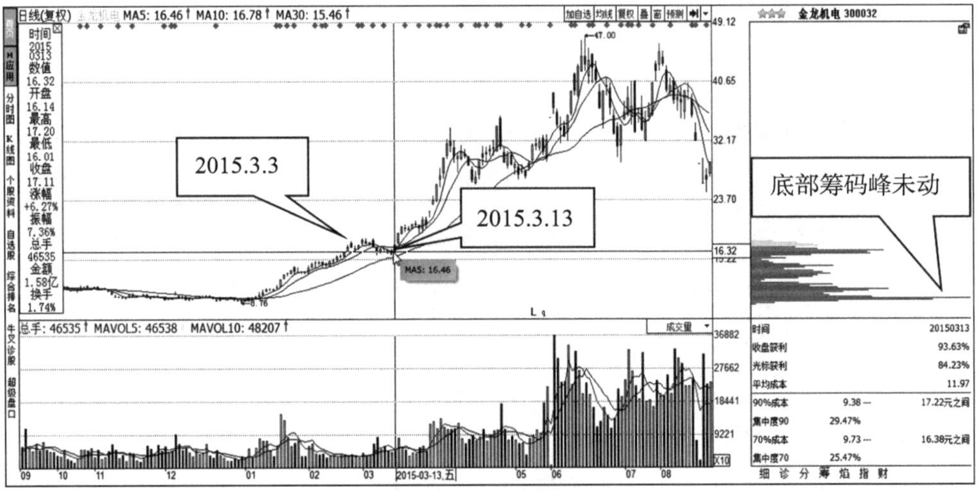

图 3-4　金龙机电（300032）上涨途中的筹码运动（一）

金龙机电的股价经过一段时间的拉升后，于 3 月 3 日开始进入整理走势。大多数散户在此阶段会产生疑虑：主力到底有没有出货？

其实，只要查看一下右侧的筹码分布图就有答案了：在股价上涨途中出现回调整理时，该股底部筹码峰并未出现上移的态势。这说明主力是在锁仓拉升，此时的回调整理只是主力的一次洗盘行为，后续还将继续上升。3 月 13 日，该股重新启动了一波上升走势。

还可以继续观察该股后期的走势，如图 3-5 所示。

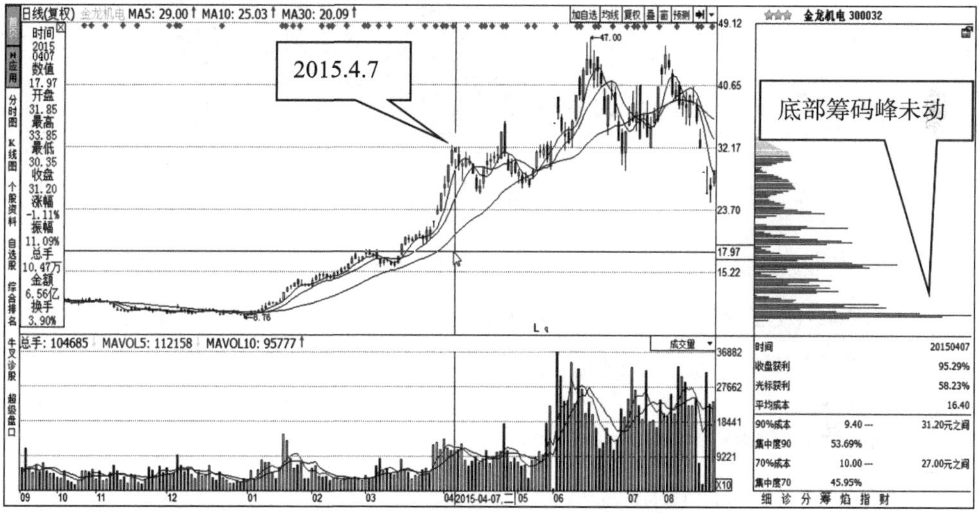

图 3-5 金龙机电（300032）上涨途中的筹码运动（二）

金龙机电接下来的拉升行情持续了十几个交易日，股价大幅上涨。4 月 7 日，该股又到了一个调整周期。观察此时的筹码分布图可知，此时底部筹码峰仍在。也就是说，此时主力仍未出货，投资者若持有该股，可以继续持股并保持关注。随后，该股开始了一波剧烈的整理走势，如图 3-6 所示。

经过一个多月的宽幅震荡之后，该股股价重拾升势。不过，这次上涨与前两次的性质已经完全不同，此时该股底部的筹码峰已经大部分上移至顶部位置。也就是说，此时底部筹码峰所剩不多，说明主力已经开始出货，只是还没有完成出货任务，未来的上涨则是为出货拉出空间而已。

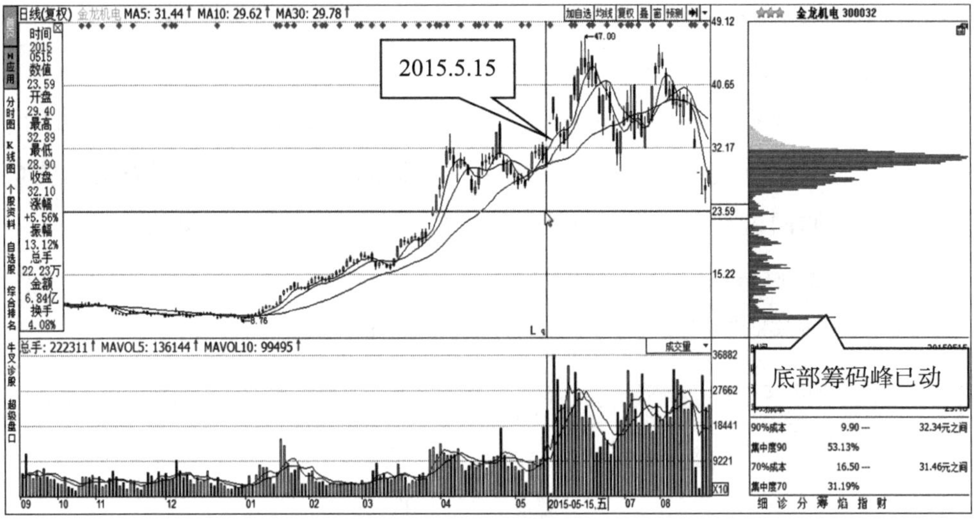

图 3-6 金龙机电（300032）上涨途中的筹码运动（三）

观察该股后期的走势可知，之后该股的上涨幅度相比前两波小了很多，但成交量却放大了数倍。这一阶段属于主力出货阶段，不适合投资者参与。主力一旦出货完毕，股价随时可能下跌。

二、高位单峰密集

股价经过一段时间的上涨后进入顶部区域。股价在顶部盘整期间，尽管也会出现一些涨跌，但不会改变整体的盘整走势。一些经典的顶部形态多在此时出现，如 M 顶形态、三重顶形态、头肩顶形态等。不过，总体来说，股价在顶部停留的时间要明显短于底部。

在股价震荡整理过程中，底部筹码逐渐向顶部转移，并在顶部形成单峰密集形态。随着盘整时间的拉长，顶部筹码峰的横条线长度会伸长，其他区域的筹码则会越来越少，这说明主力出货任务接近于完成，此后股价很可能会快速下跌。

股价即将下跌的信号包括以下几类。

（1）股价涨跌交替出现，却没有再上新台阶，但成交量明显放大。

（2）股价上涨至顶部区域前，成交量已经连续放大。

（3）股价很快跌到筹码单峰底部位置，这说明股价已经脱离了筹码密集区，未来股价很可能会出现长期下跌走势。

（4）股价下跌后，若出现反弹走势，该筹码峰位置会成为股价上涨的较强阻力位。

（5）股价下跌时，通常情况下成交量很难放大，对于这种现象，投资者要分两种情况来研判：股价下跌时成交量很低，说明被套的散户不愿意放弃手中的筹码，未来股价还将下跌；股价下跌时成交量放大，筹码峰随着股价的下跌快速下移，说明股价的下跌空间可能不会太大。

下面来看一下华力创通的案例，如图 3-7 所示。

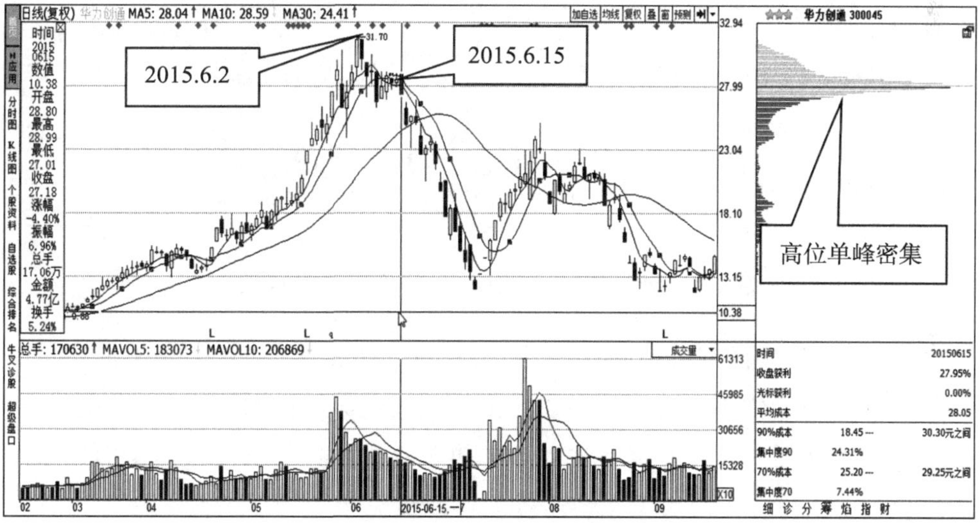

图 3–7　华力创通（300045）高位单峰密集形态

华力创通自 2015 年 6 月 2 日创下一段时间以来的最高价后出现了筑顶迹象。在股价震荡过程中，筹码逐渐向顶部密集，并形成了顶部单峰密集形态，这说明主力出货已经接近完毕，未来该股下跌的概率很高。

2015 年 6 月 15 日，该股股价大幅下跌，并跌破了顶部单峰密集筹码的下沿，这说明该股跌势确立，未来将会出现一波下跌行情。

筹码在高位出现单峰密集形态，很多时候属于主力出货的情况。不过，如果在高位盘整过程中有新的主力进入，或者当时大盘行情极佳，股价也有可能再出现新一轮的上攻。也就是说，股价在高位形成单峰密集是一个非常危险的信号，不过不能简单地认定筹码高位密集，股价就一定会下跌。

下面来看一下世纪鼎利的案例，如图 3-8 所示。

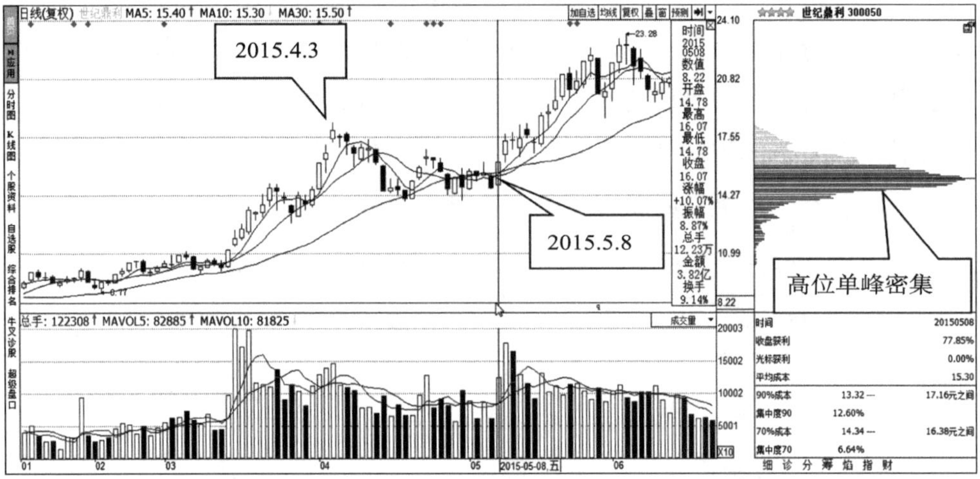

图 3-8 世纪鼎利（300050）高位单峰密集形态

世纪鼎利的股价在 2015 年 2 月随大盘的上攻出现了一波快速上涨行情。4 月 3 日，该股股价创下阶段性高点后出现回调走势。在股价震荡回调过程中，筹码逐渐向高位密集，并形成了高位筹码单峰密集形态，这说明主力很可能已经完成了出货，该股未来走势下跌的概率较大。

5 月 8 日，该股股价在前一交易日跌破均线的情形下反向放量上攻，并重新站稳多条均线和筹码密集单峰的上沿，这说明该筹码峰很可能由阻力作用转为支持作用，未来该股有可能再次发动上涨。

随后，该股在大盘上攻的带动下又出现了一波较大的涨幅。

对于高位出现的筹码单峰密集，实战中投资者需要注意如下两点。

（1）所谓的低位密集与高位密集只是一个相对概念，并不是绝对的。

（2）筹码在低位密集，只能说向上的概率较大，并非一定会上攻；筹码在高位密集，也只能说向下的概率较大，也并非一定会下跌。

第二节　双峰密集形态

双峰密集形态，是指在股价波动过程中，某一时段形成包含两个显著筹码密集峰的筹码分布形态。因形成的环境不同，双峰密集形态代表的交易含义也不尽相同。

一、上攻双峰，机会无限

股价在底部区域盘整过程中，通常会形成一个底部密集筹码峰，也就是前面所说的低位单峰筹码密集形态。其后股价启动上涨，随着成交量的增加，有些股票的筹码峰会逐渐上移。不过，有些股票的底部筹码峰会保持不动。

股价上涨一段时间后，可能会出现震荡整理走势，该股的筹码就会在整理区域形成一个新的筹码峰。若此时低位筹码峰仍在，就会与新形成的筹码峰组成一个双峰形态。出现双峰形态，通常预示着股价的上涨行情仍未结束，未来看涨。

上攻双峰的具体研判要点如下。

（1）低位筹码峰仍在，说明之前的上涨主力是在锁仓拉升。只要低位筹码峰没有消失，股价上涨行情就不会结束。

（2）形成第二个筹码峰时，多数情况是主力震荡洗盘留下的痕迹。震荡洗盘是主力为了后期拉升所做的准备工作，随着震荡洗盘结束，未来的涨势可能会更加猛烈。

（3）股价经过一段时间的上涨出现盘整时，有时会出现无量下跌的情况，但股价很快又会回到第二个筹码峰的上方。这种情况说明主力已经接近完成洗盘，股价即将开始上攻。这时投资者可以借助前面讲述的筹码穿透力指标（PR）来分析佐证。

（4）股价重新启动上涨时，成交量往往会出现显著的放大。

下面先来看一下华海药业的案例，如图3-9、图3-10、图3-11、图3-12所示。

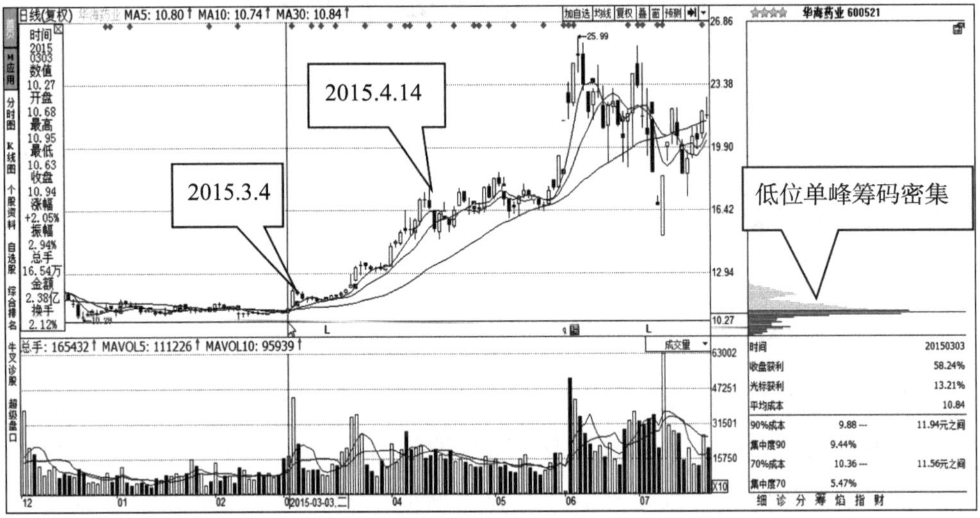

图3-9　华海药业（600521）单峰密集形态

如图3-9所示，2014年底到2015年3月期间，华海药业的股价一直在低位盘整。该股的筹码不断在底部聚集，形成了低位单峰筹码密集形态。

2015年3月4日，华海药业的股价以一根长阳线正式开启了股价上涨之路，随后该股股价一路震荡上扬。观察该股上涨时段的筹码运动情况可知，在股价上涨过程中，低位单峰筹码并未随之移动。

4月14日，该股股价上涨到阶段高位后出现回调，在K线图上留下一根带长上影线的阴线，此后该股股价出现了横向震荡走势。观察这一时段的筹码分布情况，可以看到通过一段时间的震荡调整，震荡区域开始出现一个新的筹码峰。

到了5月19日，华海药业股价阶段性盘整趋于结束，此时也正好形成了双峰密集形态，如图 3-10 所示。通常情况下，随着股价的震荡上扬，散户会逐渐兑现盈利筹码而出局，此时底部筹码密集单峰仍在，说明底部建仓的主力仍没有离开。

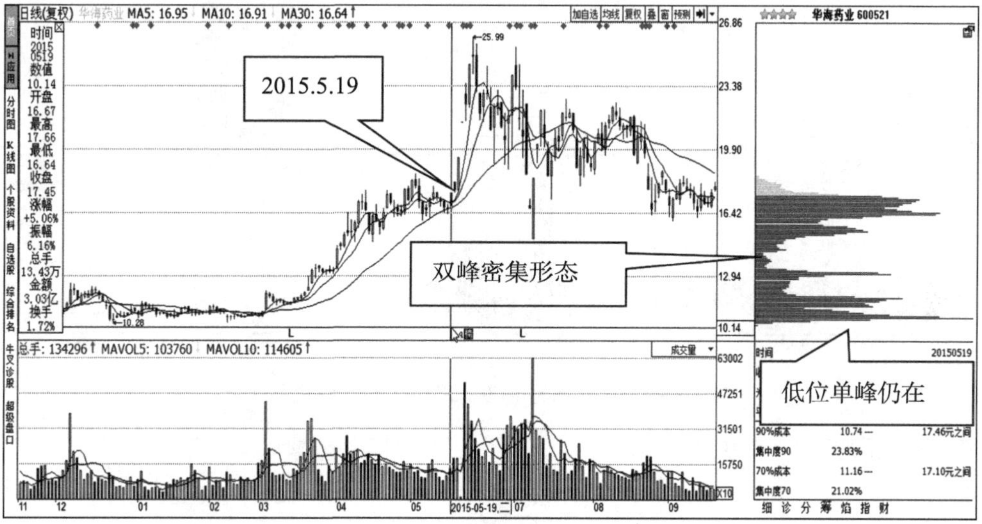

图 3-10 华海药业（600521）双峰密集形态

5 月 20 日，该股股价启动新一轮上攻，更可印证“主力仍在”的判断，投资者可以继续持股。随后股价开始更加猛烈的上攻，成交量比前一轮上涨也明显增加，这说明主力在借股价上涨逐渐抛售筹码。

这时候投资者一定要注意，一旦股价出现滞涨走势，就要立即清仓出局。

2015 年 6 月 12 日，该股股价创下了阶段新高后出现回调。观察此时的筹码分布图可知，底部筹码峰出现了松动，但筹码峰仍在，如图 3-11 所示。

此后该股出现了一波新的震荡盘整。随着股价的震荡调整，底部筹码峰逐渐消失，这说明主力在利用高位震荡掩护出货。通常情况下，一旦主力完成出货，股价就会出现一波下跌走势，如图 3-12 所示。

经过一段时间的震荡后，2015 年 8 月 17 日，该股股价底部筹码已经全部转移至高位，并形成了高位筹码密集峰。这说明主力已经完成了出货，未来股价下跌的概率很大，投资者若手中持有股票，应该立即清仓出局。

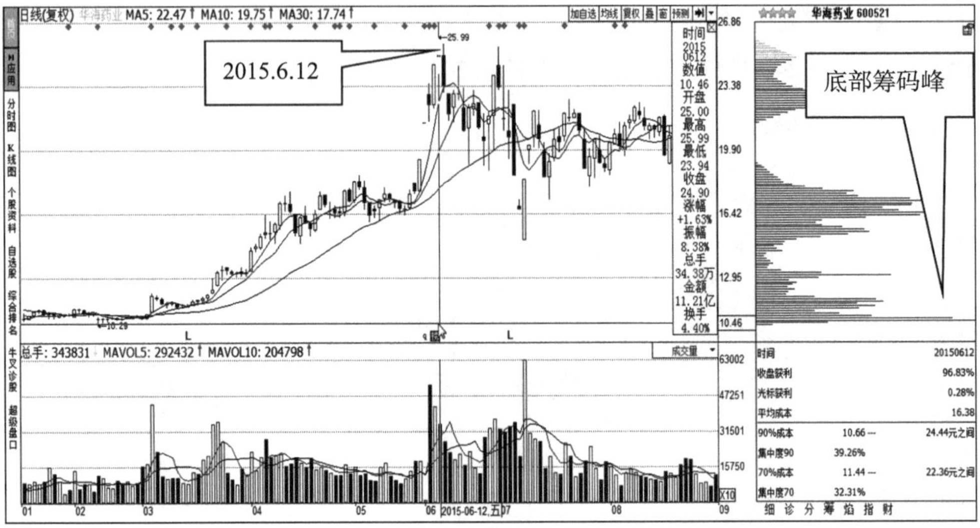

图 3-11　华海药业（600521）双峰上攻

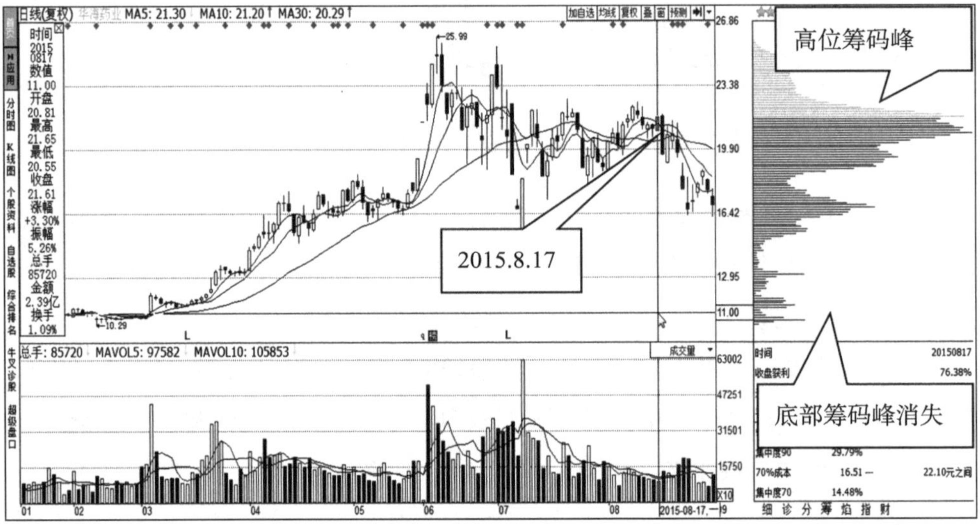

图 3-12　华海药业（600521）底部筹码峰完成转移

二、下行双峰，跌势未尽

股价被拉升至顶部区域后，通常会形成一个顶部筹码密集峰，也就是前面所讲的高位单峰筹码密集形态。其后股价启动下跌，随着股价的下跌，有些股票的顶部筹码峰会逐渐发散下移，不过有些股票的顶部筹码峰仍会保持不动。

当股价下跌一段时间后出现震荡反弹时，该股的筹码会在反弹整理区域形成一个新的筹码峰。若此时高位筹码峰仍在，就会与新形成的筹码峰组成一个双峰形态。出现这种双峰形态，通常预示着股价下跌行情仍未结束，未来看跌。

下行双峰的具体研判要点如下。

（1）通常情况下，主力在顶部完成出货后，股价就会开始下跌。也就是说，股价在顶部的筹码峰是主力将筹码派发给散户形成的。股价下跌时，若存有惜售心理的散户不愿意卖出手中的股票，那么主力是不会进场的，未来股价还将继续下跌。

（2）形成第二个筹码峰时，多数情况是一些散户认为股价已经有了一定跌幅，当前属于较佳的抄底时机，因而大胆入场抢筹。不过，尽管散户人数较多，但毕竟实力较弱，很难直接拉动股价上攻。当股价长时间横盘时，很多散户就会放弃该股，选择离场，于是股价就会继续下跌。

（3）股价下跌进入尾声时，主力有时为了让仍持有股票的散户死心，还会利用手中剩余的筹码大幅打压股价，迫使散户因恐惧而放弃手中的筹码。

下面来看一下千方科技的案例，如图 3-13、图 3-14、图 3-15 所示。

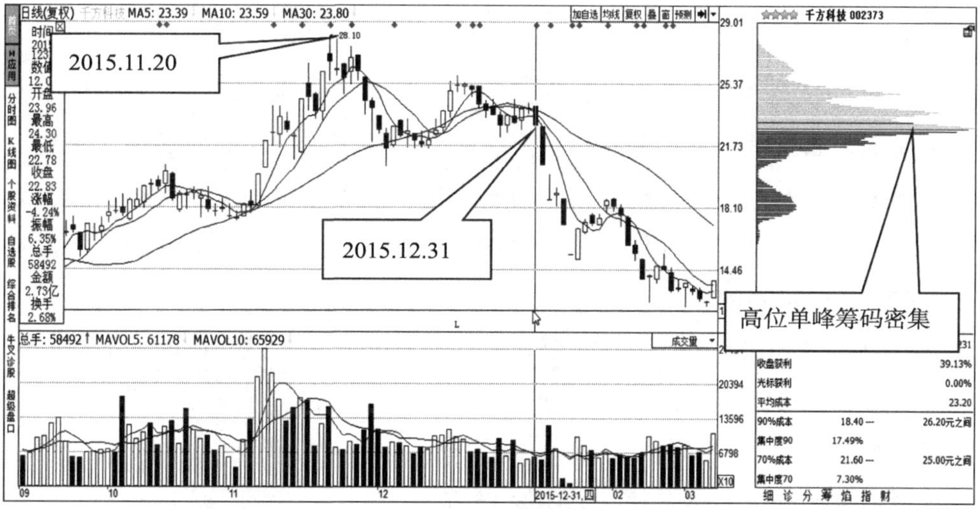

图 3-13 千方科技（002373）高位单峰密集

由图 3-13 可知，千方科技的股价在 2015 年 11 月 20 日创下阶段最高点后出现了筑顶迹象。在顶部震荡过程中，该股筹码逐渐上移，并在 12 月 31 日前形成了明显高位单峰筹码密集形态，这说明主力基本完成出货，未来股价存在下跌的可能。投资者若持有该股股票，应及时清仓出局。

此后，该股开始了一波下跌行情，如图 3-14 所示。

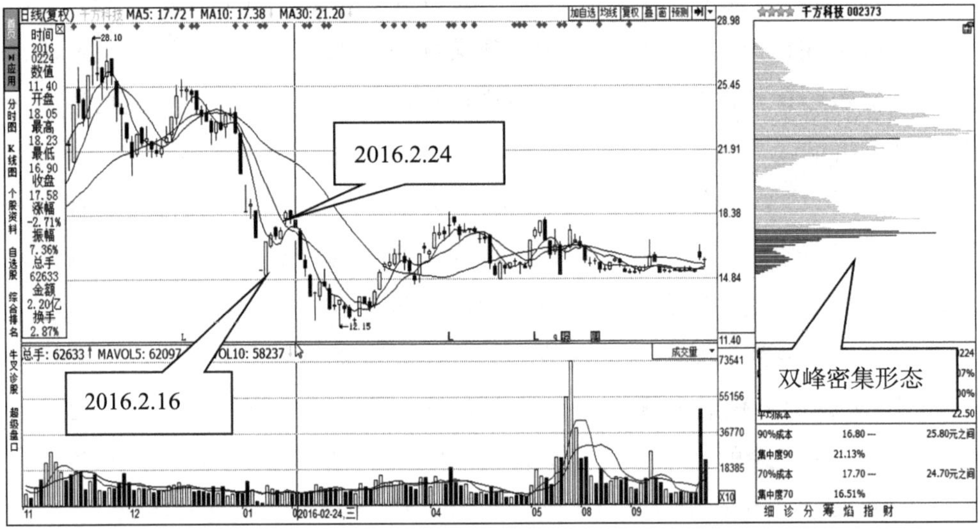

图 3–14 千方科技（002373）双峰密集

2016 年 2 月 16 日，该股股价经过一轮猛烈下跌后出现了反弹走势。通常情况下，如果没有特别的利空消息，一只股票下跌一段时间后都会出现一波反弹走势，不过反弹持续的时间有长有短。随着股价的反弹，在反弹区形成了一个新的筹码密集区域。此时顶部筹码峰并未下移，一般来说，投资者是不应该冒险抢筹的。

2016 年 2 月 24 日，该股在反弹多日后重新开始下跌，此时该股双峰形态正式形成。由此也可以看出，前期股价的下跌之路仍未走完，投资者宜继续保持观望。

此后该股继续一路下跌，如图 3-15 所示。

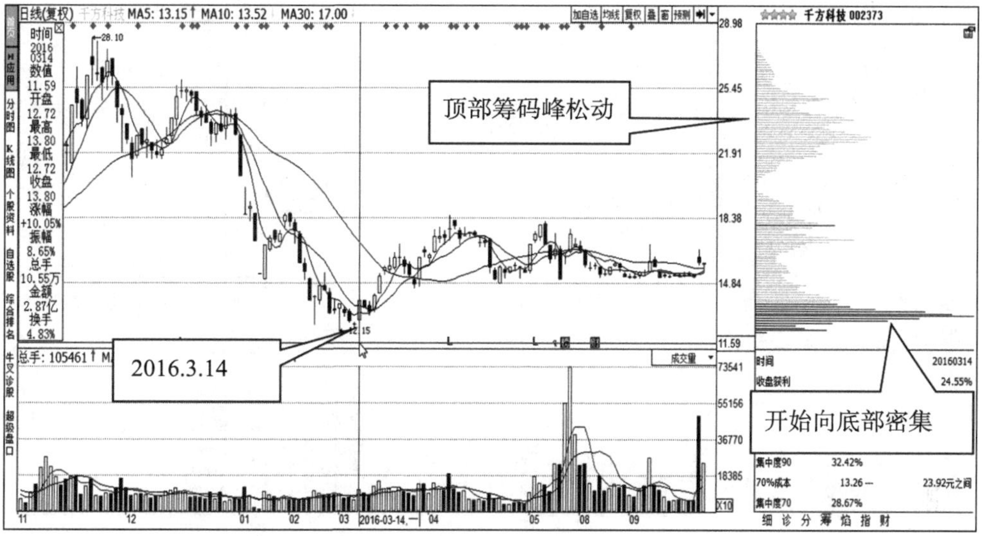

图 3-15 千方科技（002373）形成双峰后继续下跌

2016 年 3 月 14 日，该股在连续多日下跌后出现企稳反弹迹象。观察此时的筹码分布图可知，该股在底部区域迅速形成一个新的筹码峰，而且顶部筹码峰开始松动，这说明一些在顶部被套牢的投资者开始割肉离场。这个时候往往是主力开始入场收集带血筹码的时机。

由于顶部还有部分筹码，所以股价还将在底部进行长时间的震荡盘整。总之，只要顶部筹码不下来，主力就不会拉升。

三、震荡双峰，方向不明

股价在上涨或下跌过程中形成双峰形态后，有时并不会直接向上或向下运行，而在两个筹码峰之间的低谷区域震荡。股价上涨至上方筹码峰位置时，会受到该筹码峰的阻力而下跌，在下跌至下方筹码峰位置时，又受到下方筹码峰的支撑而上涨，如此往复，直至低谷区域被填平，成为一个新的更大的筹码峰，这就是通常所说的“双峰填谷”。

下面来看一下誉衡药业的案例，如图 3-16、图 3-17、图 3-18 所示。

由图 3-16 可知，誉衡药业的股价在 2015 年底出现了明显的筑顶迹象，

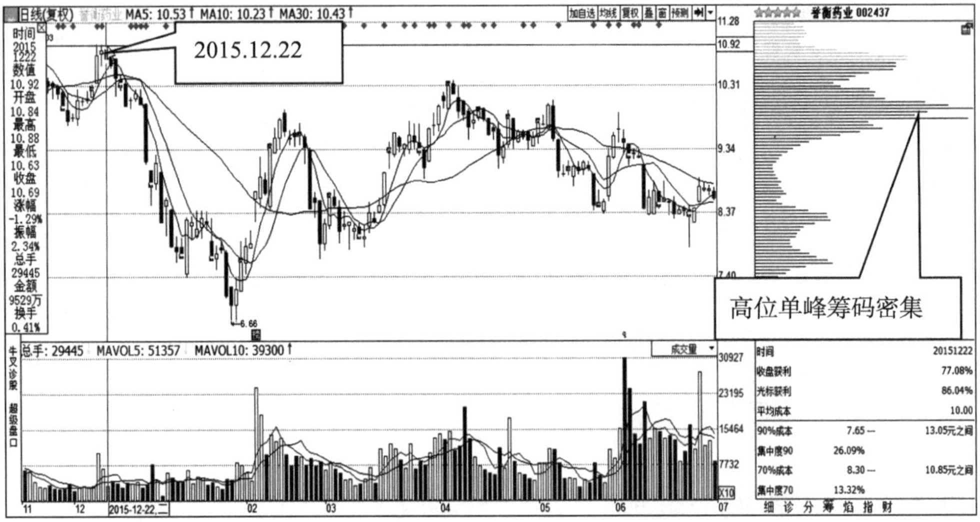

图 3-16　誉衡药业（002437）高位单峰密集

筹码迅速在高位聚集，并形成了高位单峰筹码密集形态。2015 年 12 月 22 日，该股股价自高位下跌，此后股价一路下行。2016 年 1 月底，该股触底企稳，向上反弹，如图 3-17 所示。

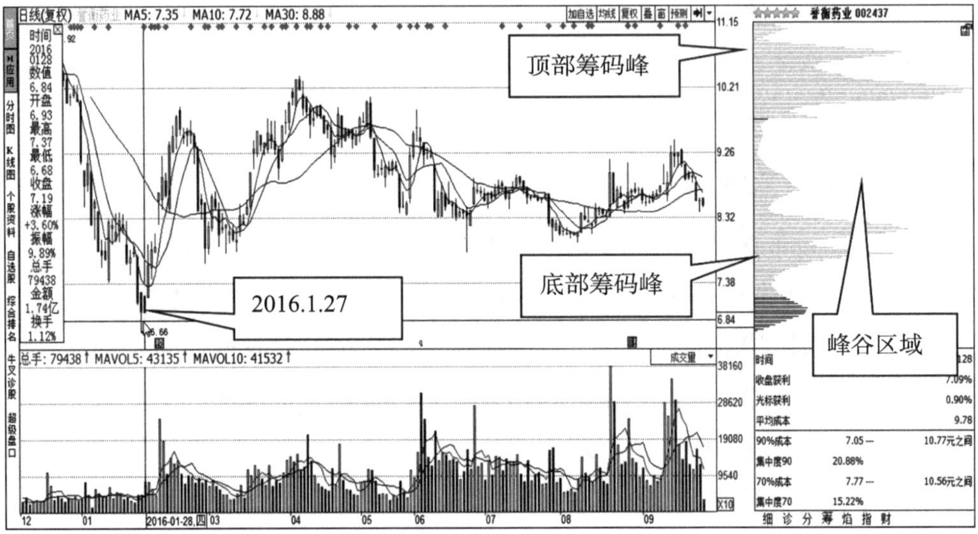

图 3-17　誉衡药业（002437）双峰密集

2016 年 1 月 27 日，誉衡药业的股价到达阶段底部后开始反弹，在底部区域形成了一个新的筹码峰，并与之前顶部形成的筹码峰相对应。至此，该股双峰形态正式形成。此后，该股股价并未跌破底部筹码峰，而是在两个筹码峰之间的低谷区域运行。股价上涨至顶部筹码位置时，因顶部筹码峰的阻力而下跌；股价下跌至底部筹码峰位置时，又因底部筹码峰的支撑而上涨，如此往复。该股的筹码在低谷区域越积越多，并逐渐形成了一个新的筹码峰，如图 3-18 所示。

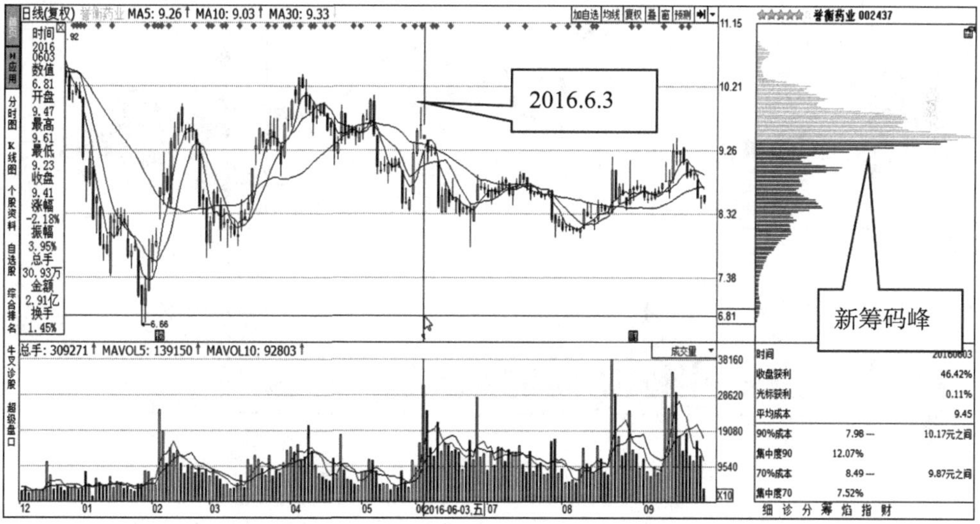

图 3-18　誉衡药业（002437）双峰填谷

随着双峰填谷的完成，股价的波动范围也不断收缩，这说明股价正在选择突破的方向。通常情况下，这时候投资者应该保持足够的耐心，不要过早地做出买入或卖出股票的判断。

通过上面对 “双峰填谷”走势的介绍，投资者需要掌握该走势的如下几个主要特征。

（1）股价运行于两个筹码峰之间时，顶部筹码峰往往具有较强的阻力作用，底部筹码峰则具有较强的支撑作用。

（2）股价运行于两个筹码峰之间时，筹码低谷区域被逐渐填满时，就是股价重新选择突破方向的时候。

（3）若两个筹码峰之间的距离足够大，投资者可以底部筹码峰为买入点，顶部筹码峰为卖出点进行短线波段操作。

（4）若某一日股价离开震荡区域，则说明新的行情即将到来。

下面来看一下豫光金铅的案例，如图 3-19、图 3-20 所示。

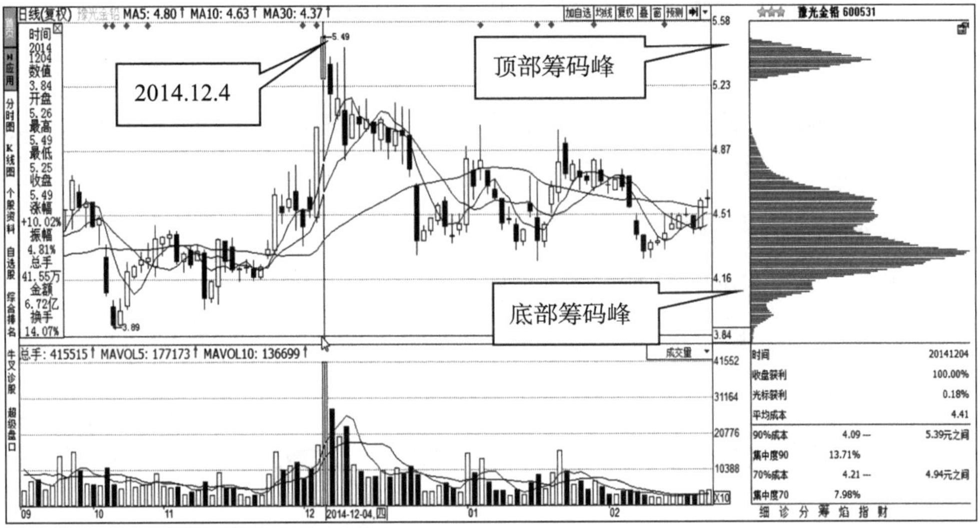

图 3–19 豫光金铅（600531）双峰密集

如图 3-19 所示，豫光金铅的股价在 2014 年底启动了一波上涨行情。12 月 4 日，该股股价到达短期高点后出现滞涨。此时，在筹码分布图上，该股呈现出双峰密集形态，这说明该股后期可能会经历一波震荡走势。

其后，股价不断在双峰之间震荡徘徊。在筹码分布图上，双峰之间的低谷区域不断被填充。到了 2015 年 3 月 2 日，双峰之间的低谷被完全填满了，这说明股价很可能要选择新的突破方向，如图 3-20 所示。

由图 3-20 可知，豫光金铅的股价已经成功站在了筹码单峰的上沿，此时的筹码单峰就是之前筹码双峰的低谷。基于股价已经成功突破筹码单峰的事实，加上此时有成交量放大相配合，可以预判股价未来上涨的概率很大。

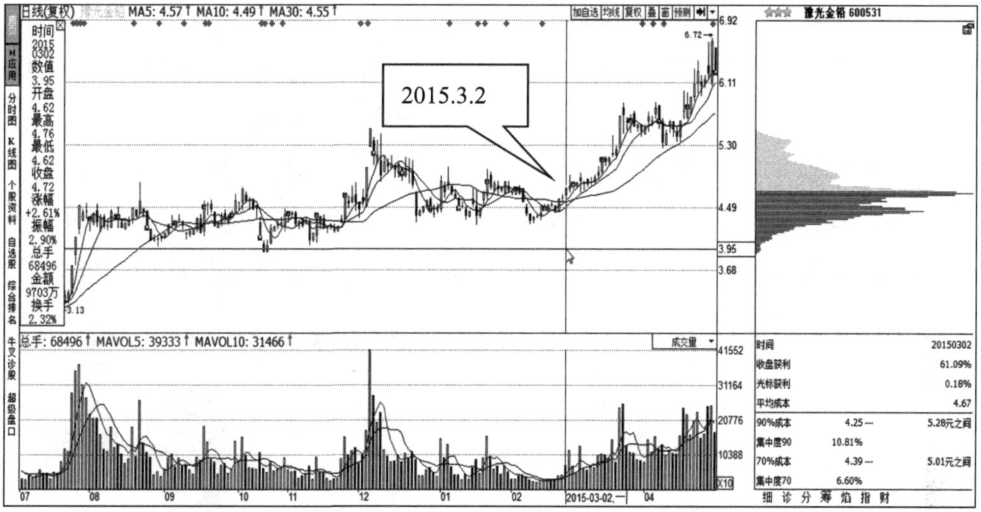

图 3-20　豫光金铅（600531）双峰合一

第三节　多峰密集形态

多峰密集形态，是相对于单峰密集形态和双峰密集形态而言的，是指在股价上涨或下跌过程中，形成了多个筹码峰的筹码分布形态。多峰密集形态说明筹码比较分散，股价无论处于上涨途中还是下跌途中，都有可能继续之前的运行轨迹。

一、下跌多峰，耐心等待入场时机

股价进入顶部区域后，主力通常会在股价接近高点时开始出货，并在高点形成后继续震荡出货。股价筑顶的时间长短，主要与主力出货的时间有关。也就是说，主力持有的筹码越多，出货越困难，股价筑顶的时间就越长，反之则越短。

主力出货完毕，股价就会随之进入下跌周期。不过，在股价启动下跌前，筹码将会大部分集中于顶部位置，即高位单峰筹码密集形态。

其后，股价开始下跌。随着股价不断走低，一些被套者纷纷出逃。由于每个人对股价波动的预期不同，承受损失的能力不同，所以选择割肉的时间也不可能一致，不过集中割肉的时机往往出现在股价小幅反弹时。

下面来看一下有研新材的案例，如图 3-21、图 3-22、图 3-23 所示。

由图 3-21 可知，有研新材的股价在 2015 年底出现了一波震荡上涨行情。在股价上涨至高点位置时，筹码逐渐向高位聚集，并形成了高位单峰密集形态。

图 3–21　有研新材（600206）高位单峰密集形态

2015 年 12 月 23 日，该股股价创下短期高点后反向下跌。随着股价的下跌，高位单峰筹码也逐渐向下发散和转移。

如图 3-22 所示，在股价下跌过程中，高位单峰筹码逐渐减少，底部出现了多个密集筹码峰。2016 年 1 月 14 日之后，该股出现一小波反弹走势。很多投资者将此次上涨看做一个较佳的抢反弹时机，于是纷纷入场，这个时候顶部的筹码峰并未消失。

基于以上分析可知，主力不会在这个时候入场，当散户无法持续拉升股价时，股价下跌也就是必然的选择了。该股股价反弹了一段时间后，最终重归下跌之路。

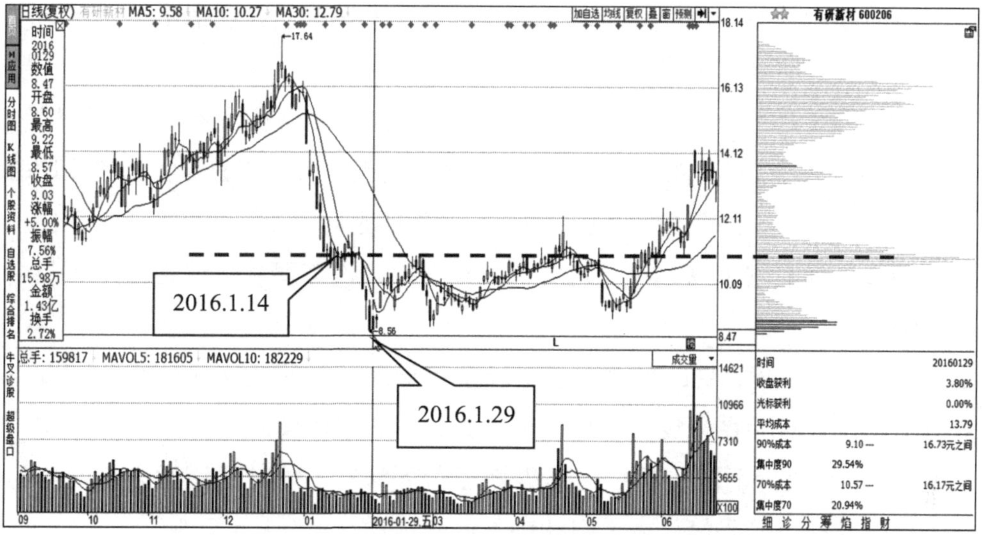

图 3-22　有研新材（600206）筹码由单峰密集向多峰发散形态转变

2016 年 1 月 29 日，该股股价再次触底反弹，不过此时该股筹码仍呈多峰密集形态。也就是说，此时仍不是最佳的入场时机。

此后该股出现了一段筑底走势，筹码逐渐向底部聚集，如图 3-23 所示。

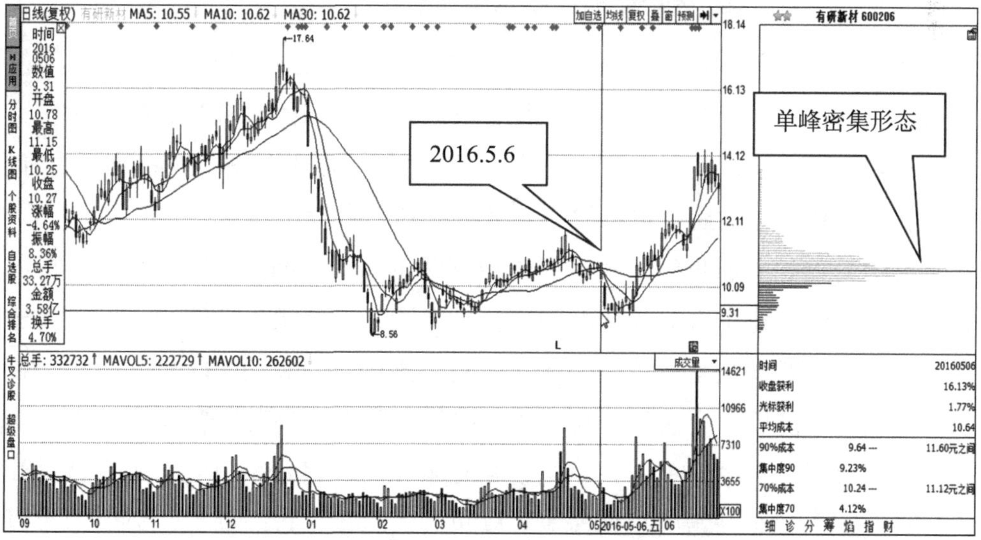

图 3-23　有研新材（600206）筹码由多峰发散向单峰密集形态转变

有研新材的股价经过一段时间的盘整后，筹码开始在底部呈密集形态，且高位筹码已经全部转移至底部。

2016年5月6日，该股股价突然启动了下跌走势，但成交量却出现了萎缩。这说明此时的下跌极可能是主力拉升前的诱空行动，投资者只需密切关注该股后期的走势。一旦股价再次向上突破单峰密集形态的上沿，即可大胆入场。

通过上面对“下跌多峰”走势的介绍，投资者需要掌握该走势以下几个主要特征。

（1）在股价下跌过程中形成多峰密集形态，说明成交比较活跃，多空双方对股价走势存在分歧，未来股价走势的不确定性较大。

（2）在股价下跌过程中，筹码峰逐渐下移时，尤其要注意高位筹码峰的变化。若高位筹码峰仍在，则跌势不可能停止。

（3）股价下跌一段时间后，出现横盘震荡走势时，筹码可能会迅速向横盘区域聚集。一旦形成单峰密集形态，则意味着股价可能要重新选择突破方向。

（4）筹码由多峰密集转变为单峰密集形态，并不意味着股价一定会上涨。有时也会出现下跌走势，这样横盘位置就有可能变为半山腰。

二、上攻多峰，价量配合耐心持股

股价进入底部区域后，主力通常会将股价控制在某一价位区域，从而便于自己吸筹。主力吸筹完毕后，往往会选择一个恰当的时机开始拉升股价。这里需要注意一点，主力选择的拉升时机，往往是在股票发布利好消息之前，个股利好消息发布之后，主力往往会借机散筹和出货。

主力开始拉升股价后，随着股价的不断走高，前期进入者往往会选择获利了结。当然，每个人对股价波动的预期不同，承受损失的能力不同，其选择兑现利润的时间也就不可能一致。不过，集中兑现利润的时机往往出现在股价小幅回调前后，这些兑现利润的区域就会形成一个又一个的筹码峰。

股价经过一段时间的上涨，当价格接近主力的目标价位时，主力就会开始出货，筹码就会开始向顶部聚集。这也是股价越接近于顶部，对应的筹码峰越大的原因。

下面来看一下天药股份的案例，如图 3-24、图 3-25、图 3-26 所示。

由图 3-24 可知，天药股份的股价在 2015 年初出现了一波震荡筑底行情。在底部盘整期间，该股筹码逐渐向低位聚集，并形成了低位单峰密集形态。

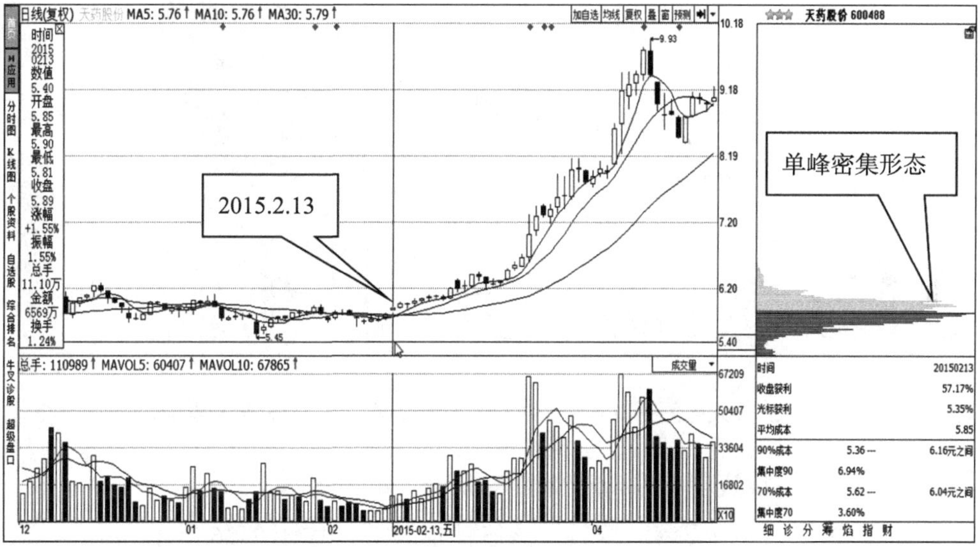

图 3–24　天药股份（600488）底部单峰密集形态

2015 年 2 月 13 日，该股股价跳空高开平走，并一举站稳多条均线，成交量相比前几个交易日出现了明显的放大态势，股价已经突破了单峰筹码最密集的区域，此后该股一路上攻。随着股价的上涨，单峰筹码逐渐萎缩，并形成了多峰密集形态，如图 3-25 所示。

在股价上涨过程中，低位单峰密集筹码逐渐上移，顶部出现了多个密集筹码峰。该股股价在上涨过程中出现了若干次小波回调，很多投资者将此看做是一个较佳的兑现利润的时机，于是纷纷了结离场，可是这个时候底部的筹码峰并未消失。

基于前面的分析可知，主力不会在这个时候离场。股价经过几个交易日的回调（主力清洗意志不坚定者）后，主力还会重新向上拉升股价。

2015 年 4 月 14 日，该股股价再次创下新高后大幅回调，此时底部筹码

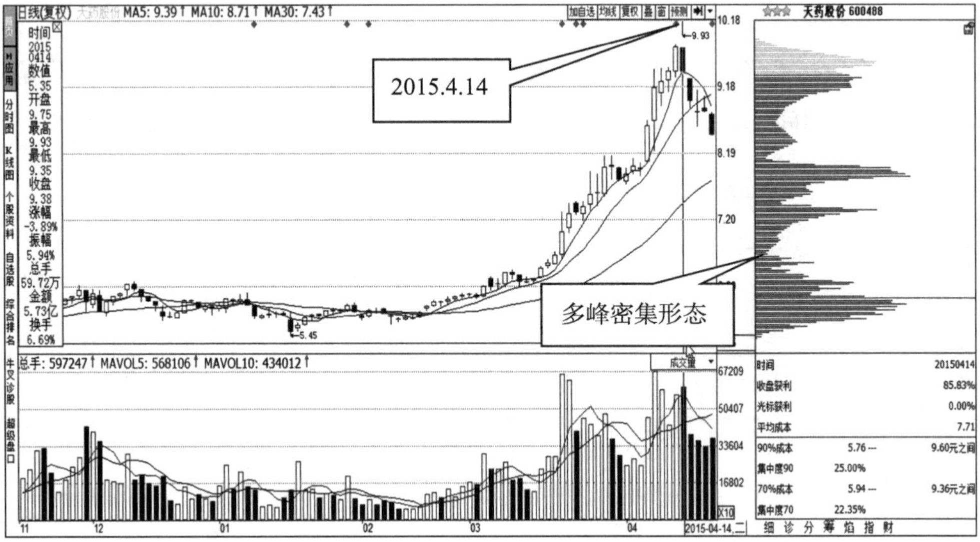

图 3-25　天药股份（600488）由单峰密集转变为多峰密集形态

峰仍在，激进型投资者可在此时保留部分仓位继续持股。

经过一段时间的震荡回调后，该股重拾升势，如图 3-26 所示。

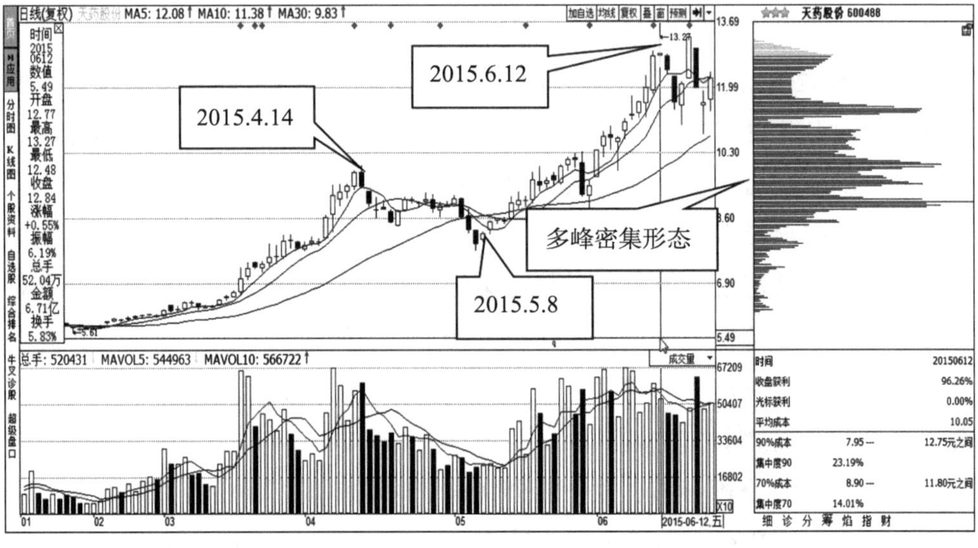

图 3-26　天药股份（600488）多峰密集形态

2015 年 5 月 8 日，天药股份的股价重新开始上升。与之前的上升截然不同，随着股价的上升，成交量不断放大，且筹码重心不断上移。尤其是底部的筹码峰已经消失，说明主力正在大肆出货。一旦上攻停止，投资者就应该立即出货。

通过上面对“上涨多峰”走势的介绍，投资者需要掌握该走势的以下几个主要特征。

（1）在股价上涨过程中形成多峰密集形态，说明成交比较活跃，多空双方对股价走势存在分歧，未来股价的走势不确定性较大。

（2）在股价上涨过程中，筹码峰逐渐上移时，尤其要注意低位筹码峰的变化。若低位筹码峰仍在，则涨势很可能会延续。

（3）股价上涨一段时间后，出现横盘震荡走势时，筹码可能会迅速向横盘区域聚集。一旦形成单峰筹码密集形态，则意味着股价可能要重新选择突破的方向。

（4）筹码由多峰密集转变为单峰密集形态，并不意味着股价一定会下跌。有时也会出现上涨走势（存在新主力入场的可能），这时横盘位置就有可能变为上涨的半山腰。

| 第四章 |

筹码分布与K线形态综合研判

K线形态，尤其是K线底部形态、顶部形态等，对股价走势具有很强的指示和预测作用。将筹码分布技术与K线技术结合起来分析，可以更加准确地判断和预测股价的未来走势。

第一节　K线底部形态与筹码分布

股价K线在底部震荡盘整期间形成的一些特殊形态，称为K线底部形态。出现这些形态，往往预示着股价即将启动反弹。很多时候，K线底部形态没有完成时，即股价正式启动上涨前，投资者是无法准确判断股价到底会出现何种底部形态的。例如，底部出现V形形态后，会不会形成W形底，抑或头肩底或三重底等。不过，如能将筹码分布技术与K线底部形态结合起来分析，无疑能够更加准确地确认K线的底部形态。

一、V形底与筹码分布

底部出现V形反转形态，若股价向上走出V形底以前，筹码已经形成了低位单峰密集形态，则可以提升股价上攻的可靠性。

1. V形底

V形底又称尖底，一般出现在一段下跌行情的末尾。其形态表现为：股价先是经过一段快速下跌行情，下跌到一定幅度后掉头向上，又开始了一段快速上涨行情，从而形成了一个形状像英文字母V的底部走势。如图4-1所示。

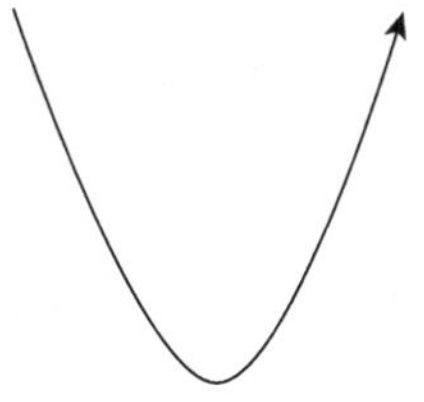

图4-1　V形底

V 形底虽然极为常见，却是最难判断和把握的一种底部形态。形成该形态的内在原因是：一开始空方力量很强，
同时引发恐慌性抛盘，使股价连续快速下挫。当空方力量充分释放之后，盘面变得轻盈了许多，成交量也萎缩到了极点。这时多方开始发力，并完全控制了市场，从而使股价一路回升，迅速收复了失地。

出现 V 形底往往源于突发性的利好消息，因而对其判断较为困难。但不可否认的是，这是一个较为强烈的底部信号，投资者需要高度关注，尽可能有效把握。

（1）当股价下跌一段时间后，此时出现 V 形底形态，反转信号的可靠性较高。投资者可以在底部放量反弹时积极买进，但要控制好仓位。

（2）当股价上涨到 V 形底开始快速下跌的价位时，可能会遭受一定的阻力，从而出现横盘整理平台，形成 V 形底的扩展形态，如图 4-2 所示。出现这种走势，是因为部分投资者对股价的上涨仍缺乏信心。不过一旦股价突破这一阻力位，后期仍有很大的上涨空间，所以投资者可以在向上突破平台后大胆买入。需要说明的是，这一整理平台有时可能不会出现。

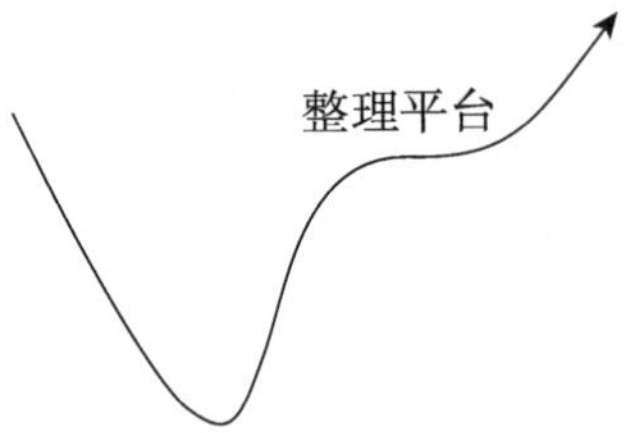

图 4–2　V 形底扩展形态

（3）参照 V 形底形态买入股票的投资者，应将止损位设定在 V 形底的底部。一旦股价跌破这一位置，说明上涨趋势被破坏，投资者应该果断止损离场。

（4）形成 V 形底的过程中，股价上涨的同时会伴随着成交量的明显放大。成交量越大，看涨信号就越强烈，之后上涨的空间就越大。

（5）基于 V 形底的特点，投资者在及时买进的同时，还应该认真分析股票的历史走势和行情的本质，注意 V 形底目前所处的位置。当 V 形底出现在高价位区域时，投资者需要保持警觉。

2. 筹码分布技术与 V 形反转组合分析

筹码分布技术结合 V 形反转形态研判股价趋势时，需要注意以下几点。

（1）股价短时大幅下跌形成了 V 形底形态。在股价启动快速下跌前，筹码尽管已经开始向下移动了，但底部的筹码仍未形成筹码单峰。也就是说，主力吸入的低价筹码仍不够多。此时主力快速打压股价，可以迫使一部分投资者丢掉手中的筹码，使主力完成吸筹和建仓任务。

（2）通常情况下，底部单峰密集形态会出现在股价快速下跌前的价位附近。也就是说，当股价自底部反弹向上，重新站上该价位时，往往就是股价即将启动的时刻。

（3）股价走出底部区域时，有时候高位筹码仍未完全转移至低位，因而在股价走势图上就比较容易出现 V 形底的扩展形态，如图 4-2 所示。也就是说，出现 V 形底扩展形态，是因为主力为了更好地吸筹，并将高位筹码转移至低位，以便于其后的拉升。

（4）股价向上突破底部单峰密集形态时（即股价上涨至单峰密集形态上沿），若成交量能够温和放大，则说明股价即将启动上涨。

下面来看一下华升股份的案例，如图 4-3、图 4-4、图 4-5 所示。

如图 4-3 所示，华升股份的股价在 2015 年底时段曾停牌一段时间，复牌后连续大幅下跌。2016 年 1 月 18 日，该股股价在连续下跌多日后终于开始超跌反弹。很多投资者将此位置看成是一个较佳的抢反弹位置，于是纷纷入场。其实，若观察此时的筹码分布图可知，该股大部分筹码仍集中于顶部的筹码峰。顶部筹码峰没有下移，股价是很难企稳反弹的。即便出现反弹，上升空间也不大，不久就会重返下跌通道。

其后，该股重新开始一波下跌走势，如图 4-4 所示。

2016 年 1 月 28 日，华升股份的股价经过一段时间的下跌后触底企稳。

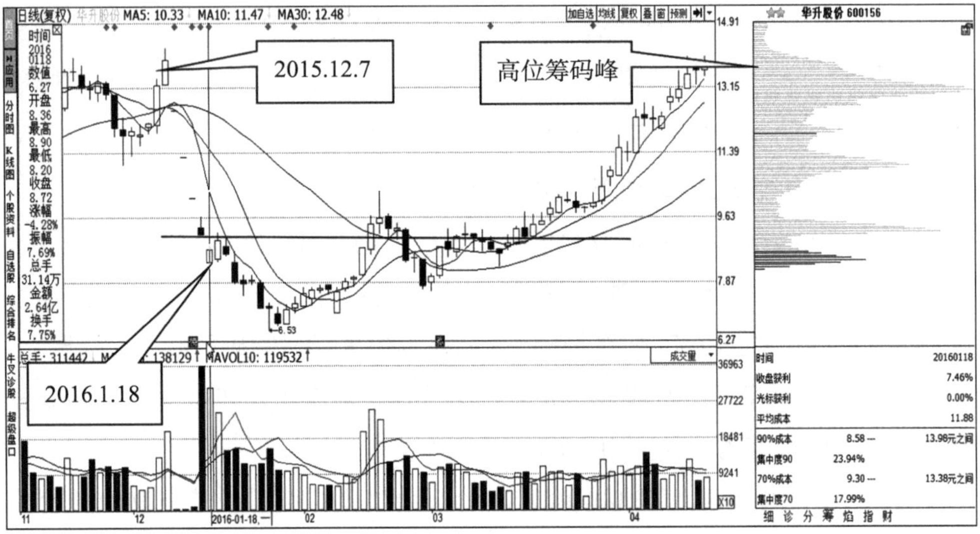

图 4-3　华升股份（600156）V 形底与筹码分布（一）

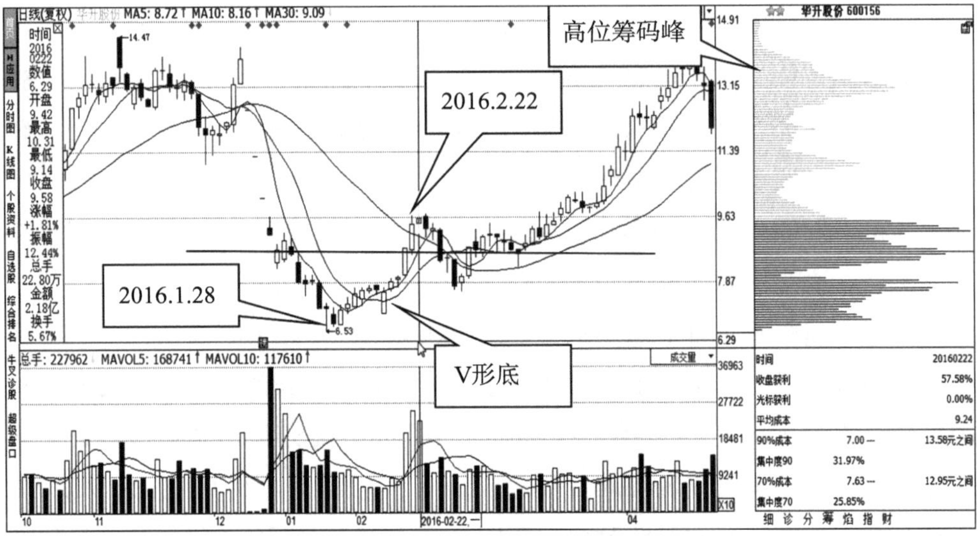

图 4-4　华升股份（600156）V 形底与筹码分布（二）

其后该股连续上攻，并形成了一个 V 形反转形态。2 月 22 日，该股股价向上突破 V 形底底部区域。不过，观察此时的筹码分布图可知，该股顶部筹码峰虽出现萎缩，但仍然存在。由此可知，主力不会立即拉升股价，随后该股又出现了一波震荡调整走势。

如图 4-5 所示，华升股份的股价在 2 月 22 日之后又经历了一波震荡调整，并于 3 月 21 日突破了前期高点位置。观察此时的筹码分布图可知，该股顶部筹码峰基本接近于消失，大部分筹码已经聚集于底部区域。3 月 21 日，股价已经站在了底部筹码峰的上沿，这说明未来股价继续拉升的可能性极大。

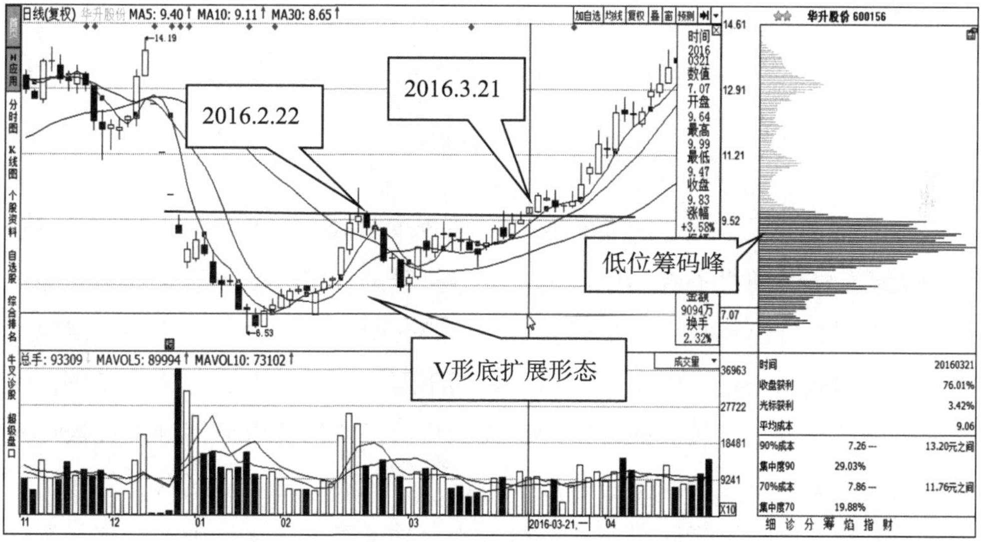

图 4-5　华升股份（600156）V 形底与筹码分布（三）

当然，并不是说顶部筹码一定要完全移动至底部区域，股价才会上涨。只是顶部有一个巨大的筹码峰时，股价上涨的空间相对有限。

二、W 形底与筹码分布

W 形底形态出现的底部。通常情况下，出现第一个底时，高位筹码峰仍未完成下移。出现第二个底时，高位筹码峰萎缩，低位已经开始出现单峰密集形态。

1. W 形底

W 形底又称双重底，出现在一段下跌行情的末尾。该形态有两个明显的价格低谷，且两个低谷的最低点大致处于同一价位上，形状就像是一个英文字母 W。如图 4-6 所示。

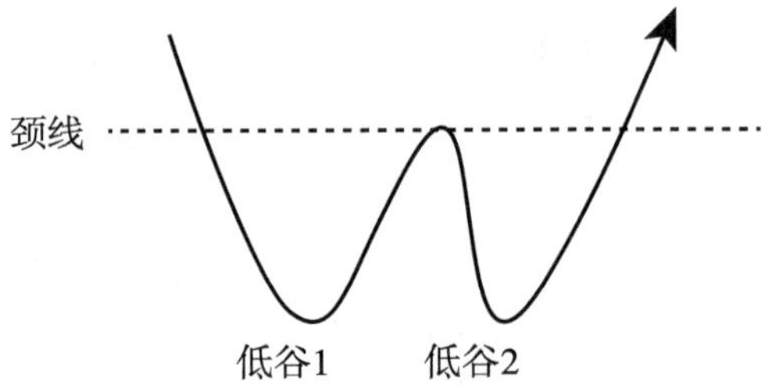

图 4-6　W 形底

W 形底的形成经历了这样的过程：股价下跌到一定的价位水平后，由于股价太低，持股的投资者不愿割肉，一些持币的投资者受到低价吸引而尝试买入，因而股价出现技术性反弹，形成了第一个低谷。股价反弹到一定幅度之后，短期获利的投资者获利了结，前期不愿割肉的投资者也逢高卖出，因此反弹并没有持续多长时间就再次下跌。再次下跌的股价回落到上次低点附近时获得支撑，重新开始上涨，形成了第二个低谷。此时市场气氛转暖，吸引了越来越多的投资者跟进买入，股价一举冲破了前一次反弹的高点，至此 W 底形态正式形成。

通过第一个反弹高点画一条水平直线，就得到了 W 形底的颈线。股价突破该颈线才能视为 W 形底形态正式构筑完成。

W 形底是一种底部形态，它的出现预示着跌势告一段落，行情将走入上升通道。

（1）W 形底是较为可靠的看涨信号，投资者看到此形态后应考虑买入股票。

（2）W 形底尚未形成时，一些经验丰富的投资者便从中找到了买入良机。当股价第二次探底，且所探得的低点高于前一个低谷的低点时，称为二次探底不破底价。激进的投资者此时可以把握时机适量买入，并把前一个低谷的低点设为止损点。

（3）W 形底第一个明确的买入时机出现在股价突破颈线位置时，这表明 W 形底基本形成，投资者可以积极买入，同时将止损位设在颈线位置。

（4）股价突破颈线时，应该伴随着成交量的放大。如果成交量太小，则突破的效果会大打折扣，后市极有可能出现横盘震荡走势。

（5）股价突破颈线后，颈线就从阻力位变成了支撑位。之后股价可能会对颈线有一个回抽动作以测试突破的有效性，如图 4-7 所示。如果股价在此位置获得支撑，则 W 形底得到确认，这也是较为明确的买入信号，投资者可以大胆买入。如果支撑失败，则 W 形底形态失效，投资者应选择出局观望。需要说明的是，并不是所有的股票走出 W 形底后都有回抽确认的动作。

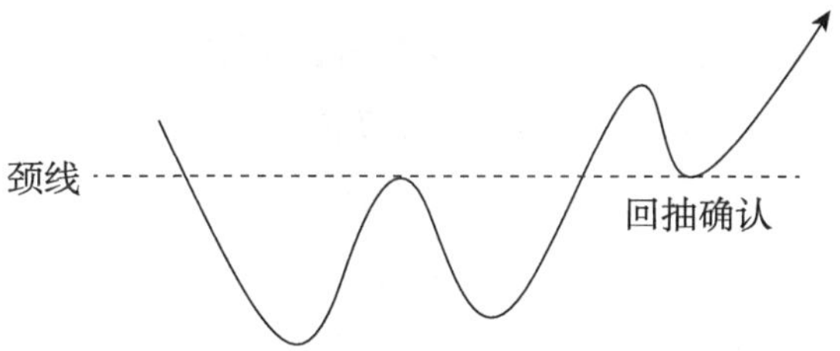

图 4–7　W 形底回抽确认

（6）W 形底两个低点相隔的周期越长，说明底部的换手越充分，后市上涨的可能性就越大。

（7）在 W 形底形成的过程中，如果第二个低谷的成交量小于第一个低谷的成交量，第二个低点高于第一个低点，则看涨信号更为强烈。

（8）W 形底的最低点与颈线之间的垂直距离越大，通常表示未来股价上涨的幅度越大。

（9）如果在高价位区域出现与 W 形底类似的形态，那么极有可能是表示下跌中继的矩形整理形态，这时投资者切勿将其按照 W 形底进行操作。

2. 筹码分布技术与 W 形底组合分析

利用筹码分布技术与 W 形底组合研判股价趋势时，需要注意以下几点。

（1）股价在第一个底形成后出现反弹时，高位套牢者仍寄希望于可能到来的反弹，因而抛出的筹码十分有限。也就是说，W 底中第一个底形成时，底部仍未形成密集筹码峰，高位筹码峰仍然存在。基于前面的介绍，只要高位筹码峰仍然存在，主力就不会大幅拉升股价。

（2）股价在第一个底形成并反弹一段时间后，主力往往会再次打压股价，迫使高位筹码迅速向下转移，以便于未来的拉升。也就是说，当 W 形底中第二个底形成时，如果成交量出现明显放大，未来股价上涨的概率相对更高。观察筹码分布图可知，此时正是高位筹码向下转移的时机。

（3）通常情况下，W 形底的颈线位就是底部筹码峰所处的核心区域。当然，这也与股价几次三番往返于该价位有关。在这个位置聚集了大量的筹码，未来股价若能向上突破这一筹码密集区域，才能迎来真正的上涨行情。

（4）有些时候，股价走出 W 形底后，高位筹码仍未完全转移至底部区域，主力可能还会选择再次大幅打压股价，以迫使最后的高位持股者放弃筹码。这也是 W 形底出现扩展形态的原因。

下面来看一下太极集团的案例，如图 4-8、图 4-9、图 4-10 所示。

如图 4-8 所示，太极集团的股价在 2015 年 12 月 28 日创下短期高点后

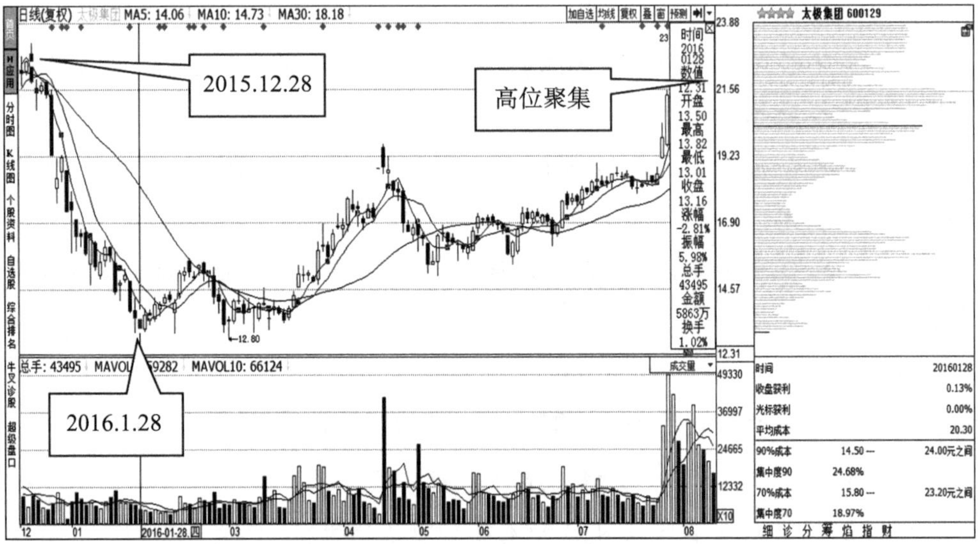

图 4-8 太极集团（600129）W 形底与筹码分布图（一）

出现了一波下跌行情。在股价下跌过程中，筹码也随之下移。2016 年 1 月 28 日，该股创下一个低点后向上反弹。观察此时的筹码分布图可知，该股大部分筹码仍集中于顶部区域，这说明该股短期内上攻阻力较大，未来仍可能重归下跌通道。

此后，该股经历了几个交易日的反弹后，又重新开始了下跌之路，如图 4-9 所示。

图 4-9　太极集团（600129）W 形底与筹码分布图（二）

2016 年 2 月 23 日，太极集团的股价在反弹几个交易日后重新下跌。此后，股价在底部震荡了几个交易日后于 3 月 17 日再次反弹向上。观察此时的成交量可知，此次反弹的成交量出现了明显放大的现象。观察此时的筹码分布图，可以发现筹码分布图出现了低位单峰密集形态。尽管顶部还有部分筹码，但底部区域的筹码已经占据了绝对优势，未来上涨可期，如图 4-10 所示。

2016 年 3 月 25 日，太极集团的股价向上突破 W 形底的颈线位，这说明股价已经走出了 W 形底区域。观察此时的筹码分布图可知，此时顶部的筹码又有一部分转移到了底部，且当日股价已经站在了底部筹码峰的上沿，这说明未来股价上攻的概率很高，投资者可以考虑追涨买入该股。

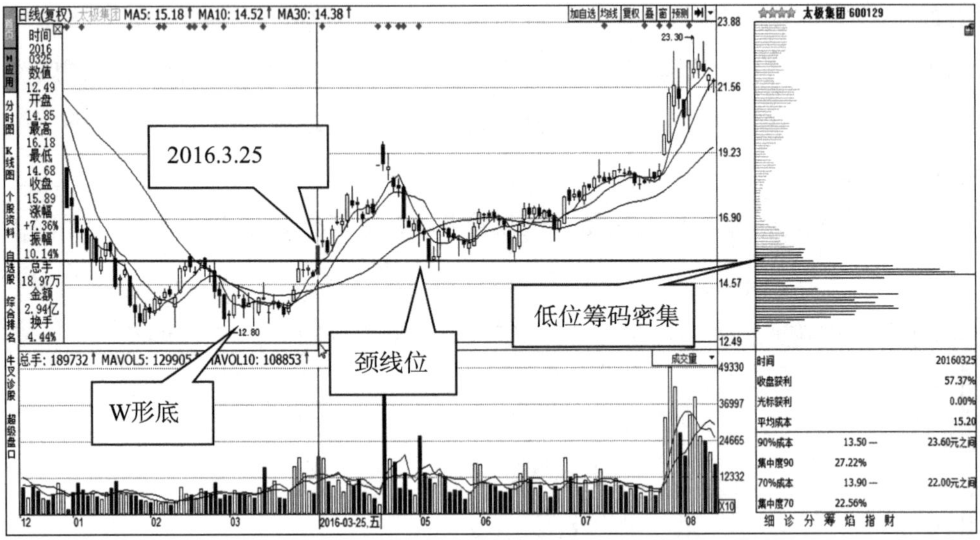

图 4–10 太极集团（600129）W 形底与筹码分布图（三）

三、三重底与筹码分布

三重底反转形态出现在底部。通常情况下，第一个底和第二个底出现时，高位筹码峰仍未完成下移；第三个底出现时，高位筹码峰萎缩，低位已经形成了单峰密集形态。

1. 三重底形态

三重底出现在一段下跌行情的末尾，其形态表现为：股价在低位波动中经历了三次下跌，但都在低点处获得支撑并反弹，从而形成了三个价格低谷，这三个价格低谷的低点大致处在同一价位上。如图 4-11 所示。

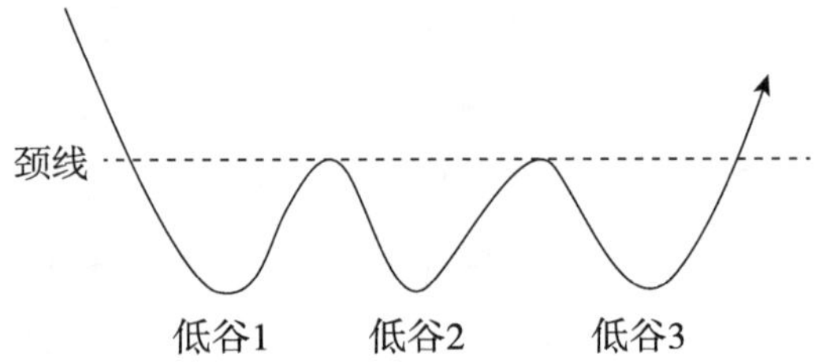

图 4–11 三重底

三重底可以视为头肩底形态的变异，又可看作是 W 形底的扩展。相对于 W 形底和头肩底而言，三重底比较少见，但却是一种非常坚实的底部形态，该形态形成后的上涨力度是三种形态中最强的。

将三重底两次反弹的高点相连，便是三重底的颈线。与头肩底和 W 形底一样，只有股价冲破了颈线以后，三重底形态才算构筑完成。

三重底是一种坚实的底部形态，在该形态的构筑过程中，空方力量不断衰减，多方力量开始凝聚。该形态的出现，表示未来将会有一波可观的上涨行情。

（1）三重底形态是较为可靠的看涨信号，投资者看到此形态后，应考虑买入股票。

（2）在三重底形态尚未构筑成功时，如果股价第三次向上反弹势头强劲，且伴随着成交量的放大，则说明形成三重底的可能性很大。这时，激进的投资者可以适量买入，同时将止损位定为三个低谷中的最低点。

（3）当股价突破颈线位置时，表明三重底形态已经构筑完成，投资者应该把握时机，积极买进，并把颈线位置设为自己的止损位。

（4）当股价突破颈线后，有可能不久之后回抽颈线予以确认，如图 4-12 所示。如果回抽获得支撑，则证明形态有效，投资者可以放心买入。但并不是所有的三重底形态突破后都有回抽确认，所以投资者不能把这种回抽当作唯一的买入点。

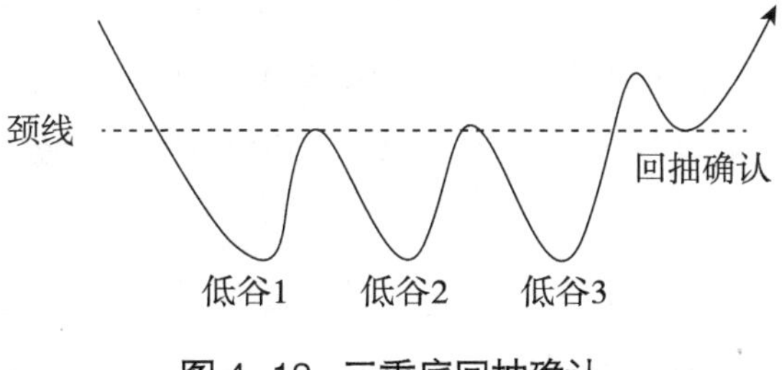

图 4-12　三重底回抽确认

（5）三重底的三次上攻过程中，成交量如果呈现出逐次放大的态势，则后市上涨的可能性更大。最后一次上攻时，应该是带量突破颈线，这样上涨信号会更有效。

（6）三重底形成的周期越长，底部换手越充分，说明底部构筑得越牢固，后市上涨的空间也会越大。

（7）三重底的最低点与颈线之间的垂直距离越大，通常表示未来股价上涨的幅度越大。

（8）如果在高价位区域出现与三重底类似的形态，那么极有可能是表示下跌中继的矩形整理形态，这时投资者切勿将其按照三重底形态进行操作。

2. 三重底形态与筹码分布技术组合分析

利用筹码分布技术与三重底形态组合研判股价趋势时，需要注意以下几点。

（1）股价在第一个底和第二个底形成后出现反弹时，高位套牢者仍寄希望于未来出现大幅反弹，因而抛出的筹码十分有限。也就是说，三重底中第一个底、第二个底出现时，底部仍未形成筹码密集峰，甚至高位筹码密集峰仍然存在。基于前面的介绍，只要高位筹码密集峰仍然存在，主力就不会大幅拉升股价。

（2）股价在第二个底形成后反弹一段时间，主力往往会再次打压股价，迫使高位筹码迅速向下转移，以便于未来的拉升。也就是说，当三重底中第三个底形成，成交量出现明显放大时，未来股价上涨的概率相对较高。观察此时的筹码分布图可知，此时正是高位筹码向下转移的过程。

（3）通常情况下，三重底的颈线位就是底部筹码峰所在的核心区域。当然，这也与股价几次三番往返于该价位有关。也就是说，在这个位置聚集了大量的筹码，未来股价若能向上突破这一筹码密集区域，才可能迎来真正的上涨行情。

（4）有的时候，股价走出三重底后，高位筹码仍未完全转移至底部区域，这种情况下，主力可能还会再次大幅打压股价，迫使最后的高位持股者放弃筹码。这也是出现三重底扩展形态的重要原因。

下面来看一下西部资源的案例，如图4-13、图4-14、图4-15、图4-16所示。

由图4-13可知，西部资源的股价在2014年9月25日创下短期高点后，

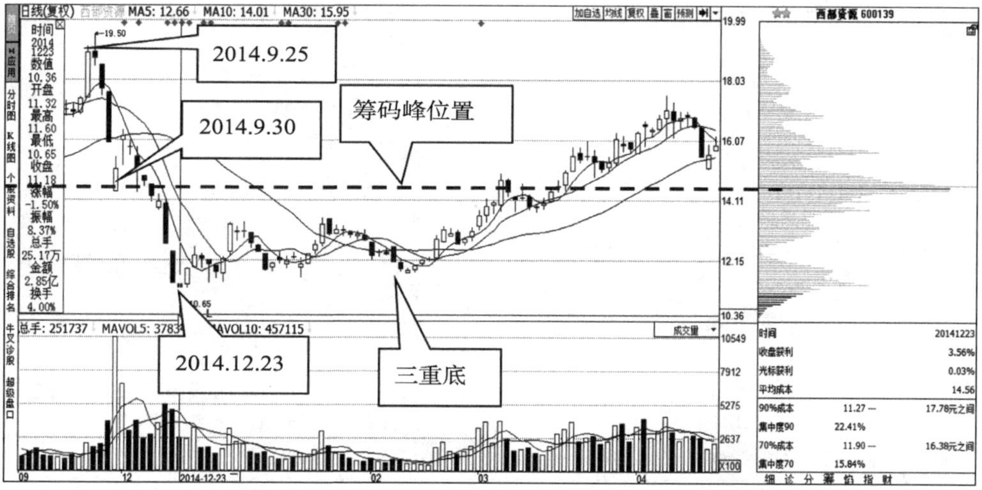

图 4-13　西部资源（600139）三重底与筹码分布图（一）

出现了一波下跌行情。在股价下跌过程中，筹码也随之下移。2014 年 9 月 30 日，该股在下跌过程中出现了一波放量反弹，不过这次反弹持续的时间很短，很快又重归下跌通道。

12 月 23 日，该股创下一个低点后向上反弹。观察此时的筹码分布图可知，该股大部分筹码仍集中于顶部区域。这说明该股短期内上攻阻力较大，未来仍可能重归下跌通道。

此后该股经历了几个交易日的反弹，又重新开始了下跌之路，如图 4-14 所示。

2015 年 1 月 20 日，西部资源的股价再次启动反弹。观察筹码分布图可知，此时高位筹码峰虽然开始萎缩，但仍然存在。这说明此时的反弹仍可能只是昙花一现，投资者仍需观察该股的后续走势。

其后，该股经过几个交易日的反弹，又一次开始下跌，如图 4-15 所示。

2015 年 2 月 9 日，西部资源三度启动反弹。观察此时的成交量可知，此次反弹成交量明显出现了放大现象。观察此时的筹码分布图，可以发现此时的筹码分布图出现了低位单峰密集形态。尽管顶部还有部分筹码，但底部区域的筹码已经占据了绝对优势，未来上涨可期。

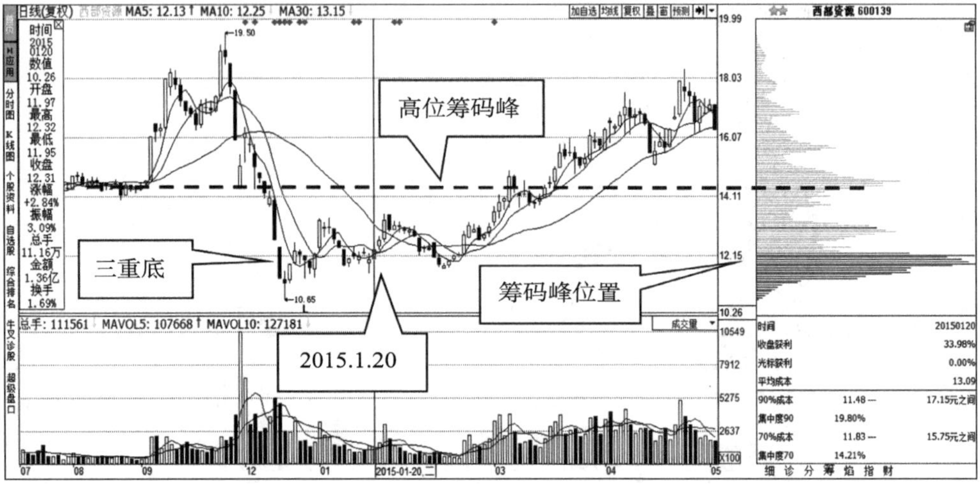

图 4-14　西部资源（600139）三重底与筹码分布图（二）

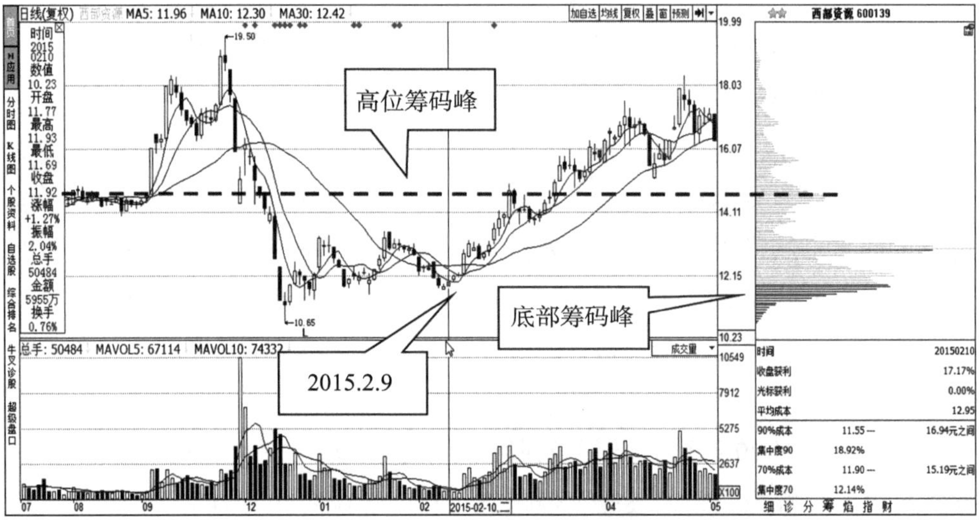

图 4-15　西部资源（600139）三重底与筹码分布图（三）

2015 年 3 月 2 日，西部资源的股价 K 线成功向上突破三重底的颈线位，这说明股价已经走出了三重底底部区域，股价将开启一波上涨行情。如图 4-16 所示。

观察此时的筹码分布图可知，此时顶部的筹码中又有一部分向底部转移，

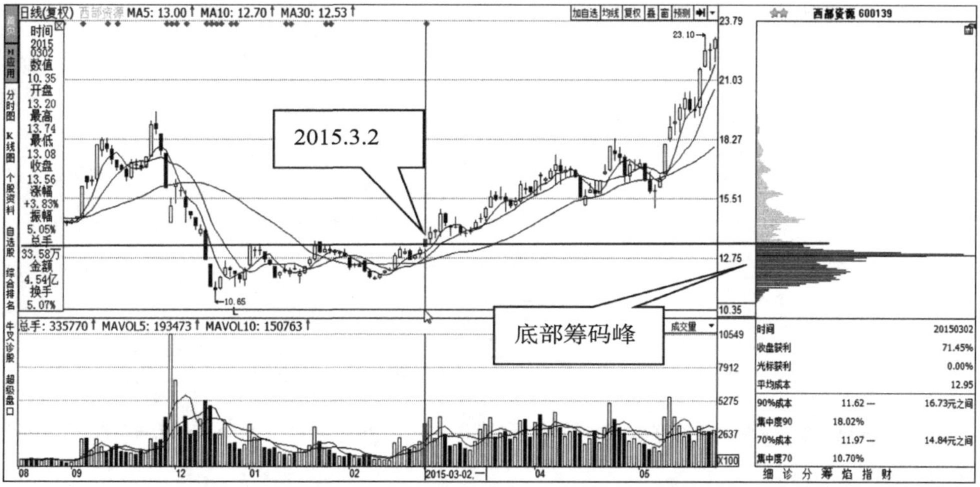

图 4–16 西部资源（600139）三重底与筹码分布图（四）

且当日股价已经站在了底部筹码峰的上沿。这说明未来股价上攻的概率很高，投资者可以考虑追涨买入该股。

四、头肩底与筹码分布

头肩底形态出现在底部。通常情况下，左肩和头部出现时，高位筹码峰仍未完成下移；右肩出现时，高位筹码峰萎缩，低位已经形成了单峰密集形态。

1. 头肩底

头肩底出现在下跌行情中，由三个低谷组成，左右两个低谷相对较浅，基本处在同一水平位置上，中间一个低谷的低点明显低于左右两个低谷的低点，其形态就像一个倒立的人的头部和两肩。如图 4-17 所示。

头肩底形态是这样形成的：股价下跌到一定深度后开始反弹，反弹到一定高度后出现回调，形成了“左肩”；接着股价再度下跌，创出新低后开始回升，于是形成了“头部”；之后股价上涨到前一次反弹的高度附近再次回调，这次回调的低点高于头部的位置，随后再次反弹，于是形成了“右肩”。在两次反弹过程中，股价基本在同一价位受阻回落，通过这个价位的直线就是颈线。

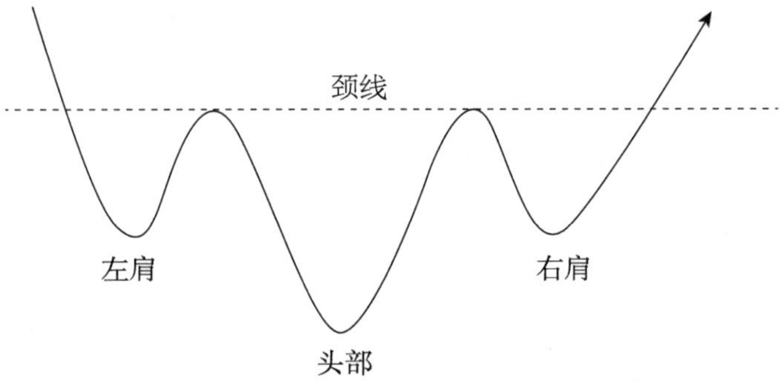

图 4-17　头肩底

头肩底形态是一种较为强烈的反转形态，表示空方力量不断被消耗，多方重新焕发生机。

（1）头肩底形态是较为可靠的牛市信号，此形态构筑完成之后，常常会出现一波较为可观的上涨行情。投资者看到头肩底形态后，应果断买入股票，持股待涨。

（2）当股价冲破阻力线（颈线）位置时，表示头肩底形态构筑完成，这是头肩底形态的第一个买入信号，此时投资者可以果断买入。在突破颈线时，必须要有成交量激增的配合，否则可能是一个假突破。但是，如果突破后成交量逐渐增加，形态也可以确认。

（3）股价突破头肩底的阻力线（颈线）后，往往会在不久之后回抽到颈线附近以确认形态的有效性，如图 4-18 所示。如果股价止跌回升，则向

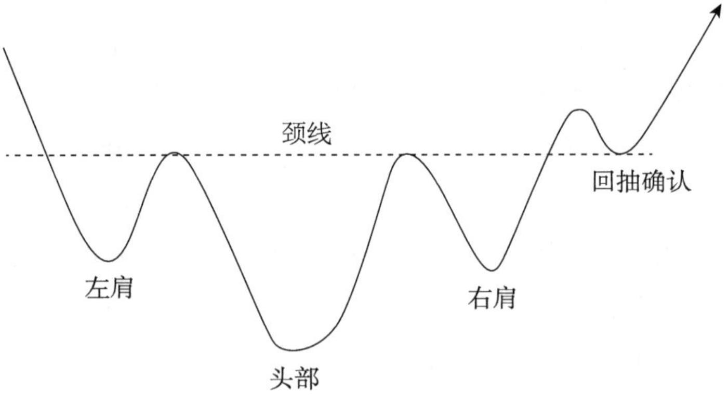

图 4-18　头肩底的扩展形态

上突破的有效性便得到了确认，这是第二个买入信号。但是这样的回抽有时不会出现，因此投资者切不可把回抽确认作为自己唯一的买入点，以免踏空行情。

（4）股价完成向上突破后，原来的阻力位就变成了支撑位。参照头肩底形态买入股票的投资者，应将止损位设在头肩底的颈线位置上。

（5）成交量是表示头肩底形态信号强弱的一个重要指标。如果在形成左肩和头部的过程中成交量极度萎缩，在冲破颈线形成右肩的过程中成交量显著放大，说明看涨信号比较可靠。

（6）一般来说，头肩底形态较为平坦，需要较长的时间来构筑。形成头肩底所用的时间越长，后市上涨的空间也就越大。

（7）头肩底形态可能演变成多个头部或多个肩部形态，但是其基本的技术含义并不会改变，也不影响作为头肩底形态来进行研判。

2. 头肩底形态与筹码分布技术组合分析

利用筹码分布技术与头肩底形态组合研判股价趋势时，需要注意以下几点。

（1）股价在左肩和头部形成后出现反弹时，高位套牢者仍寄希望于可能到来的反弹，因而抛出的筹码十分有限。与三重底的操作手法不同，头肩底的头部要低于左肩的低点，这也是主力刻意造成股价将下跌的一种假象，以引诱散户抛售筹码。也就是说，头肩底中左肩和头部出现时，底部仍未形成密集筹码峰，甚至高位筹码峰仍然存在。基于前面的介绍，只要高位筹码峰仍然存在，主力就不会大幅拉升股票。

（2）股价在第二个底形成后反弹一段时间，主力再次打压股价，迫使高位筹码迅速向下转移，以便于未来的拉升。也就是说，当头肩底中右肩形成时，成交量出现明显放大，未来股价上涨的概率相对较高。观察筹码分布图可知，此时正是高位筹码向下转移的过程。

（3）通常情况下，头肩底的颈线位就是底部筹码峰的核心区域，当然，这也与股价几次三番往返于该价位有关。未来股价向上突破这一筹码密集区域，才可能迎来真正的上涨行情。

（4）有些时候，股价走出头肩底后，高位筹码仍未完全转移至底部区域，这时主力可能会选择再次大幅打压股价，迫使高位持股者放弃手中的筹码，这也是头肩底出现扩展形态的原因。

下面来看一下长春燃气的案例，如图4-19、图4-20、图4-21、图4-22所示。

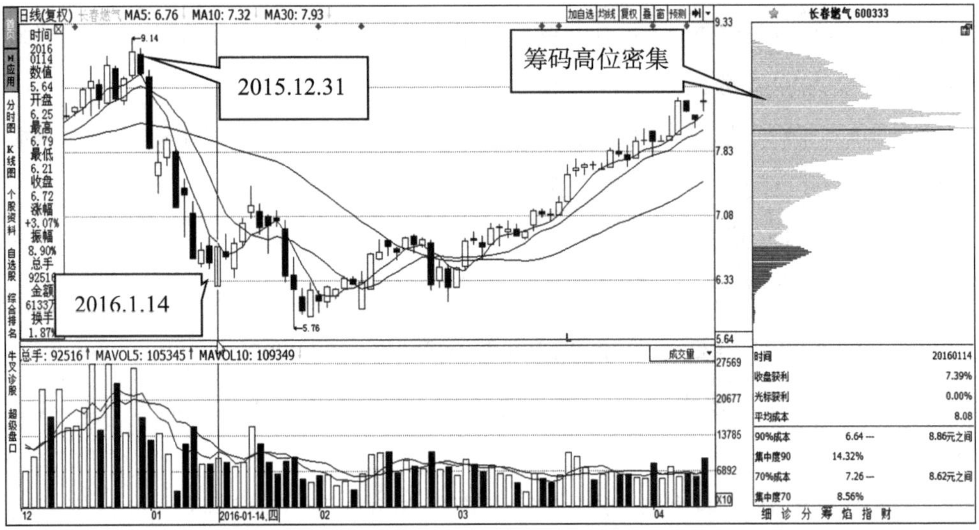

图4–19　长春燃气（600333）筹码分布图（一）

由图4-19可知，长春燃气的股价自2015年12月底出现了一波下跌走势。2016年1月14日，该股股价出现止跌企稳迹象，低开之后一路走高并以大阳线报收。观察此时的筹码分布图可知，此时该股的主要筹码集中于顶部，这说明此时的反弹空间十分有限，主力资金也不会进入，只是一些散户在抢反弹。

其后，该股经过几个交易日的反弹后重归跌势，如图4-20所示。

2016年1月20日，长春燃气的股价出现下跌后于1月29日再次启动反弹。观察筹码分布图可知，此时的高位筹码峰虽然开始萎缩，但仍然存在，这说明此时的反弹可能只是昙花一现，投资者仍需观察该股的后续走势。

其后，该股经过几个交易日的反弹，自2月23日开始重回下跌，如图4-21

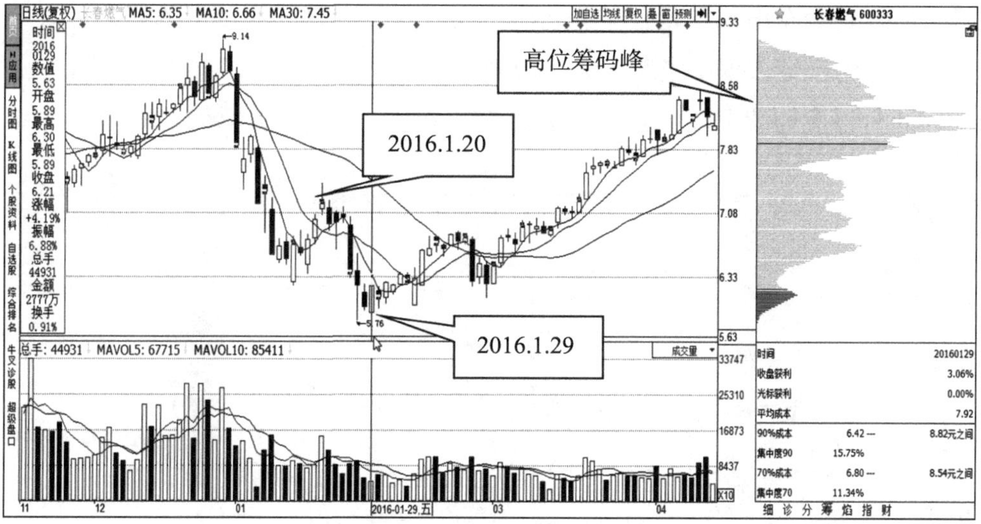

图 4-20　长春燃气（600333）筹码分布图（二）

图 4-21　长春燃气（600333）筹码分布图（三）

所示。

2016 年 3 月 1 日，长春燃气三度启动反弹。观察此时的成交量可知，此次反弹的成交量出现了明显放大迹象。观察此时的筹码分布图，可以看到此时的筹码分布出现了低位单峰密集形态。尽管顶部还有部分筹码，但底部区域的筹码已经占据了绝对优势，未来上涨可期。

此后该股连续上攻，并形成了头肩底形态，如图 4-22 所示。

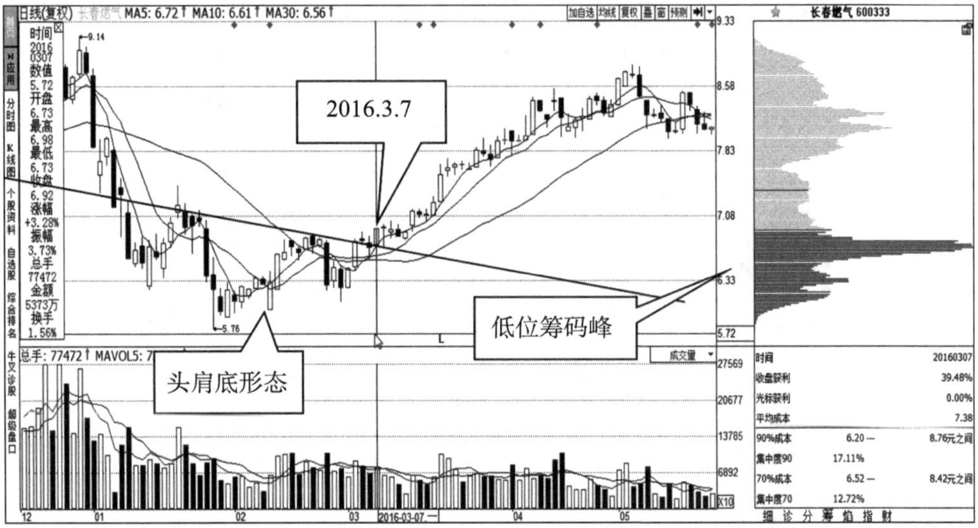

图 4-22　长春燃气（600333）筹码分布图（四）

2016 年 3 月 7 日，长春燃气的股价 K 线成功向上突破头肩底的颈线位，这说明股价已经走出了头肩底区域。观察此时的筹码分布图，可以看到此时顶部的筹码中又有一部分向底部转移，且当日股价已经站在了底部筹码峰的上沿，这说明未来股价上攻的概率很高，投资者可考虑追涨买入该股。

第二节　K 线顶部形态与筹码分布

股价 K 线在顶部震荡盘整期间形成的一些特殊形态，称为 K 线顶部形态。这些形态的出现，往往预示着股价即将结束上涨，随后进入下跌通道。很多时候，K 线的顶部形态没有完成时，即股价正式启动下跌前，投资者是无法准确判断股价到底会形成何种顶部形态的。例如，顶部出现倒 V 形顶后，会不会形成 M 形顶、头肩顶或三重顶等。不过，如果能将筹码分布技术与 K 线顶部形态结合起来分析，那么无疑可以更加及时地确认 K 线的顶部形态。

一、倒 V 形顶与筹码分布

倒 V 形反转形态出现在顶部。股价向下走出倒 V 形顶前，如果筹码已经形成了高位单峰密集形态，则可提升股价下跌的可靠性。

1. 倒 V 形顶

倒 V 形顶又称尖顶，出现在一段上涨行情的末尾。其形态表现为：股价先是经过一段快速上涨行情，上涨到一定高度后随即掉头向下，又开始了一段快速下跌行情，从而形成一个形状像倒置的英文字母 V 的顶部走势。如图 4-23 所示。

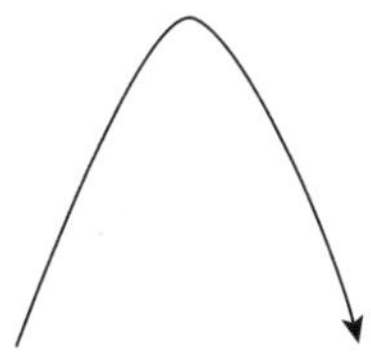

图 4–23　倒 V 形顶

倒 V 形顶的顶部十分尖锐，常在几个交易日之内便构筑完成，而且转折形成时通常都伴有很大的成交量。该形态的形成经历了这样的过程：一开始多方力量很强，同时引发投资者的追涨热潮，使股价连续快速上涨；当多方力量消耗得差不多时，危机便产生了，这时空方开始发力，之前获利的多方也反手做空，强大的做空力量使股价迅速回落，不多时日就使股价跌去了大半。

倒 V 形顶往往在市场炒作气氛浓厚，投资者盲目追高的时候出现。这种突然的转折常常造成大幅下跌，令投资者措手不及。投资者应该对该形态保持高度警觉，以免错失卖出良机。

（1）当股价上涨一段时间后，此时出现倒 V 形顶形态，则反转信号的可靠性较高，投资者看到此形态后应及时卖出股票。

（2）倒 V 形顶的卖点很难把握。一般情况下，从最高点快速向下回落的两三天里，经验丰富的投资者已经能预感到倒 V 形顶的来临，他们会果断实施减仓操作。当出现放量下跌时，投资者也应该迅速跟进卖出，因为越往后损失会越大。

（3）当股价下跌到倒 V 形顶开始快速上涨的启动价位时，可能会遇到一定的支撑，从而出现横盘整理，形成倒 V 形顶的扩展形态，如图 4-24 所示。这是因为部分投资者不希望股价这样迅速跌落。不过一旦股价突破这一支撑位，后期仍有很大的下跌空间，投资者也可以把这一横盘整理平台视为一个卖点。需要说明的是，这一平台有时可能不会出现。

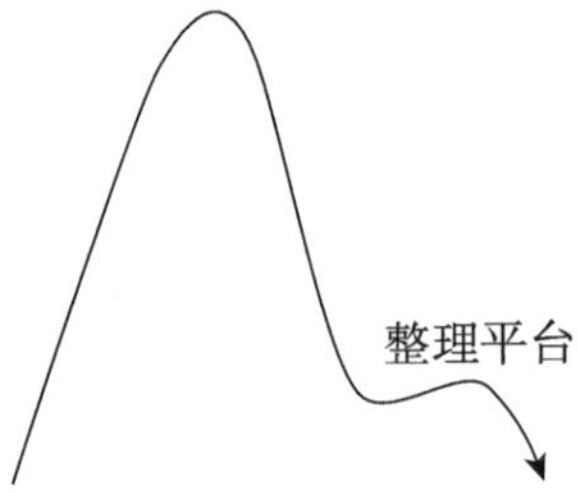

图 4-24　倒 V 形顶的扩展形态

（4）在倒 V 形顶形成的过程中，股价从顶部开始下跌时，会伴随成交量的明显放大。

成交量越大，看跌的信号就越强烈，之后下跌的空间也越大。

（5）形成倒 V 形顶时，前期上涨的速度越快，上涨幅度越大，那么后期的下跌就会越猛烈，相应的跌幅也会越大。

（6）倒 V 形顶的顶部位置常常会出现射击之星、吊颈线、黄昏之星、乌云盖顶等 K 线或 K 线组合，投资者可以借助这些转势信号来识别倒 V 形顶。

（7）基于倒 V 形顶的特点，投资者在及时卖出的同时，还应认真分析股票的历史走势和行情的本质，注意倒 V 形顶当前所处的位置。当倒 V 形顶出现在低价位区域时，投资者可以采取攻守兼备的半仓策略，这样既能预防风险，又不会踏空之后可能出现的上涨行情。

2. 筹码分布技术与倒 V 形组合分析

利用筹码分布技术与倒 V 形反转形态组合研判股价趋势时，需要注意以下几点。

（1）股价短时大幅上涨造就了倒 V 形顶形态。在股价启动快速上涨前，筹码尽管已经开始向上移动了，但顶部仍未形成筹码密集单峰。也就是说，主力还未完成出货。此时主力快速拉升股价，同时大量派发手中的筹码，可以在较短的时间内完成出货操作。

（2）通常情况下，顶部单峰密集形态会出现在股价快速上涨前的价位附近。也就是说，当股价自顶部反转向下后，重新跌破该价位时，往往就是股价启动下跌的时刻。

（3）股价走出顶部区域后，有时低位筹码仍未完全转移至高位，因而在股价走势图上比较容易出现倒 V 形顶的扩展形态，如图 4-24 所示。也就是说，出现倒 V 形顶扩展形态，是因为主力为了更好地派发筹码，并将低位筹码转移至高位。

（4）股价下跌时，一般不需要成交量放大相配合。股价下跌时，如果成交量同步放大，则会导致下跌速度加快。

下面来看一下天成控股的案例，如图 4-25、图 4-26、图 4-27 所示。

由图 4-25 可知，天成控股的股价自 2015 年 9 月中旬启动一波上涨行情。2015 年 11 月 25 日，该股股价在连续温和上涨多日后突然放量拉升，这说明主力将要加快股价拉升速度。观察此时的筹码分布图，可以看到该股的筹码随着股价的上攻逐渐上移，不过底部仍聚集着较多的筹码。

随着股价的放量拉升，筹码势必加快向上移动的速度，如图 4-26 所示。

2015 年 11 月 30 日，天成控股的股价经过连续几个交易日的快速上移后触顶反转。其后该股连续下跌，形成了一个倒 V 形反转形态。12 月 3 日，该股股价走出倒 V 形顶部区域。观察此时的筹码分布图，可以看到该股双筹

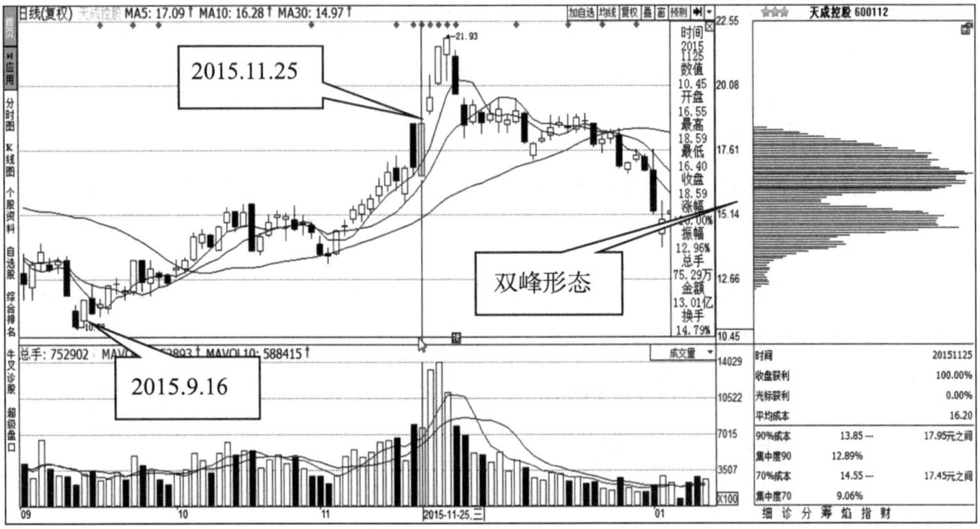

图 4-25 天成控股（600112）筹码分布图（一）

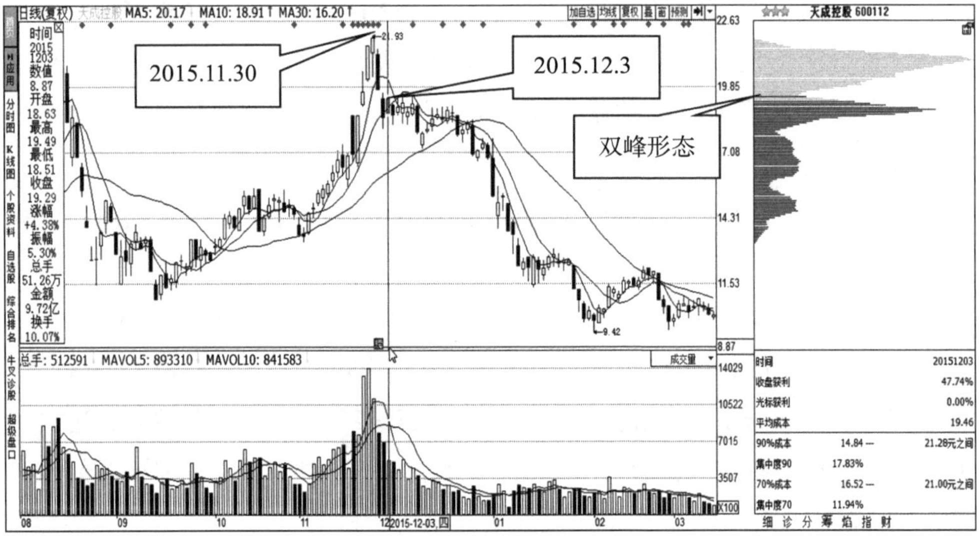

图 4-26 天成控股（600112）筹码分布图（二）

码密集峰中的底部密集峰虽有所萎缩，但仍然存在，这说明主力很可能还没有完成出货。随后该股又出现了一波震荡调整走势。

如图4-27所示，天成控股的股价在12月3日之后又经历了一波震荡调整，并与11月25日向上拉升前的股价相近。观察此时的筹码分布图可知，该股底部筹码峰接近于消失，大部分筹码已经聚集于顶部区域。12月28日股价已经跌破了顶部筹码峰的下沿，这说明未来股价继续下跌的可能性极大。

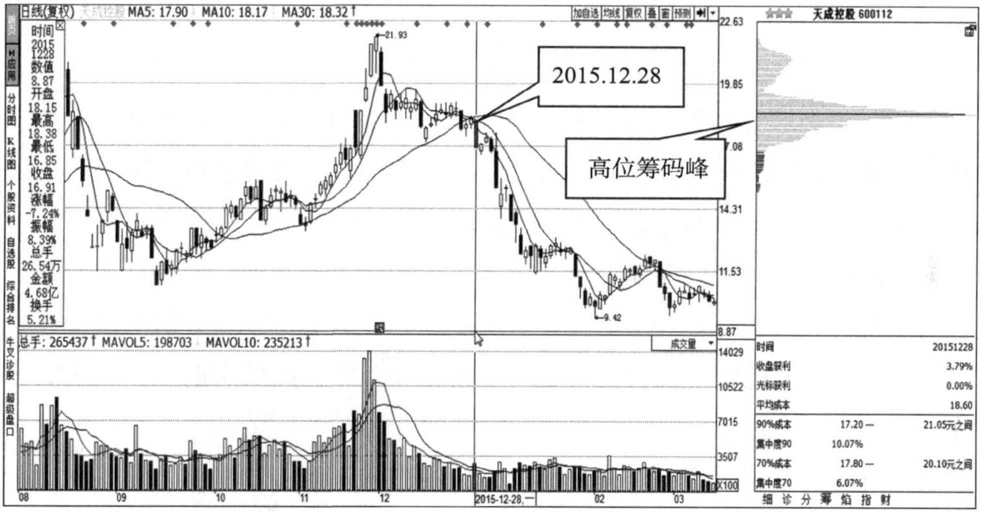

图4-27 天成控股（600112）筹码分布图（三）

当然，并不是说底部筹码一定要完全移动至顶部区域股价才会下跌，只是底部有一个巨大的筹码峰时（很可能是主力筹码），股价并不一定会大幅下跌。

二、M形顶与筹码分布

M形顶出现在底部。通常情况下，第一个顶出现时，低位筹码峰仍未完成上移；第二个顶出现时，低位筹码峰萎缩，高位已经形成了单峰密集形态。

1. M形顶

M形顶又称双重顶，出现在一段上涨行情的末尾。该形态有两个明显的价格高峰，且两个高峰的最高点大致处于同一价位，形状就像是一个英文字母M，如图4-28所示。

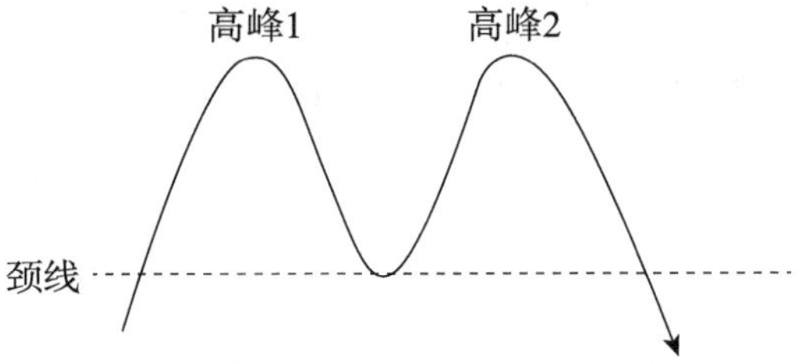

图 4-28　M 形顶

M 形顶的形成经历了这样的过程：股价上涨到一定的价位水平后，由于股价太高，持股的投资者纷纷获利了结，很多持币的投资者也望而却步，因此股价出现技术性回调，形成第一个高峰。但下跌并没有持续多长时间，短线投资者在股价跌到一定程度时开始买入，造成股价反弹，股价再次回升到前期顶点附近。这时短线投资者又出现获利回吐，股价重新开始下跌，形成了第二个高峰。这次下跌引发大量的抛盘，导致股价跌破了前一次回落的低点， M 形顶构筑完成。

通过第一个回落的低点画一条水平直线，就得到了 M 形顶的颈线。股价跌破该颈线，才能视为 M 形顶正式构筑完成。

M 形顶是一种转势形态，出现这一形态，预示着涨势将告一段落，行情将走入下跌通道。

（1）M 形顶是较为可靠的看跌信号，投资者看到此形态后，应考虑卖出股票。

（2）M 形顶尚未形成时，一些经验老道的投资者便提前嗅出危险，并将手中的股票沽出。出现第一个高峰之后，如果股价出现较大幅度的下跌，其后股价再度上升到前期顶点附近但又无法突破前期顶点，同时成交量较前期有明显减少，则有形成 M 形顶的可能。这时投资者应先卖出部分股票，轻仓观望。

（3）M 形顶第一个明确的卖出信号出现在股价突破颈线位置时，这表明 M 形顶基本形成，投资者应把握时机，尽快卖出股票。

（4）股价跌破颈线后，颈线就从支撑位变成了阻力位。之后股价可能会对颈线有一个回抽动作，以测试突破的有效性，如图 4-29 所示。如果股价在此位置受阻回落，则 M 形顶形态得到确认，这是明确的卖出信号，仍持有股票的投资者应果断清仓。需要说明的是，并不是所有的股票在形成 M 形顶后都会有回抽动作。

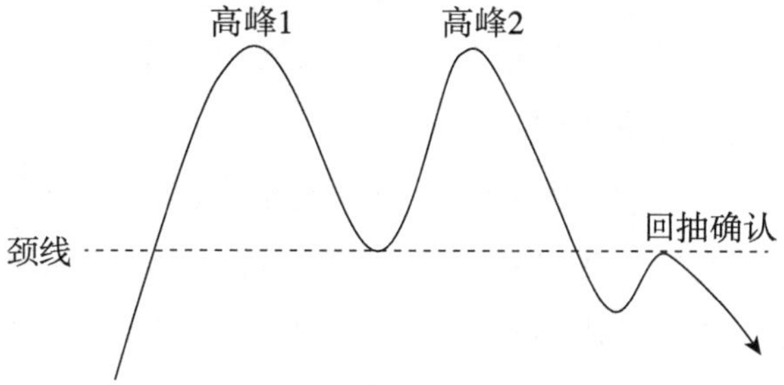

图 4-29　M 形顶回抽确认

（5）M 形顶两个顶点相隔的周期越长，顶部的成交量越大，后市下跌的可能性就越大。

（6）通常情况下，股价下跌时并不需要成交量的印证。不过，若成交量同时放大，则可增强下跌信号的强度。形成 M 形顶的过程中，如果第二个高峰的成交量小于第一个高峰的成交量，第二个顶点低于第一个顶点，则看跌的信号更为强烈。

（7）M 形顶的最高点与颈线之间的垂直距离越大，通常表示未来股价下跌的幅度越大。

（8）如果在低价位区域出现与 M 形顶类似的形态，那么极有可能是表示下跌中继的矩形整理形态，这时投资者切勿按照 M 形顶形态进行操作。

2. 筹码分布技术与 M 形顶组合分析

利用筹码分布技术与 M 形顶反转形态组合研判股价趋势时，需要注意以下几点。

（1）股价在第一个顶形成后反转向下时，很多追涨者将其看成上涨途中的一次回调，因而有很多承接盘入场。也就是说，M 形顶中第一个顶出现时，顶部仍未形成密集筹码峰，甚至低位筹码峰仍然存在，这说明主力还未完成出货。为了让更多的散户入场接盘，主力很可能会再次拉升股价以引诱散户入场。

（2）形成第一个顶回调一段时间后，主力往往会再次拉升股价并派发筹码，使低位筹码迅速向上转移。也就是说，当 M 形顶中第二个顶形成时，成交量出现明显放大时，未来股价下跌的概率相对较高。观察筹码分布图可知，此时正是高位筹码峰增加的时间。

（3）通常情况下，M 形顶的颈线位就是顶部筹码峰所在的核心区域，当然，这也与股价几次三番往返于该价位有关。颈线位这个位置聚集了大量的筹码，未来股价若跌破这一筹码密集区域，下跌就会成为必然的趋势。

（4）有时候股价走出 M 形顶后，低位筹码仍未完全转移至顶部区域，主力这时可能会选择反复震荡的手法，以便将手中的筹码顺利派发出去，这也是 M 形顶出现扩展形态的原因。

下面来看一下天通股份的案例，如图 4-30、图 4-31、图 4-32 所示。

由图 4-30 可知，天通股份的股价在 2015 年 9 月底创下短期低点后，出现了一波上涨行情。在股价上涨过程中，筹码也随之上移。2015 年 12 月 28 日，

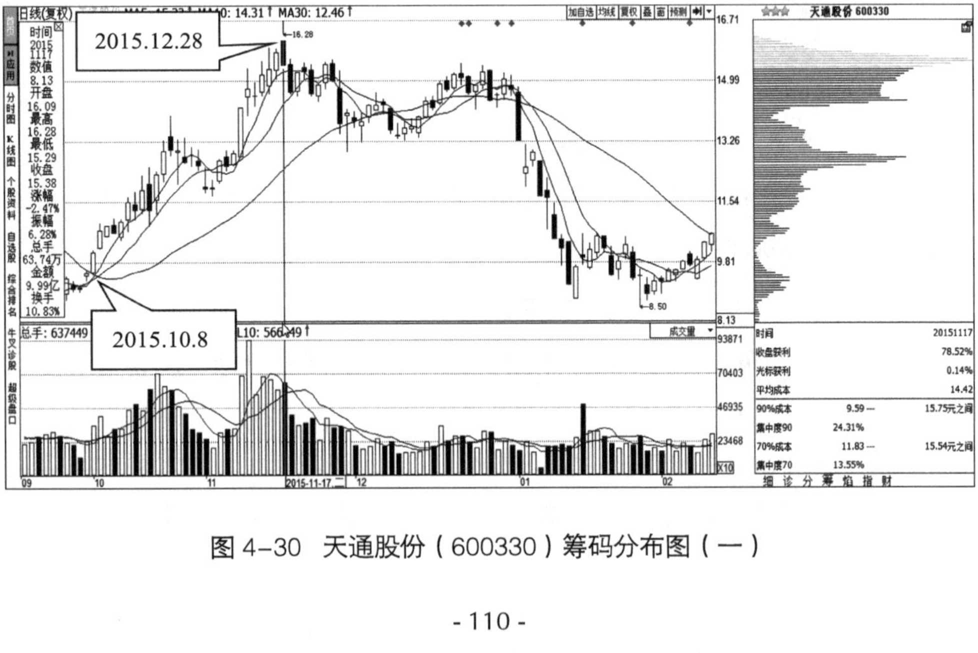

图 4–30　天通股份（600330）筹码分布图（一）

该股创下一个高点后反转向下。观察此时的筹码分布图可知，随着股价的上涨，筹码峰逐渐上移，不过底部仍有大量筹码，这说明主力仍未完成筹码派发。

此后，该股经历了几个交易日的回调后又重新开始上涨，如图 4-31 所示。

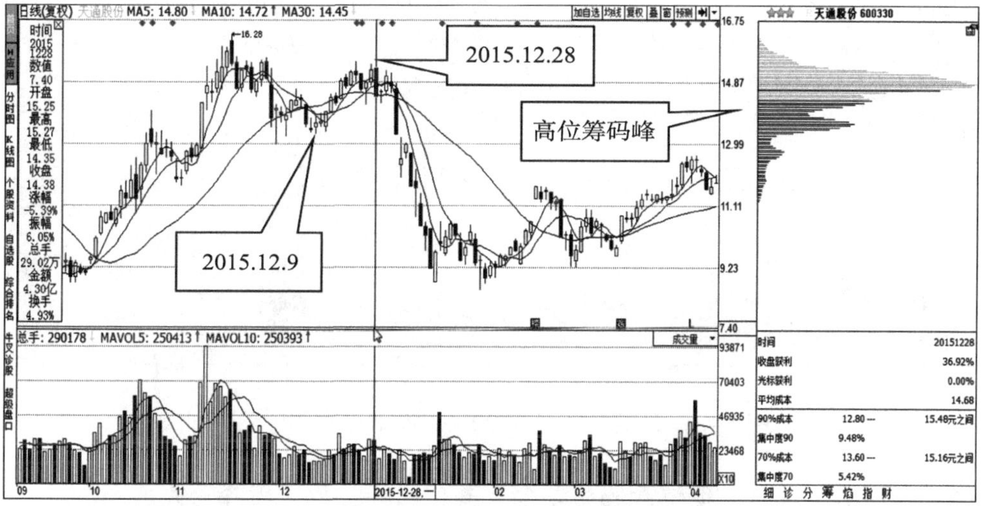

图 4-31　天通股份（600330）筹码分布图（二）

2015 年 12 月 9 日，天通股份的股价回调几个交易日后重新上攻。此后，该股股价在顶部震荡了几个交易日，于 12 月 28 日再次反转向下。观察筹码分布图可知，此时的筹码分布图出现了高位单峰密集形态。尽管此时底部还有部分筹码，但顶部区域的筹码已经占据了绝对优势，未来股价极有可能进入下跌走势，如图 4-32 所示。

2016 年 1 月 4 日，天通股份的股价向下跌破 M 形顶的颈线位，这说明股价已经走出了 M 形顶部区域。观察此时的筹码分布图可知，底部的筹码中又有一部分转移到顶部。当日股价已经跌破了顶部筹码峰的下沿，这说明未来股价下跌的概率很高，投资者宜卖出手中的股票。

三、三重顶与筹码分布

三重顶反转形态出现在顶部。通常情况下，第一个顶部和第二个顶部出现时，低位筹码峰仍未完成上移，或者顶部的筹码峰未密集到一定的程度；

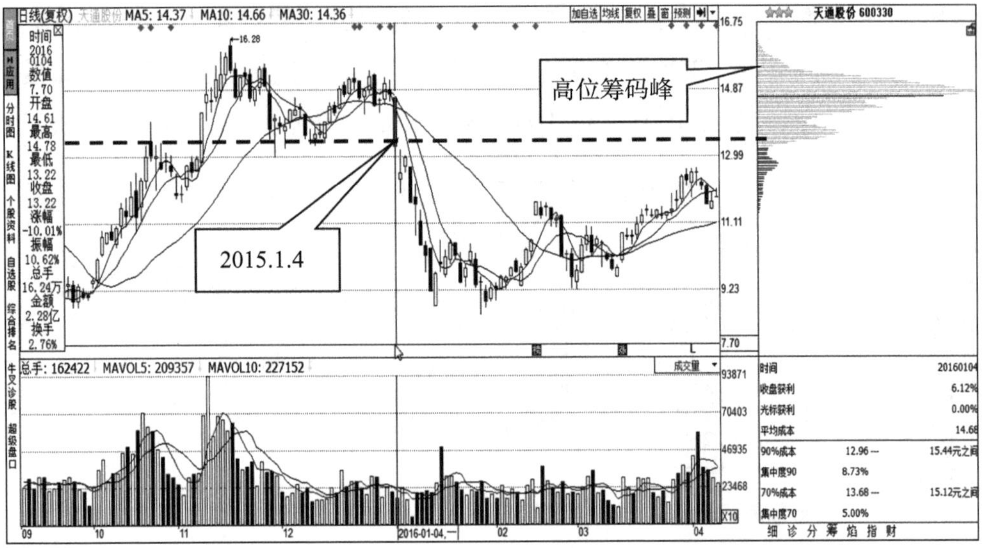

图 4-32　天通股份（600330）筹码分布图（三）

第三个顶部出现时，低位筹码峰萎缩，高位已经形成了单峰密集形态。

1. 三重顶

三重顶又称三尊头，出现在一段上涨行情的末尾。其形态表现为：股价在高位波动中，经历三次上升，但都在高点受到阻力而回落，从而形成三个价格高峰，这三个高峰的顶点大致处于同一价位上。如图 4-33 所示。

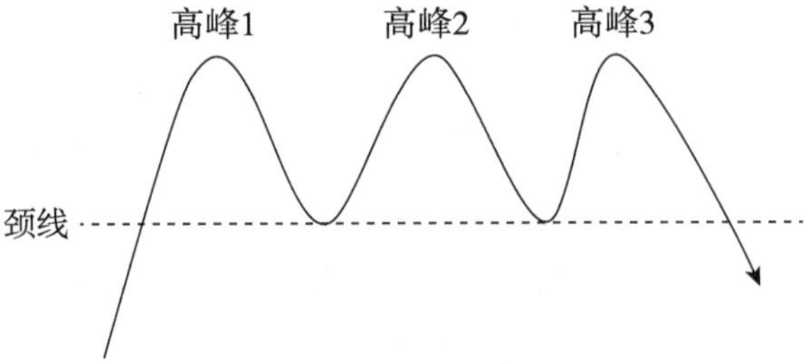

图 4-33　三重顶

三重顶既可视为头肩顶形态的变异，又可看作是 M 形顶的扩展。相对于头肩顶和 M 形顶来说，三重顶比较少见，但却是一种非常强势的反转形态。

该形态形成后的下跌力度，是三种形态中最强的。

将三重顶两次回落的低点相连，就是三重顶的颈线。与头肩顶和 M 形顶一样，只有股价跌破了颈线后，三重顶形态才能视为构筑完成。

三重顶是一种强烈的转势形态。在该形态的构筑过程中，多方力量逐渐枯竭，空方力量开始凝聚。出现该形态，表示未来股价将会有一波可怕的下跌行情。

（1）三重顶形态是较为可靠的看跌信号，投资者看到此形态后，应考虑卖出股票。

（2）在三重顶形态尚未完成时，如果前两次上攻失败，第三次上攻出现成交量萎缩的情况，或是股价未能达到之前的高度，则说明多方缺乏上攻动能，形成三重顶形态的可能性极大。此时，投资者应进行减磅操作。

（3）当股价跌破颈线位置时，表明三重顶形态已经构筑完成，投资者应该将手中的股票尽快卖出。

（4）股价跌破颈线后，也可能在不久之后回抽颈线以确认形态的有效性，如图 4-34 所示，这时股价往往会受阻再度下跌。对于投资者来说，这是最后一次卖出的良机，仍然持股的投资者应该将手中的股票全部沽空。有时这一回抽动作并不一定出现，所以投资者千万不能有等到回抽之后再“孤注一掷”的想法。

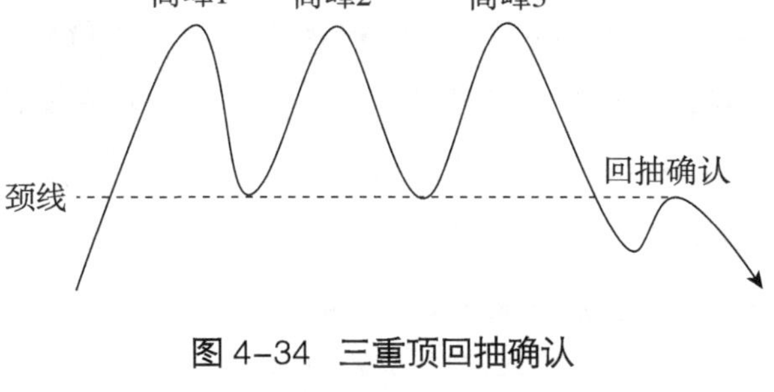

图 4-34　三重顶回抽确认

（5）在三重顶的三次回落过程中，成交量要呈现出逐次缩小的态势，否则极有可能造成形态失败。在最后一次回落时，如果成交量非常小，则更能显示出下跌行情的征兆。

（6）三重顶形态形成的周期越长，顶部成交量越大，说明见顶的可能性越大，后市下跌的空间也会越大。

（7）三重顶的最高点与颈线之间的垂直距离越大，通常表示未来股价下跌的幅度越大。

（8）如果在低价位区域出现与三重顶类似的形态，那么极有可能是表示上涨中继的矩形整理形态，这时投资者切勿按照三重顶形态进行操作。

2. 三重顶形态与筹码分布技术组合分析

利用筹码分布技术与三重顶形态组合研判股价趋势时，需要注意以下几点。

（1）股价在第一个顶和第二个顶形成后出现反弹时，追涨散户仍寄希望于可能到来的继续上涨，并将股价回调当成买入股票的良机，因而加大买入的力度。也就是说，三重顶中第一个顶、第二个顶出现时，顶部仍未形成筹码密集峰，甚至低位筹码密集峰仍然存在，这说明主力仍未完成出货。

（2）股价形成第二个顶回调一段时间后，主力会再次拉升股价，引诱更多的散户追涨，以达到再次派发的目的。也就是说，形成三重顶中第三个顶时，成交量如果明显放大时，未来股价下跌的概率相对较高。观察此时的筹码分布图可知，此时正是高位筹码峰加速形成之时。

（3）通常情况下，三重顶的颈线位就是顶部筹码峰所在的核心区域，当然，这也与股价几次三番往返于该价位有关。也就是说，颈线位置聚集了大量的筹码。未来股价向下跌破这一筹码密集区域，股价就会快速下跌。

（4）有的时候，股价走出三重顶后，低位筹码仍未完全转移至顶部区域，这时主力可能会选择横向震荡方式，以便将手中最后的筹码派发出去，这也是出现三重顶扩展形态的主要原因。

下面来看一下开元仪器的案例，如图4-35、图4-36、图4-37、图4-38所示。

由图4-35可知，开元仪器的股价自2015年4月21日结束调整，重新启动了一波上涨行情。在股价上涨过程中，筹码也随之上移。股价上涨至顶部附近时，上涨速度明显加快。

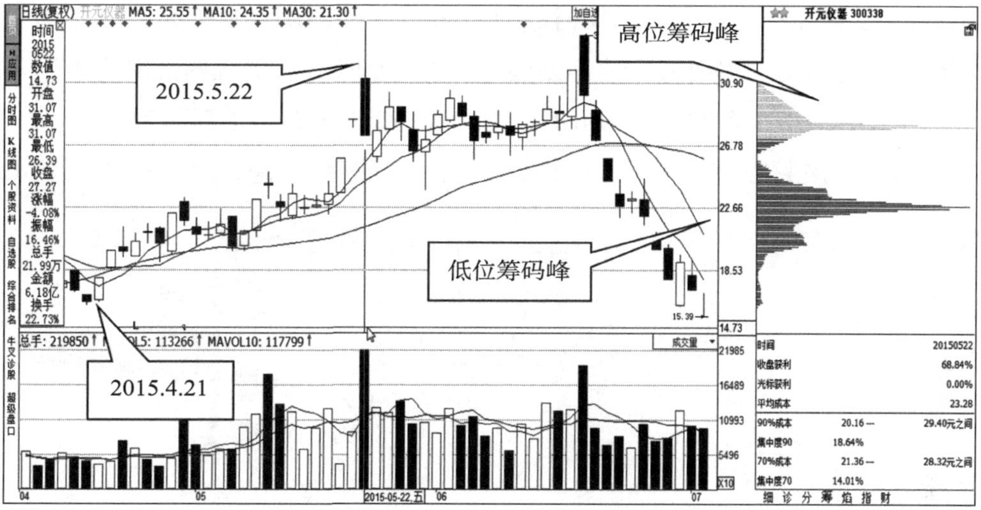

图 4-35　开元仪器（300338）三重顶与筹码分布（一）

2015 年 5 月 22 日，该股创下第一个高点后出现了回调。观察此时的筹码分布图，可以看到此时该股大部分筹码仍集中在低位筹码峰，高位筹码峰很小。这说明该股主力有出货的可能，但肯定未完成出货任务。

此后该股经历了几个交易日的调整，又重新开始了反弹，如图 4-36 所示。

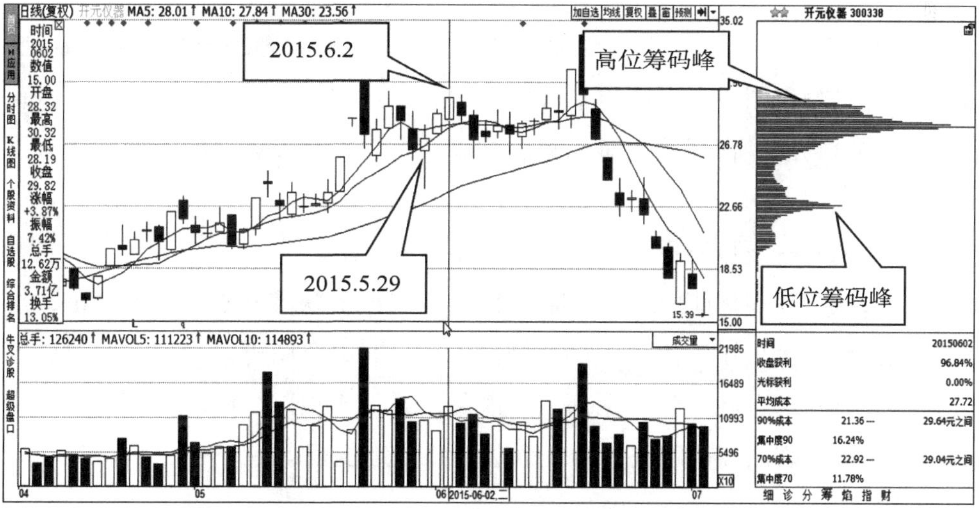

图 4-36　开元仪器（300338）三重顶与筹码分布（二）

2015 年 6 月 2 日，开元仪器的股价再次开始回调。观察筹码分布图，可以看到此时低位筹码峰虽然开始萎缩，但仍然存在。这说明此时主力仍未完成出货，股价仍存在上涨的可能，投资者仍需观察该股的后续走势。

其后，该股经过几个交易日的回调，又一次开始上涨，如图 4-37 所示。

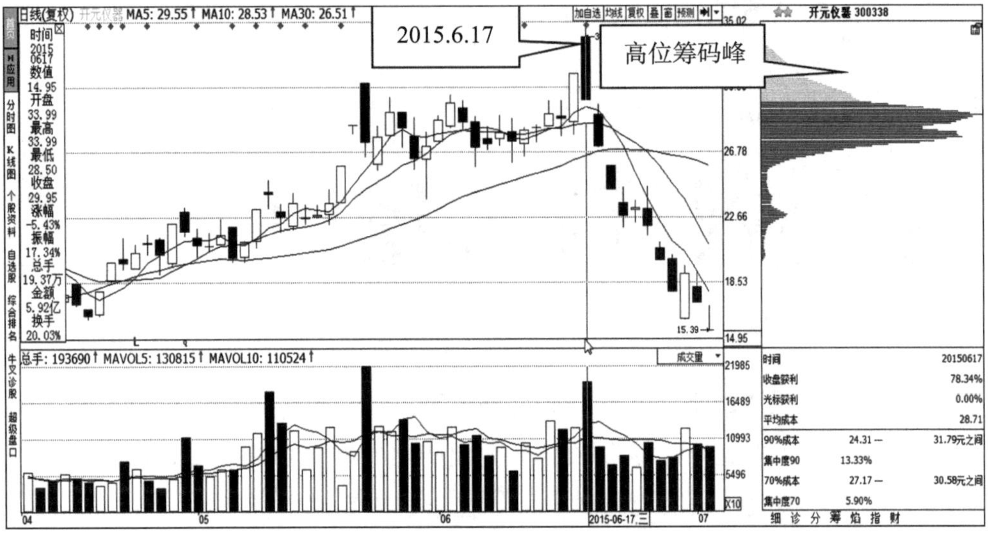

图 4-37　开元仪器（300338）三重顶与筹码分布（三）

2015 年 6 月 17 日，开元仪器三度启动下跌。观察筹码分布图可以看到，此时的筹码分布图出现了高位单峰密集形态，低位筹码峰已经萎缩殆尽，顶部区域的筹码已经占据了绝对优势。这说明主力出货接近完毕，未来极有可能再度下跌。

下面来看一下该股后期的走势，如图 4-38 所示。

2015 年 6 月 19 日，开元仪器的股价 K 线向下跌破三重顶的颈线位，这说明股价已经走出了三重顶顶部区域。观察筹码分布图可以看到，此时底部的筹码又有一部分转移到了顶部当日股价已经处于顶部筹码峰的下沿，这说明未来股价下跌的概率很高，因此跌破颈线位是投资者最后的出逃机会。

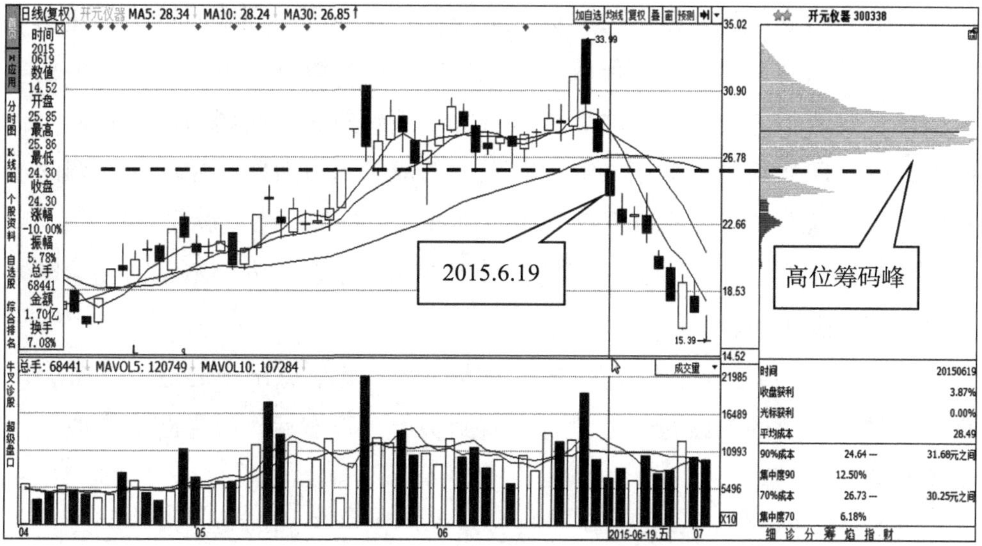

图 4-38　开元仪器（300338）三重顶与筹码分布（四）

四、头肩顶与筹码分布

头肩顶形态出现在顶部。形成左肩和头部时，低位筹码峰仍未完成上移；出现右肩时，高位筹码峰增大，低位筹码峰接近消失状态。

1. 头肩顶

头肩顶出现在上涨行情后期，由三个高峰组成；左右两个高峰相对较低，基本处在同一水平位置上；中间一个高峰的高点明显高于左右两个高峰的高点，其形态就像一个人的头部和两肩，如图 4-39 所示。

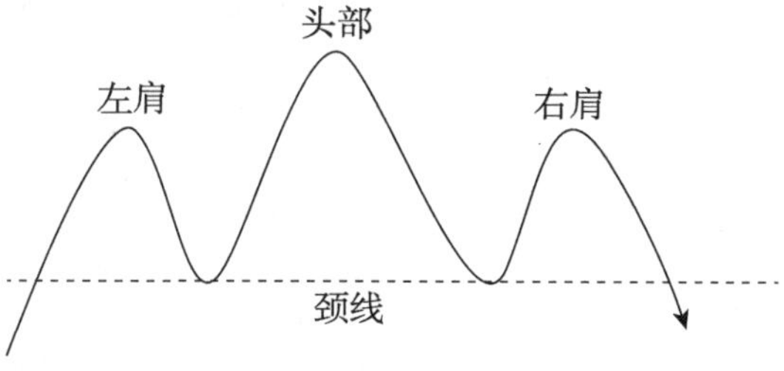

图 4-39　头肩顶

头肩顶形态是这样形成的：股价上涨到一定高度后开始回落，下降到一定程度后又出现反弹，于是形成了“左肩”；接着股价再度上冲，创出新高后回落，构筑了“头部”；之后股价再次下跌到前一次回调的位置附近再次向上，这次回升的高点低于头部的高点，形成了“右肩”。在两次回调的过程中，股价基本在同一价位受到支撑，通过这个价位的直线就是颈线。

头肩顶形态是一种较为强烈的反转形态，表示多方力量不断消耗，空方力量逐渐占据主动。

（1）头肩顶形态是较为可靠的熊市信号，此形态出现之后，常常会出现一波较为显著的下跌行情。投资者看到头肩顶形态后，应果断卖出股票，持币观望。

（2）如果第二个高点的成交量较第一个高点大幅缩减，就暗示了出现头肩顶的可能性，“先知先觉”的投资者可以在右肩形成的过程中卖出股票。

（3）当股价跌破了支撑线（颈线）位置，表示头肩顶形态构筑完成，这是头肩底形态发出的第一个较为明确的卖出信号。如果颈线向下倾斜，表示后市下跌的可能性更大，投资者更应该选择离场。

（4）股价突破头肩顶的支撑线（颈线）后，往往会在不久之后回抽到颈线附近，如图 4-40 所示。如果股价上探回落，则向下突破的有效性便得到了确认，这是第二个明确的卖出信号。但是这样的回抽有时不会出现，因此投资者切不可把它作为自己唯一的卖出点，以免被深度套牢。

（5）股价完成向下突破后，原来的支撑位就变成了阻力位。当股价上升到这一位置时，投资者应加倍小心。

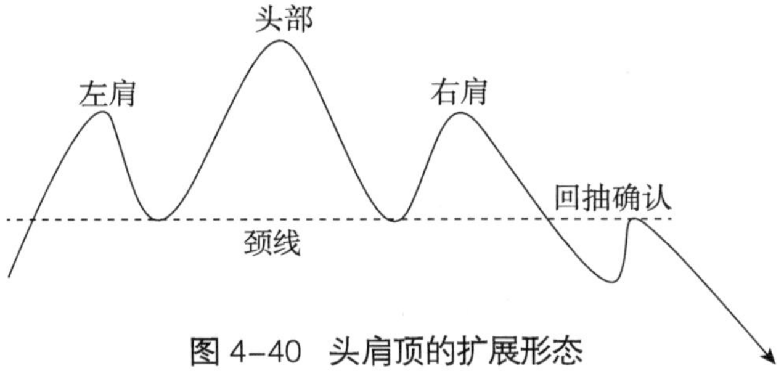

图 4-40　头肩顶的扩展形态

（6）成交量是表示头肩顶形态信号强弱的一个重要指标。如果在形成左肩和头部的过程中成交量显著放大，形成右肩的过程中成交量却出现萎缩，看跌信号的可靠性更高。

（7）一般来说，头肩顶形态较为平缓，需要较长的时间来完成。形成头肩顶所用的时间越长，后市下跌的空间就可能越大。

（8）头肩顶形态可能演变成多个头部或多个肩部的复合头肩顶形态，但是其基本的技术含义不会改变，不影响作为头肩顶形态来进行研判。

2. 头肩顶形态与筹码分布技术组合分析

利用筹码分布技术与头肩顶形态组合研判股价趋势时，需要注意以下几点。

（1）股价形成左肩和头部后出现回调时，追涨散户仍将其看成上涨过程中的洗盘，因而仍会有大量跟风筹码涌入。与三重顶的操作手法不同，头肩顶的头部要高于左肩的高点，这也是主力刻意造成的一种股价将继续上涨的假象，以引诱散户进场接盘。也就是说，头肩顶中第一个顶和第二个顶出现时，顶部仍有可能未形成密集筹码峰，甚至低位筹码峰仍然存在，这说明主力仍未完成出货。

（2）形成第二个顶回调一段时间后，主力会再次拉升股价，以引诱最后一批散户入场接盘。也就是说，当头肩顶中第三个顶形成时，成交量若出现明显放大，未来股价下跌的概率相对较高。观察此时的筹码分布图，可以看到此时高位筹码峰正在加速形成，也就是主力正在疯狂地出货。

（3）通常情况下，头肩顶的颈线位就是顶部筹码峰所在的核心区域。当然，这也与股价几次三番往返于该价位有关。也就是说，颈线位置聚集了大量的筹码，未来股价若能向下跌破这一筹码密集区域，才有可能迎来真正的下跌行情。

（4）有的时候，股价走出头肩顶后，低位筹码仍未完全转移至顶部区域，这说明主力可能还未完成出货。在这种情况下，主力还会选择再次拉升股价，通过股价震荡的方式引诱散户接盘，这也是头肩顶出现扩展形态的原因。

下面来看一下东方银星的案例，如图4-41、图4-42、图4-43、图4-44所示。

由图4-41可知，东方银星的股价自2015年初启动了一波震荡上涨行情。

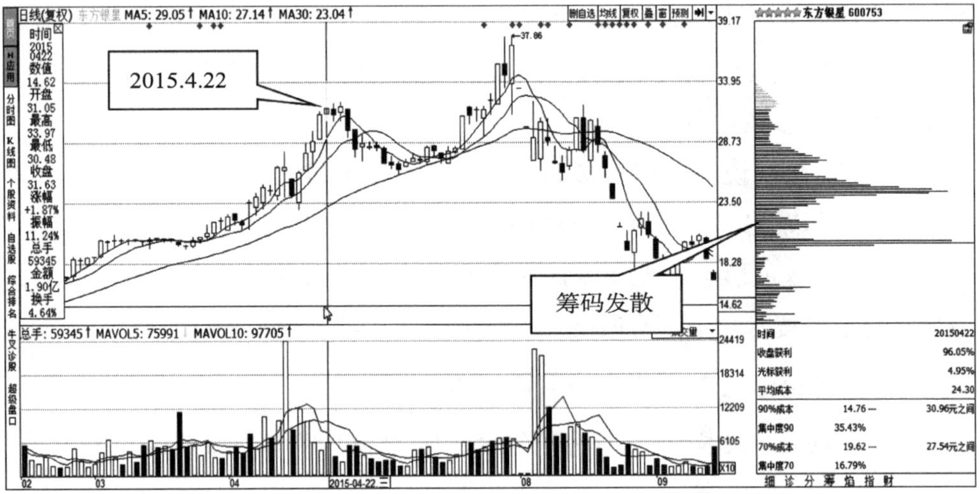

图 4–41　东方银星（600753）头肩顶与筹码分布（一）

2015 年 4 月 22 日，该股股价触及短期高点后出现回调。观察筹码分布图可知，随着股价的上涨，筹码逐渐向上移动并呈发散分布。此时该股的主要筹码集中于高点附近，这说明主力并未完成出货，未来走势上涨的可能较高。

其后，该股经过几个交易日的回调后重归涨势，如图 4-42 所示。

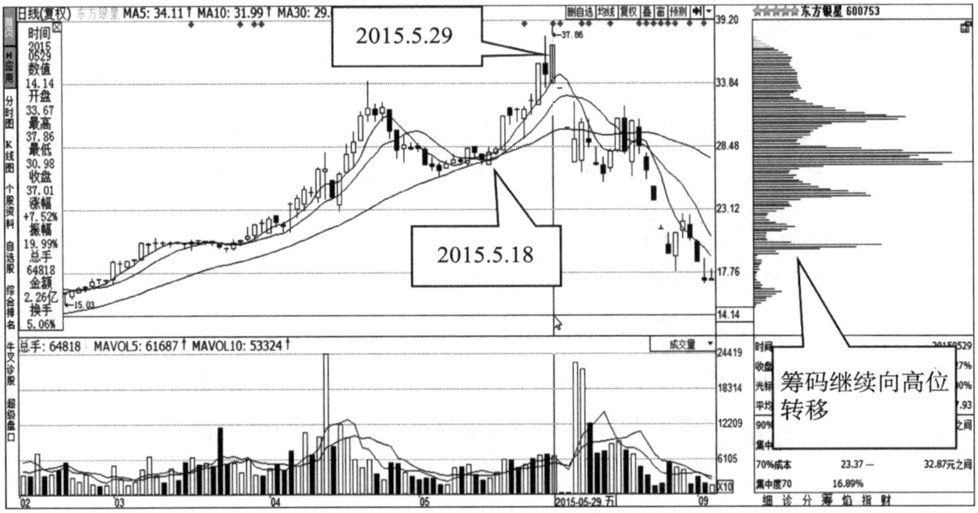

图 4–42　东方银星（600753）头肩顶与筹码分布（二）

2015 年 5 月 18 日，东方银星的股价止跌企稳，并于 5 月 29 日再次创下新的高点。观察筹码分布图可知，此时低位筹码峰持续向高位转移，这说明此时主力正在不停地出货，股价上涨行情随时有可能结束。

5 月 29 日之后，该股股价在创下高点后开始下跌。

东方银星的股价下跌一段时间后，又重新开始上涨，如图 4-43 所示。

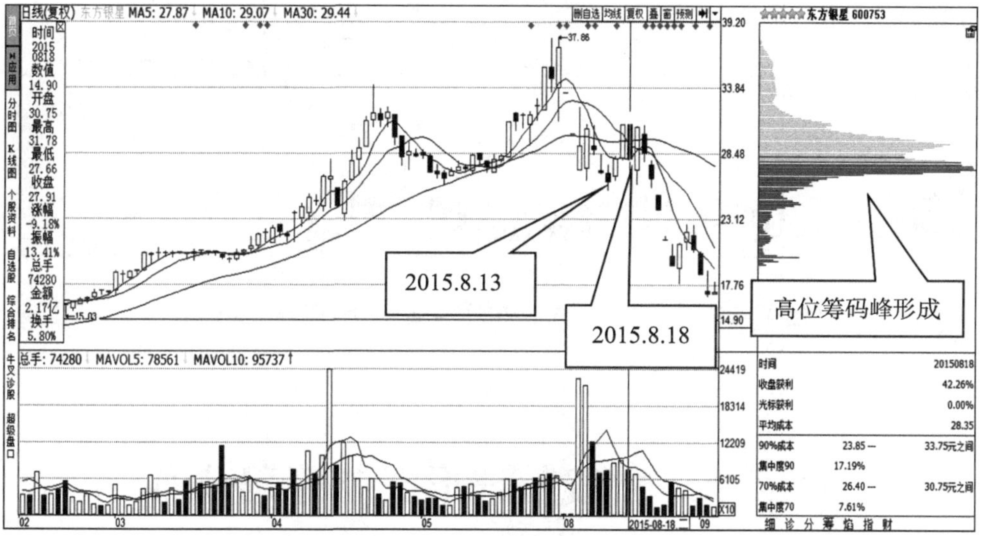

图 4-43 东方银星（600753）头肩顶与筹码分布（三）

2015 年 8 月 13 日，东方银星三度启动上攻，并于 8 月 18 日创下第三个高点后下跌。这个高点要低于第二个高点，至此头肩底形态基本成型。观察筹码分布图可知，此时的筹码分布图出现了高位单峰密集形态。尽管底部还有部分筹码，但顶部区域的筹码已经占据了绝对优势，未来股价下跌的风险极大。

此后该股连续下跌，如图 4-44 所示。

2016 年 8 月 24 日，东方银星的股价 K 线向下跌破头肩顶的颈线位，这说明股价已经走出了头肩顶顶部区域。观察此时的筹码分布图可知，此时底部的筹码中又有一部分转移到顶部。当日股价已经站在了顶部筹码峰的下沿，这说明未来股价下跌的概率很高，投资者可以考虑卖出该股。

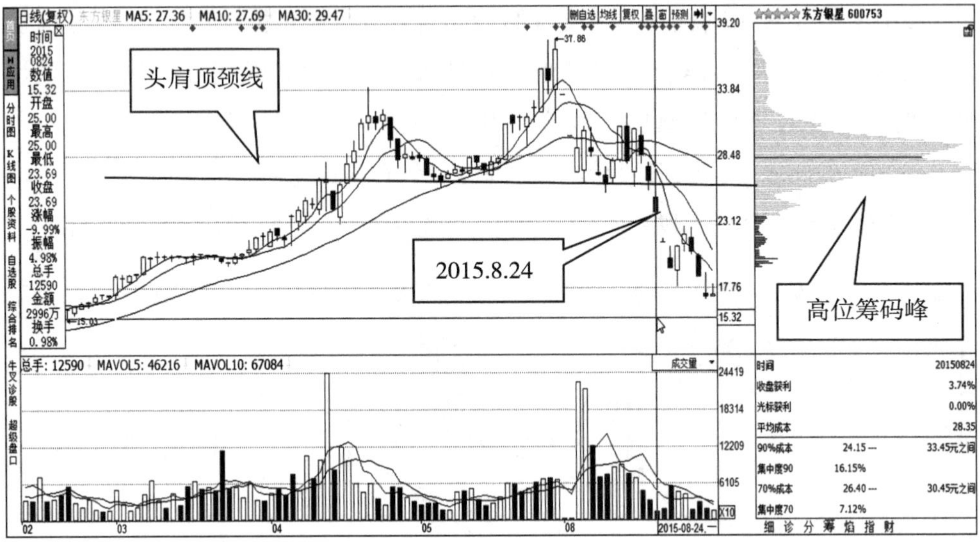

图 4-44 东方银星（600753）头肩顶与筹码分布（四）

第三节 K 线整理形态与筹码分布

K 线整理形态，从筹码分布的角度来看，本质上就是对筹码分析结构重新进行整理，即将筹码集中于某一区域。这一过程极有可能是主力吸筹或散筹的过程。

一、上升楔形与筹码分布

上升楔形常常出现在下跌行情中，是一种典型的下跌中继形态。出现楔形形态时，很多散户都将其看成股价上涨过程中的波动，因此纷纷追涨。之后股价突然下跌，将追涨的散户套在高位。

1. 上升楔形

上升楔形又称上倾楔形，通常出现在下跌行情中。该形态表现为：在股价下跌过程中出现了一小段向上的震荡整理行情，将反弹的高点和回落的低点分别用直线相连，两条直线方向相同且呈收敛状，从而形成一个向上倾斜的楔子形态。如图 4-45 所示。

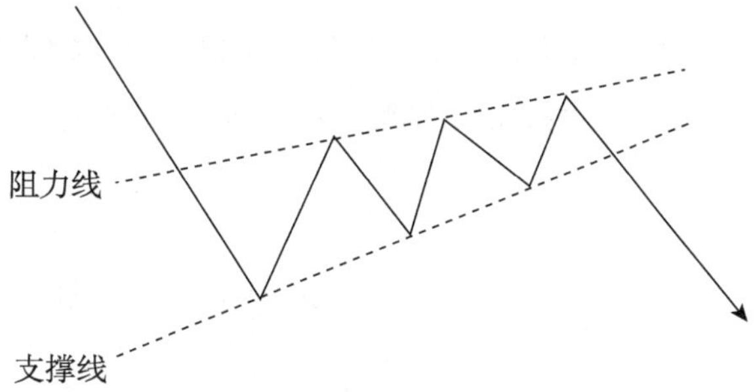

图 4-45　上升楔形

与三角形形态一样，楔形形态的股价走势同样是逐渐收敛的。不同的是，楔形的上下两条边界线方向相同，而三角形的上下两条边界线方向并不一致。

上升楔形虽然是向上倾斜的，似乎说明上方抛压并不严重，但新的反弹较前面的反弹波幅呈缩小的态势，表示买盘力量正在被消化，同时成交量的逐渐萎缩也证明多方的上攻意愿不强。因此可以认为这种形态只是下跌途中的一种技术性反弹，并没有强力的多头想要抬升股价。

有时候，上升楔形会成为庄家制造诱多陷阱的一种手段。庄家会利用这一形态故意拉高股价，诱骗散户投资者买入，以达到出货的目的。

在下跌行情中出现上升楔形，只是投资者低位补仓或短线操作所致，一般不会影响下跌趋势的发展。因此，该形态通常表现为下跌中继信号。

（1）在上升楔形形成的前半阶段，投资者可以按照楔形的上下边线进行高抛低吸操作，即在股价跌到下边线时买入，等股价涨到上边线时卖出。但是到了后半阶段，由于股价波动幅度已经很小，这时投资者最好不要进行波段操作。

（2）当股价逐渐接近顶点时，成交量越来越少，这种价升量减的背离现象，说明上涨势头不会持久。看到这种情形，持股的投资者可以考虑逢高卖出股票。

（3）当股价跌破上升楔形的下边线时，表明上升楔形正式构筑完成，投资者应尽快将手中的股票抛空。

（4）上升楔形完成向下突破后，股价往往会急速下跌，但有时也会出现向上的回抽动作，如图 4-46 所示。出现回抽时，空仓的投资者不宜介入，仍然持股的投资者则应抓住机会，将剩余的股票全部抛出。

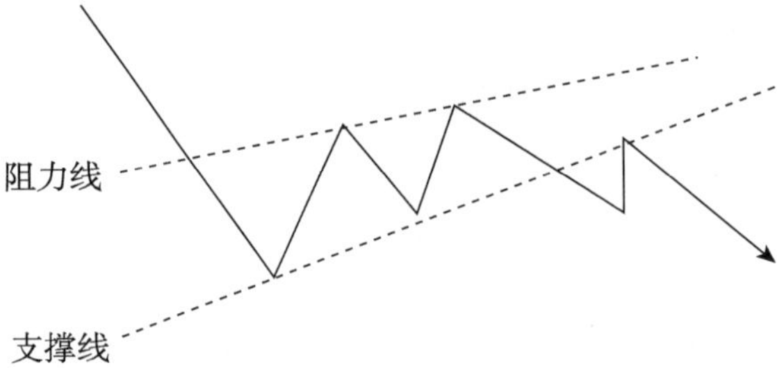

图 4–46　上升楔形的扩展形态

（5）在上升楔形形成过程中，成交量一般会呈持续萎缩状态。在向下突破时，可能会有成交量的配合，也可能不会。股价上升的过程中，如果成交量持续放大，则不能看作是上升楔形，而应该视为反转形态。

（6）上升楔形形成的时间较长，一般至少需要 3 周（15 个交易日），有时甚至会持续 3 ～ 6 个月。持续的时间越长，下跌信号的可靠性越高，之后股价下跌的力度也会越强。

2. 上升楔形与筹码分布组合分析

利用筹码分布技术与上升楔形组合研判股价趋势时，需要注意以下几点。

（1）上升楔形形成过程中，往往是筹码分布由发散形态向密集形态转化的过程。也就是说，随着股价在上升楔形形态中不断地震荡运行，筹码逐渐向股价所在区域集中。

（2）随着股价的波动，筹码分布形态呈现出单峰密集形态时，往往就是股价即将选择新的突破方向的时候。这里需要注意一点，不要提前预判股价的运行趋势，一定要等到股价完成突破后，再确定自己的交易策略。

（3）通常情况下，上升楔形构造完成后，股价会呈下跌态势。从筹码分布的角度分析：在股价震荡反弹过程中，筹码逐渐聚集于高位，这有些类似于顶部形成筹码单峰，即主力通过派发手中的筹码形成单峰密集形态。从另一角度来看，如果主力是在吸筹，那么其大多会选择打压股价的方式来实现，而不是拉升股价。出现这种走势，也有可能是主力在高位并未完成出货，需要借助这种方式将手中最后的筹码抛出。

（4）有些时候，股价走出上升楔形后，发散的筹码仍未完全转移至震荡区域。这种情况下，主力可能还会选择再次小幅拉升股价，引诱投资者追涨，从而抛出自己的筹码，这也是上升楔形出现扩展形态的原因。

下面来看一下江海股份的案例，如图4-47、图4-48所示。

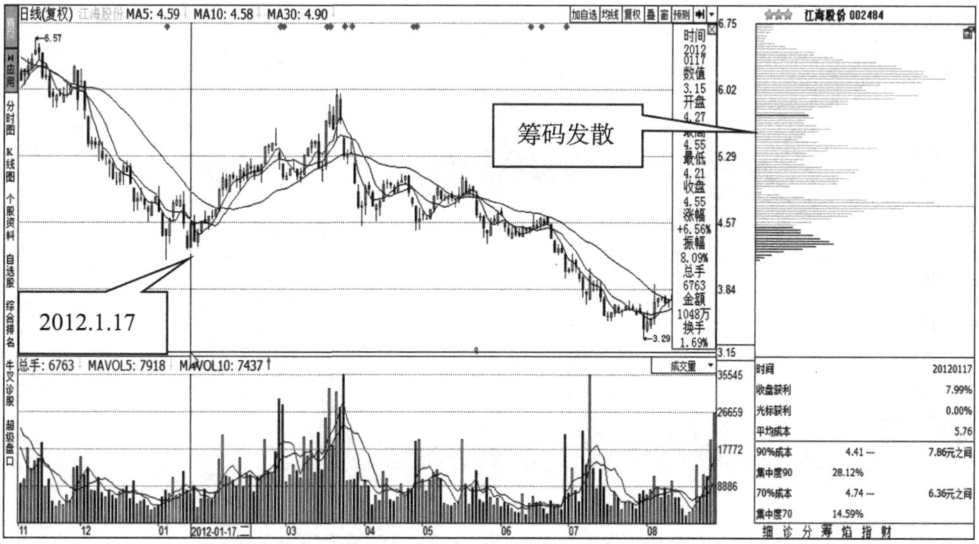

图4-47　江海股份（002484）上升楔形与筹码分布（一）

由图4-47可知，自2011年下半年开始，江海股份的股价就进入了一个下行通道。随着该股股价持续走低，高位筹码逐渐下移，并形成发散状态，这说明已经开始有部分散户割肉离场了。不过高位筹码峰仍然存在，这说明还有部分散户仍在坚守阵地。

2012年1月17日，江海股份的股价启动了一波反弹走势。鉴于当时高位筹码峰仍然很大，投资者可以预判以下三点。

第一，之前股价突然下跌，主力可能尚未完成出货。

第二，主力入场建仓的概率很小。前面已经讲过，高位筹码峰不消失，主力是不会进场的。

第三，部分抢反弹的资金入场。

基于这种情形产生的反弹，通常情况下，都会因股价反弹到一定幅度后高位筹码涌出而结束，因为那些在高位被套者正等着有人去"解救"他们。

之后该股震荡上扬，并形成了一个上升楔形形态，如图4-48所示。

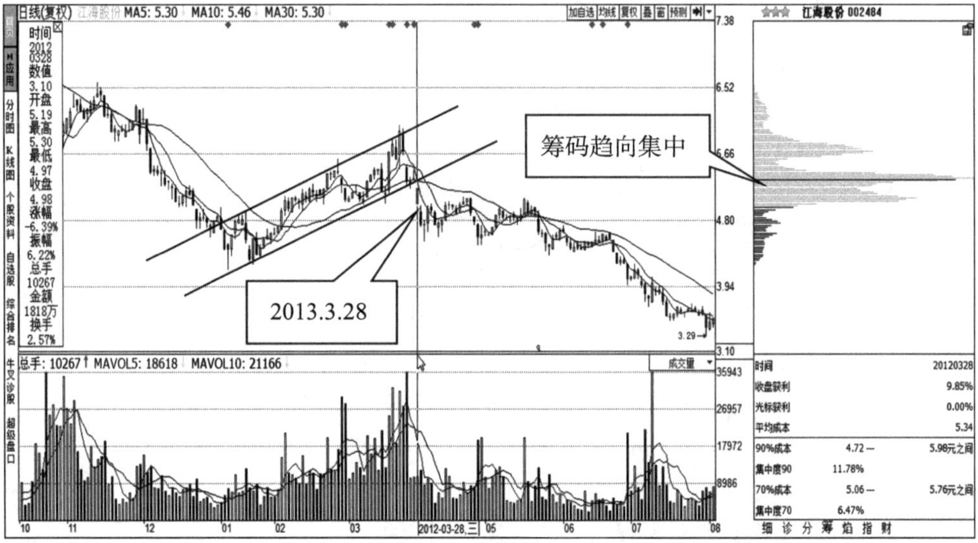

图4-48 江海股份（002484）上升楔形与筹码分布（二）

从图4-48中的筹码分布图可以看出，高位筹码峰已经消失，并向股价所在位置附近集中。这说明随着反弹幅度的增加，高位筹码峰出现松动，这必然促使未来股价下跌。

2012年3月28日，江海股份的股价跌破了上升楔形的下沿，这说明该股将重新启动一波下跌行情，投资者宜迅速清仓。

二、下降楔形与筹码分布

下降楔形常常出现在上涨行情中，是一种典型的上涨中继形态。出现该形态时，很多散户都将其看成股价下跌过程中的波动而纷纷清仓。接着股价突然上涨，让散户踏空一波行情。

1. 下降楔形

下降楔形又称下倾楔形，通常出现在上涨行情中。该形态表现为：在股价上升过程中出现了一小段向下的震荡整理走势，将反弹的高点和回落的低点分别用直线相连，两条直线方向相同且呈收敛状，从而形成一个向下倾斜的楔子形状。如图 4-49 所示。

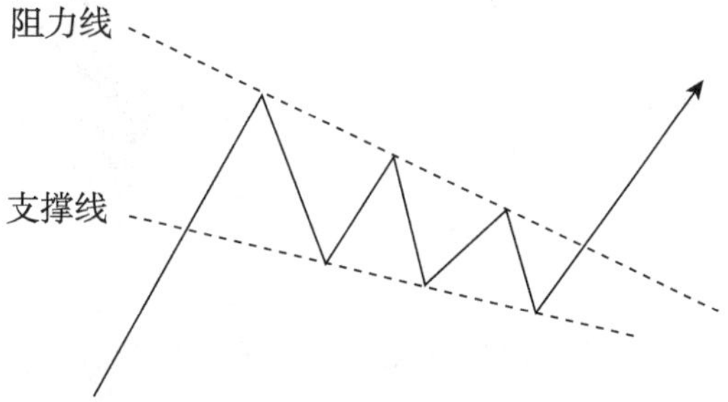

图 4-49　下降楔形

下降楔形虽然是向下倾斜的，似乎说明市场的承接力不强，但新的回落较前面的回落波幅呈缩小的态势，说明卖盘力量正在被消化。同时，成交量逐渐萎缩，也证明上方的抛压正在减弱。因此，可以认为这种形态只是上涨行情中的获利回吐，并没有强力的空头想要打压股价。

有时候，下降楔形会成为庄家制造诱空陷阱的一种手段。庄家会利用这一形态清洗掉市场中的浮筹，将大部分筹码集中在自己手中，以便为大幅拉升股价夯实基础。

在上涨行情中出现下降楔形，只是前期获利的投资者卖出行为所致，一般不会影响上升趋势的发展，因此该形态通常表现为上涨中继信号。

（1）在下降楔形形成的前半阶段，投资者可以按照楔形的上下边线进行高抛低吸操作，即在股价涨到上边线时卖出，等股价跌到下边线时再买入。但是到了后半阶段，股价波动幅度已经很小，投资者就必须捂牢股票了。

（2）在下降楔形的后半阶段，也就是形态快要构造完成之前，投资者无论是持股还是持币，都应该保持观望的态度，最好不要轻举妄动。日后，一旦发现股价突破下降楔形的上边线，投资者可以积极买入。

（3）下降楔形向上突破后，可能会出现一次向下回抽，如图 4-50 所示。如果股价在楔形的上边线获得支撑，则证明突破有效，投资者可以再度买入股票。如果股价跌破这一位置，投资者需要考虑斩仓止损。

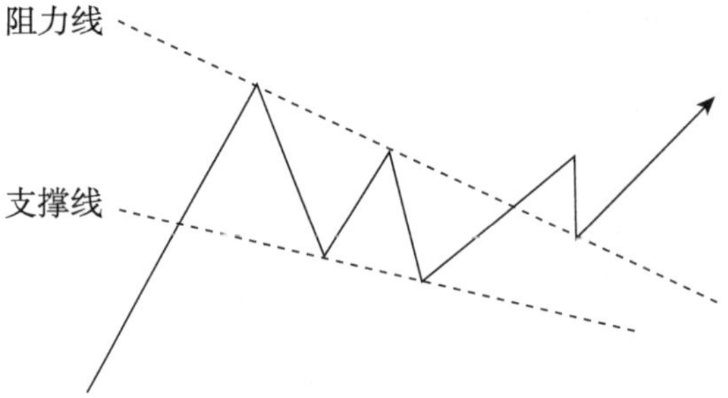

图 4-50 下降楔形的扩展形态

（4）参照下降楔形买入股票的投资者，应该将止损位定在楔形的上边线。

（5）在下降楔形构造过程中，成交量一般呈持续萎缩状态。在上涨突破时，则要有成交量放量的配合，否则会影响到看涨信号的可靠性。

（6）下降楔形的形成时间较上升楔形稍短一些，但是至少也需要两周（10 个交易日）的时间。

2. 下降楔形与筹码分布技术组合分析

利用筹码分布技术与下降楔形组合研判股价趋势时，需要注意以下几点。

（1）下降楔形形成过程中，往往是筹码分布由发散形态向密集形态转化的过程。也就是说，随着股价在下降楔形中不断地震荡运行，筹码会逐渐向股价所在区域集中。

（2）随着股价的波动，筹码分布呈现出单峰密集形态时，往往就是股价即将选择新的突破方向的时候。在这里需要注意一点：不要提前预判股价的运行方向，一定要等到股价完成突破后，再确定自己的交易策略。

（3）通常情况下，下降楔形构造完成后，股价会呈上升态势。从筹码分布的角度分析，股价在形成震荡反弹过程中，筹码逐渐聚集于低位。这有些类似于低位筹码单峰形成的过程，即主力通过震荡调整，用较低的价格拿到散户手中的筹码。从另一角度来看，主力采用这种震荡方式收集筹码，很可能是由于启动上涨时，自身收集的筹码数量不足，因此需要借助这种震荡吸筹来提高仓位。

（4）有的时候，股价走出下降楔形后，发散的筹码仍未完全转移至震荡区域，这时主力可能还会再次小幅打压股价，以迫使散户抛出筹码，这也是下降楔形出现扩展形态的原因。

下面来看一下东安动力的案例，如图 4-51、图 4-52 所示。

由图 4-51 可知，自 2014 年下半年开始，东安动力的股价就进入了一个上行通道。随着该股股价持续走高，低位筹码逐渐上移，并形成发散状态，

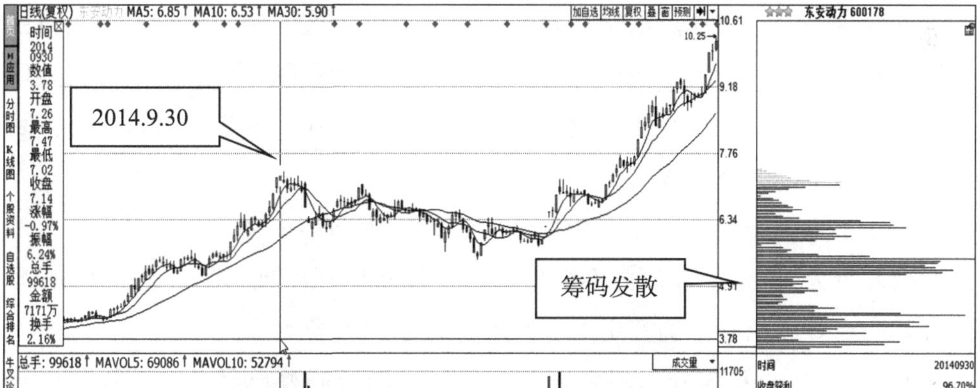

图 4-51　东安动力（600178）下降楔形与筹码分布（一）

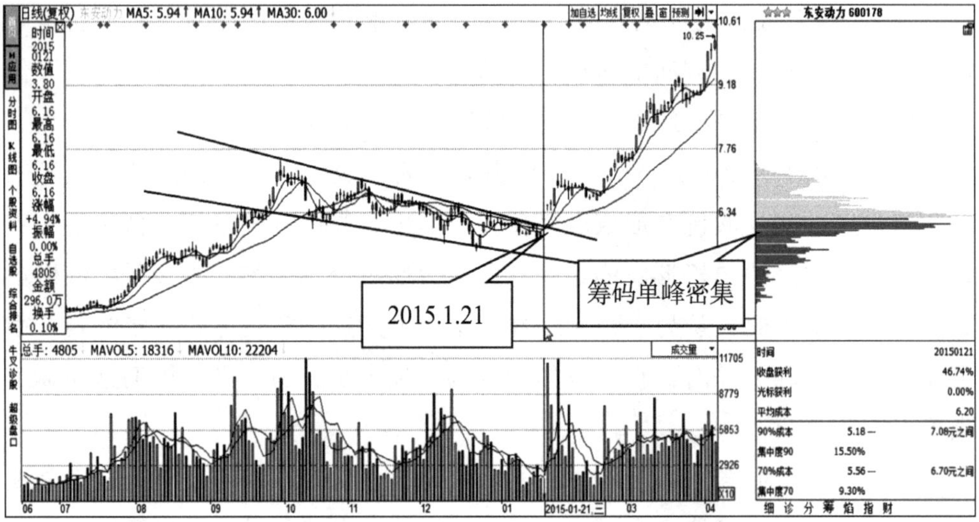

图 4-52 东安动力（600178）下降楔形与筹码分布（二）

这说明已经有部分散户开始获利了结。主力为了后面的拉升能够顺利进行，一方面需要提高自身持仓量，另一方面也需要将不牢靠的筹码清洗出去，以提升筹码的牢靠程度。

2014 年 9 月 30 日，东安动力的股价启动了一波回调走势。鉴于当时筹码发散程度较高的特点，投资者可以作出如下预判：随着股价的拉升，筹码发散的速度较快，这说明主力仓位可能不高，因为主力没有将股价拉升到目标位时，是不会轻易出货的。

基于前面的分析，未来股价回调时，筹码走向集中多数情况属于主力的再次吸筹行为，未来上涨的概率很高。当然，股市中任何预判都只是一种猜测，投资者一定要等到股价确实走出上升形态时才能入场。

从图 4-52 的筹码分布图可以看出，发散的筹码峰已经消失，股价附近形成一个新的筹码单峰。这说明随着回调幅度的增加，筹码重新开始密集。基于前面的介绍可以知道，该筹码峰将会对股价产生较大的支撑或阻力作用。也就是说，股价向上或向下突破该筹码峰，将会决定股价未来的运行方向。

2015 年 1 月 21 日，东安动力的股价向上突破了下降楔形上沿的同时，也突破了筹码单峰，这说明该股将重新启动一波上涨行情，投资者宜迅速追涨。

三、上升三角形与筹码分布

上升三角形常常出现在上涨行情或下跌行情的尾声，是一种典型的看涨形态。出现三角形形态时，很多散户都将其看成股价上攻遇阻，进而纷纷清仓。某一天股价却突然上涨，让散户踏空一段行情。

1. 上升三角形

上升三角形通常出现在上涨途中或下跌末期，该形态具有这样的特征：在股价反复震荡过程中，每次上涨的高点基本都处于同一水平位置，每次回落的低点却不断上移。随着形态的发展，股价波动的幅度越来越小，即高点和低点逐渐靠拢。如果将这些高点和低点分别用直线连接，就形成了一个向上倾斜的三角形。如图 4-53 所示。

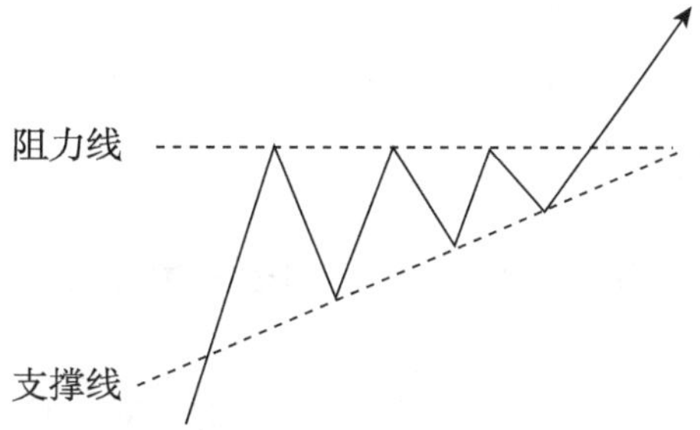

图 4-53 上升三角形

上升三角形一般经历了这样的形成过程：股价每次上升到某一价位后，便会因上方的抛压而出现回落，从而在上方形成了一条阻力线。但由于市场看好该股，所以股价每次都会在低点反弹，且这些低点的位置越来越高。这一态势最终瓦解了空方的斗志，某一天股价在多方的强力推动下实现了对阻力线的突破，上升三角形形态正式构造完成。

上升三角形是一种常见的整理形态，出现该形态说明买方力量正在不断加强，卖方力量却在逐渐减弱，预示着市场有可能进入多头行情。

（1）在上涨行情中出现上升三角形，通常表现中继信号；在下跌行情中出现，则具有一定的转势意味。一旦股价放量突破上升三角形的上边线，投资者应果断买入。

（2）上升三角形的上边线一开始是阻力线，被突破后就变成了股价支撑线。参照形态买入股票的投资者，应该将止损位定在上升三角形的上边线。

（3）有时候，股价向上突破上升三角形后会有一次回抽，以确认突破是否有效，如图 4-54 所示。如果股价在三角形的上边线止跌回升，就证明突破有效，投资者可在股价回升时迅速介入；如果股价又重新回到三角形形态之内，则表示突破失败，投资者应及时止损。不过这种回抽动作有时并不会出现。

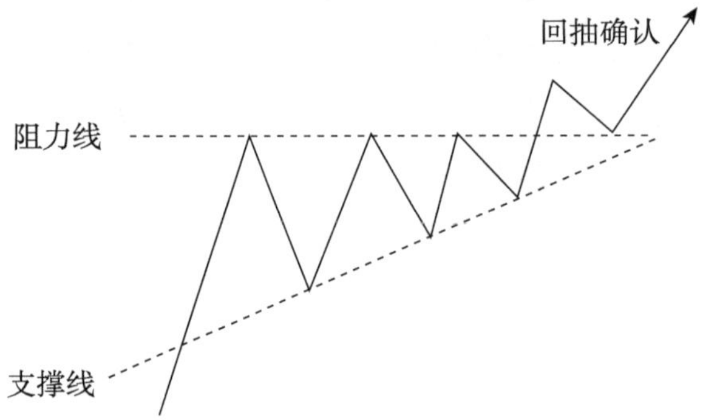

图 4–54　上升三角形的扩展形态

（4）在上升三角形形成的过程中，成交量通常会不断萎缩。但在向上突破时，成交量会明显放大。在向上突破时，如果没有成交量的配合，那么看涨信号的可靠性将减弱，投资者最好以保持观望为主。

（5）上升三角形常被庄家用来故意打压股价，目的是在震荡走势中吸收更多的浮筹。

（6）一般情况下，上升三角形高点与低点之间的最大垂直距离越大，后市上涨的空间也会越大。

（7）构造上升三角形的时间不应过长，也不应在股价达到三角形末端时才出现突破。否则股价突破后的上升空间会十分有限，甚至有可能演化成横盘整理走势。

（8）上升三角形在绝大多数情况下是向上突破的，但少数情况下也可能会跌破支撑位。一旦股价向下破位，持币的投资者不宜介入，持股的投资者要暂时离场。

（9）当在高价位区域出现上升三角形，但股价却迟迟不能突破上边线时，走势极有可能演变成 M 形顶或三重顶等类型的顶部形态，这时投资者应实施减仓操作以回避风险。

2. 上升三角形与筹码分布技术组合分析

利用筹码分布技术与上升三角形组合研判股价趋势时，需要注意以下几点。

（1）上升三角形形成过程中，往往是筹码分布由发散形态向密集形态转化的过程。也就是说，随着股价在上升三角形中不断地震荡运行，筹码逐渐向股价所在区域集中。

（2）随着股价的不断波动，筹码分布呈现出单峰密集形态时，往往就是股价即将选择新的突破方向的时候。这里需要注意一点：不要提前预判股价的运行趋势，一定要等到股价完成突破后，再确定自己的交易策略。

（3）通常情况下，上升三角形完成后，股价会呈上升态势。从筹码分布的角度分析，在股价震荡反弹过程中，筹码逐渐聚集于股价附近的位置，这有些类似于主力拉升一段时间后重新洗盘，以加强筹码的牢靠程度。从另一角度来看，主力采用这种震荡方式收集筹码，很可能是由于启动上涨时自身收集的筹码不够，因此需要借助这种震荡来提高仓位。当然，主力也可以通过这种方式让散户之间进行筹码交换，以提高场内持有筹码的成本，便于未来顺利拉升股价。

（4）有些时候，股价走出上升三角形后，发散的筹码仍未完全转移至震荡区域，此时主力可能会选择再次小幅打压股价，迫使散户抛出筹码，这也是上升三角形出现扩展形态的原因。

下面来看一下金字火腿的案例，如图 4-55、图 4-56 所示。

由图 4-55 可知，自 2015 年初开始，金字火腿的股价就进入了一个上行通道。随着该股股价持续走高，低位筹码逐渐上移，并形成发散状态，这说

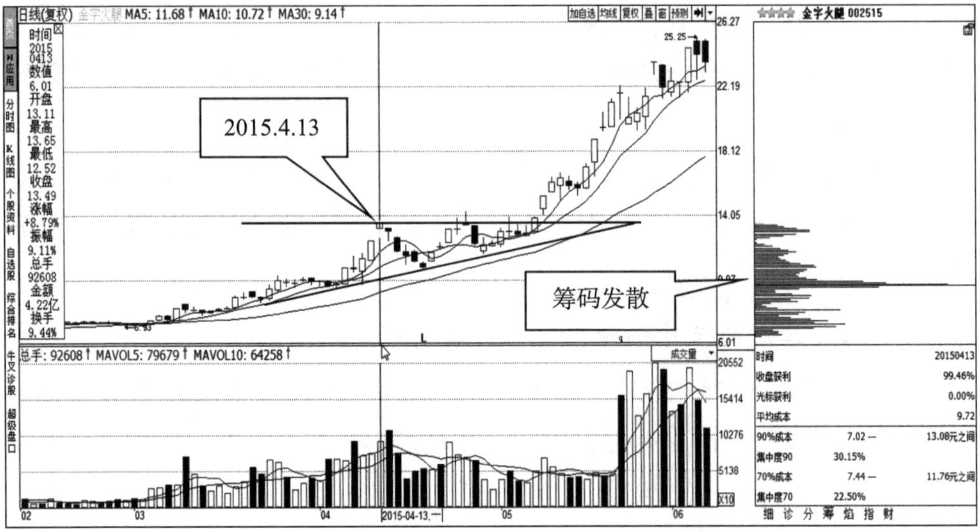

图 4-55　金字火腿（002515）上升三角形与筹码分布（一）

明已经有部分散户开始获利了结。主力为了后面的拉升能够顺利进行，一方面需要提高自身持仓量，另一方面也需要将不牢靠的筹码清洗出局，以提升筹码的牢靠程度。

2015 年 4 月 13 日，金字火腿的股价触及短期高点后，启动了一波回调走势，鉴于当时筹码发散程度较高的特点，投资者可作出如下预判：随着股价的拉升，筹码发散的速度较快，这说明主力持股仓位可能不高，因为主力没有将股价拉升到目标位时是不会轻易出货的。基于前面的分析，未来股价回调时，筹码趋向集中多数情况属于主力的再次吸筹行为，未来上涨的概率很高。当然，股市中任何预判都只是一种猜测，投资者一定要等到股价确实走出上升形态时才能入场。

之后该股开始震荡，并形成了一个上升三角形形态，如图 4-56 所示。

从图 4-56 的筹码分布图可以看出，发散的筹码峰已经消失，并向股价附近集中，形成一个新的筹码单峰。这说明随着股价触及高点和回调次数的增加，散户抛出筹码的数量逐渐增加，筹码重新开始密集。

基于前面的分析可知，该筹码峰将会对股价产生较大的支撑或阻力作用。

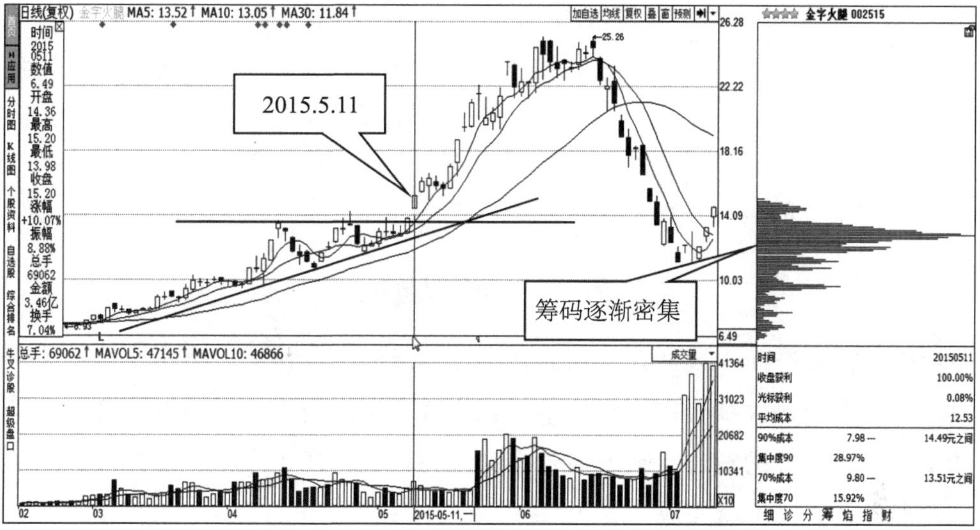

图 4-56　金字火腿（002515）上升三角形与筹码分布（二）

也就是说，股价向上或向下突破该筹码峰，将会决定股价未来的发展方向。2015 年 5 月 11 日，金字火腿的股价向上突破了上升三角形的上沿，这说明该股将重新启动一波上涨行情，投资者宜迅速追涨。

四、下降三角形与筹码分布

下降三角形常常出现在下跌行情或上升行情的尾声，是一种典型的看跌形态。出现下降三角形时，很多散户都将其看成股价下跌遇到支撑而纷纷入场。某一天股价可能突然会启动下跌，将散户套在高位。

1. 下降三角形

下降三角形通常出现在下跌途中或上涨末期。该形态具有这样的特征：在股价反复震荡的过程中，每次下跌的低点基本处于同一水平位置，而每次反弹的高点却不断下移。随着形态的发展，股价波动的幅度越来越小，即高点和低点逐渐靠拢。如果将这些高点和低点分别用直线连接，就形成了一个向下倾斜的三角形。如图 4-57 所示。

下降三角形一般经历了这样的形成过程：股价每次下跌到某一价位后，

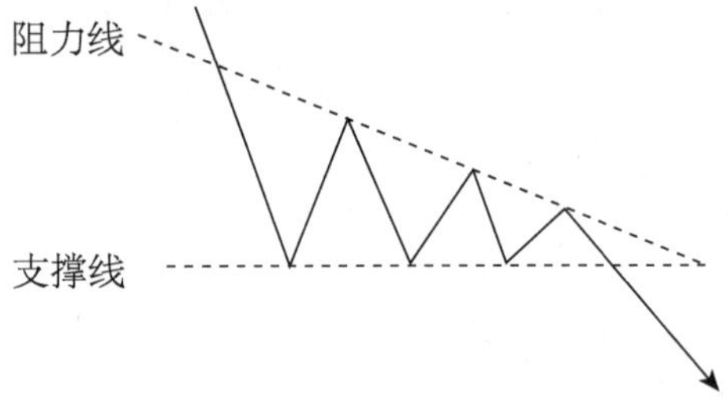

图 4–57　下降三角形

便会因获得支撑而出现回升，从而在下方形成一条支撑线。由于市场看淡该股，所以股价每次都会在高点回落，且这些高点的位置越来越低。这一态势严重打击了多方的意志，最终股价在空方的强力打压下跌破了支撑线，下降三角形形态正式构造完成。

下降三角形是一种常见的整理形态，出现该形态说明卖方力量在不断加强，买方力量在逐渐减弱，预示市场有可能进入空头行情。

（1）下降三角形出现在下跌行情中，通常表现为中继信号；在上涨行情中出现，则具有一定的转势意味。一旦股价跌破下降三角形的下边线，投资者应坚决卖出离场。

（2）下降三角形的下边线一开始是支撑线，突破后就变成了股价的阻力线。之后股价一旦上升到该线附近，便有可能遇阻回落。

（3）有时候股价向下突破下降三角形后会有一次回抽，以确认突破是否有效，如图 4-58 所示。如果股价在三角形的上边线受阻回落，就证明突

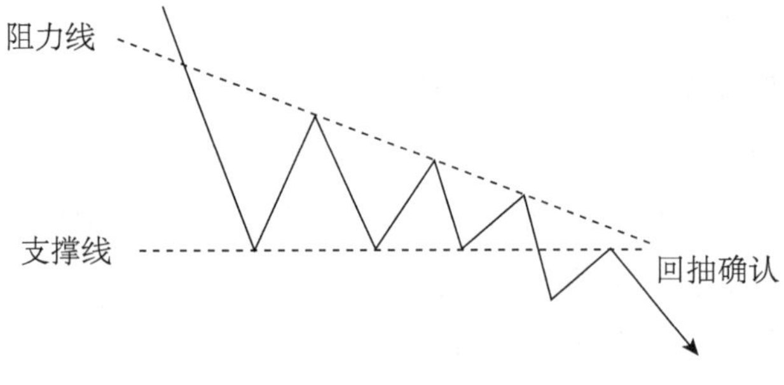

图 4–58　下降三角形的扩展形态

破有效，这时仍持有股票的投资者应该选择清空仓位。如果股价又重新回到三角形形态之内，则表示形态构造失败，这时投资者最好保持观望姿态，不要贸然介入。不过，有时这种回抽动作并不会出现。

（4）在下降三角形形成的过程中，成交量通常不会出现极度萎缩的情况，有时候甚至会出现量价背离。在向下突破时，成交量也不会出现太大的变化。

（5）一般情况下，上升三角形高点与低点之间的最大垂直距离越大，后市下跌的空间相应地也就越大。

（6）下降三角形在绝大多数情况下是向下突破的，但也有例外。一旦股价向上突破，持股的投资者不宜再卖出，持币的投资者仍应以观望为佳。

（7）构造下降三角形的时间一般不会太长，如果股价持续整理，迟迟没有向下突破，那么走势极有可能演变成 W 形底或三重底等类型的底部形态，这时候投资者最好不要轻易卖出股票。

2. 下降三角形与筹码分布技术组合分析

利用筹码分布技术与下降三角形组合研判股价趋势时，需要注意以下几点。

（1）下降三角形形成过程中，往往是筹码分布由发散形态向密集形态转化的过程。也就是说，随着股价在下降三角形中不断地震荡运行，筹码逐渐向股价所在区域集中。

（2）随着股价的波动，筹码分布形态呈现出单峰密集形态时，往往就是股价即将选择新的突破方向的时候。这里需要注意一点：不要提前预判股价的运行趋势，一定要等到股价完成突破后，再确定自己的交易策略。

（3）通常情况下，下降三角形构造完成后，股价会呈下跌态势。从筹码分布的角度分析，在股价震荡反弹过程中，股价触及某一价位反弹向上，多数属于主力刻意为之的行为，也就是主力暂时不想让股价下跌。主力维护股价的目的，很可能是手中仍有筹码。主力采用这种震荡方式不断地派发手中的筹码，一旦筹码派发完毕，股价就会开始下跌。

（4）有的时候，股价走出下降三角形后，发散的筹码仍未完全转移至震荡区域，这时主力可能会选择再次拉升股价，以吸引散户进场接盘，这也是下降三角形出现扩展形态的原因。

下面来看一下日发精机的案例，如图 4-59、图 4-60 所示。

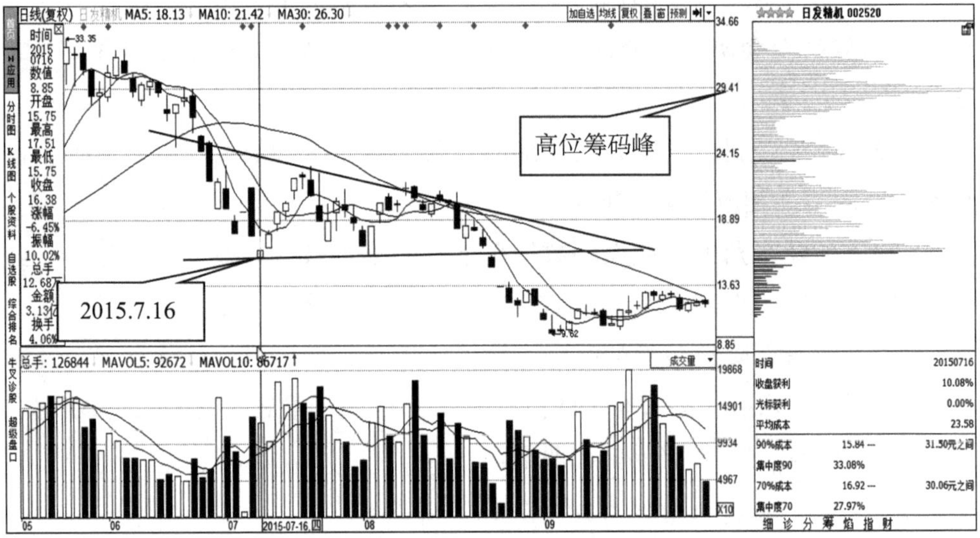

图 4-59　日发精机（002520）下降三角形与筹码分布（一）

由图 4-59 可知，自 2015 年年中开始，日发精机的股价就进入了一个下行通道。随着该股股价持续走低，高位筹码逐渐下移并形成发散形态，这说明已经有部分散户开始割肉离场。不过高位筹码峰仍然存在，这说明还有部分散户仍在坚守阵地。

2015 年 7 月 16 日，日发精机的股价启动了一波反弹走势，鉴于当时高位筹码峰仍然很大，投资者可以做以下三点预判。

第一，主力尚未出货完毕。

第二，主力入场建仓的概率很小。前面已经讲过，高位筹码峰不消失，主力是不会进场的。

第三，部分抢反弹的资金入场。

基于这种情形产生的反弹，通常情况下都会因股价反弹到一定幅度后高位筹码涌出而结束，因为那些在高位被套牢的人，正在等待有人去“解救”他们。

其后该股开始震荡上扬，并形成了一个下降三角形形态，如图4-60所示。

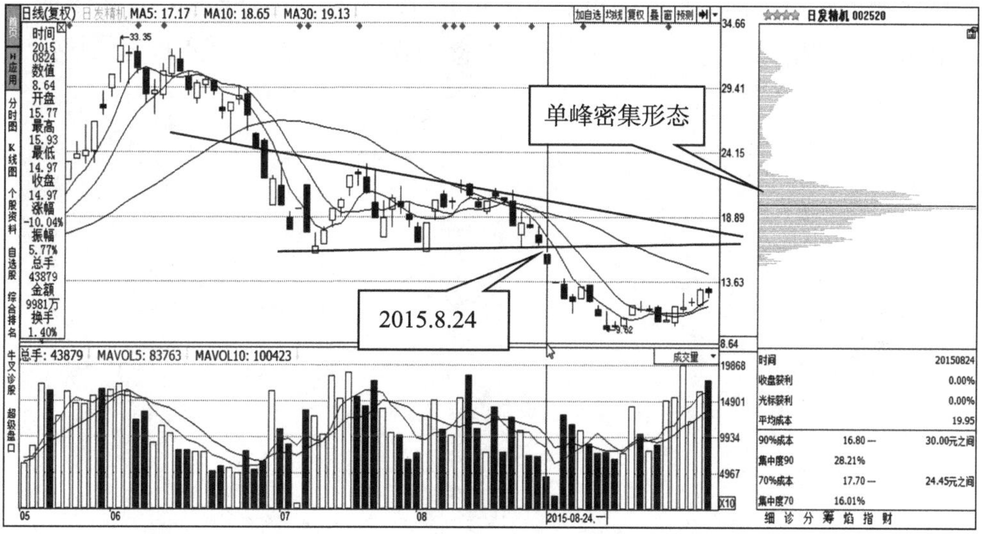

图4-60　日发精机（002520）下降三角形与筹码分布（二）

从图4-60的筹码分布图可以看出，发散的筹码峰已经消失，并向股价所在位置集中，形成一个新的筹码单峰。这说明随着股价触及低点和反弹的次数增加，主力逐渐出清筹码，高位套牢盘开始割肉，筹码重新开始密集。

基于前面的分析可知，该筹码峰将会对股价产生较大的支撑或阻力作用。也就是说，股价向上或向下突破该筹码峰，将会决定股价未来的运行方向。2015年8月24日，日发精机的股价向下跌破了下降三角形的下沿，这说明该股将重新启动一波下跌行情，投资者宜迅速清仓。

五、收敛三角形与筹码分布

收敛三角形可以出现在任何行情中，是一种典型的中继形态。股价向下跌破三角形区域后，继续下跌的概率很高；向上突破三角形区域后，继续上攻的概率很高。

1. 收敛三角形

收敛三角形又叫对称三角形，可以出现在任何行情中。其形态表现为：股价在一段时间内出现反复震荡整理的走势，每次上升的高点都低于前一个高点，每次下降的低点都高于前一个低点，于是股价的波动幅度越来越小。将这些高点和低点分别用直线连接，就形成了一个逐渐收敛的三角形。如图 4-61 所示。

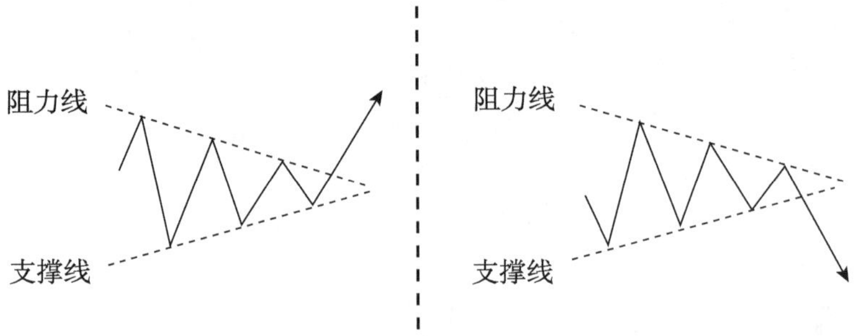

图 4–61 收敛三角形

收敛三角形有可能出现在大幅上涨后的顶部区域，亦有可能出现在深度下跌后的底部区域。但更多的时候出现在上涨或下跌的途中，是对前一段行情的一种阶段性整理。

一个收敛三角形至少应该有两个明显的高点和两个明显的低点。不断下降的高点和不断上升的低点说明，在多空双方的对峙中，多方对前景并没有太大的信心，只是不希望股价掉下去。空方不愿低价贱卖，或对后市仍保留一丝希望，所以上方压力不大。由于很难看清后市走向，所以越来越多的投资者选择了观望，成交量也因此持续萎缩。此时只要有一方力量增强，就有可能打破这种势均力敌的平衡状态，进入上涨或下跌行情。

收敛三角形是一种整理形态，表示多空双方陷入了僵持局面，后市发展方向具有不确定性——既有可能上行，也有可能向下。

（1）收敛三角形是一种观望信号。在该形态的形成过程中，无论是持股的投资者还是持币的投资者，都应采取冷静观望的态度，不宜盲目操作。

（2）在上涨行情中出现收敛三角形形态，如果股价突破该形态的上边线，可以考虑买入；如果跌破该形态的下边线，应该尽快卖出。

（3）在下跌行情中出现收敛三角形形态，如果股价跌破该形态的下边线，应该果断卖出；如果冲破该形态的上边线，不能急于买入，应该等涨势确立后再买进。

（4）上涨行情中出现收敛三角形，那么最终选择向上突破的可能性较大；下跌行情中出现收敛三角形，那么最终选择向下突破的可能性较大。

（5）一般来说，收敛三角形构造完成后，如果股价选择向上突破，则必须伴随着成交量的放大，否则有可能中假突破。如果股价选择向下突破，成交量可能略微放大，但如果放出巨量，则极有可能是主力的骗线行为和洗盘动作，投资者应多加小心，谨防上当。

（6）收敛三角形向上突破后，股价上升到第一个高点价位附近才会遇到阻力。投资者可以通过这一高点画一条水平直线，并以此来度量突破后的最小涨幅。如果股价向下突破，也可以基于同样的方法来预测最小跌幅。

2. 收敛三角形与筹码分布技术组合分析

利用筹码分布技术与收敛三角形组合研判股价趋势时，需要注意以下几点。

（1）收敛三角形形成过程，也是筹码分布由发散形态向密集形态转化的过程。也就是说，随着股价在下降三角形内震荡的空间不断减少，筹码逐渐向股价所在的中心区域集中。

（2）随着股价的波动，筹码分布呈现出单峰密集形态时，往往就是股价即将选择新的突破方向的时候。这里需要注意一点，不要提前预判股价的运行趋势，一定要等到股价完成突破后，再确定自己的交易策略。

（3）通常情况下，收敛三角形构造完成后，股价会延续之前的运行趋势。从筹码分布角度分析，在股价反复震荡过程中，筹码逐渐向主力期望的方向集结。多数情况下，若股价自高位下跌后出现收敛三角形，则说明主力还有部分筹码未出清，此时的震荡是主力希望将手中的筹码出清而刻意为之，未来股价下跌的概率较高。若股价自低位上涨后出现收敛三角形，则说明主力吸筹可能不充分，此时的震荡是主力希望进一步吸筹，因而未来上涨的概率较高。

（4）有的时候，股价走出收敛三角形后，主力的意图可能仍未实现，因而主力可能会打压或拉升股价，以达到自己的控盘目的，投资者需要注意防范主力设置的陷阱。

下面来看一下棕榈股份的案例，如图 4-62、图 4-63 所示。

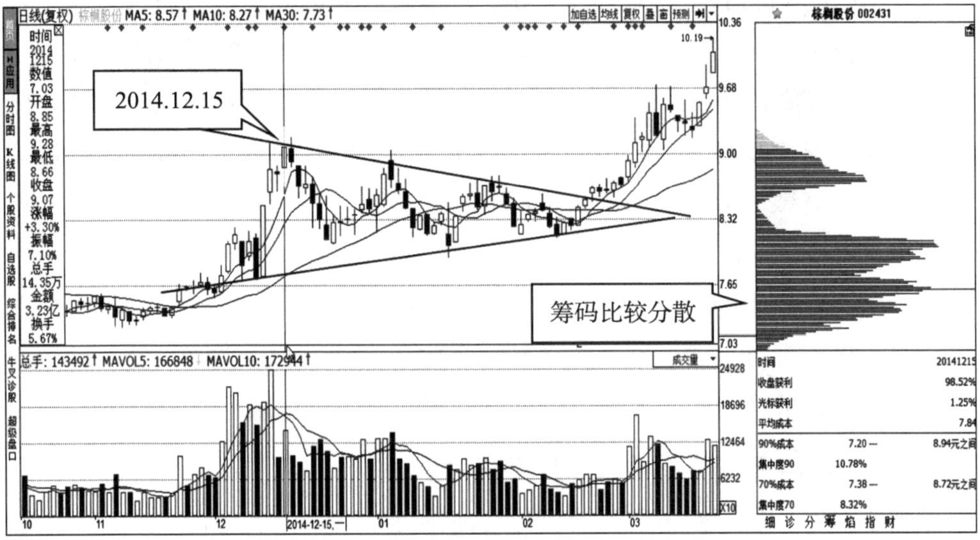

图 4-62　棕榈股份（002431）收敛三角形与筹码分布（一）

由图 4-62 可知，自 2014 年 11 月初开始，棕榈股份的股价就进入了一个上行通道。随着该股股价持续走高，低位筹码逐渐上移并形成发散形态，这说明已经开始有部分散户获利了结。主力为了后面的拉升能够顺利进行，一方面需要提高自身持仓量，另一方面也需要将不牢靠的筹码清洗出局，以提升筹码的牢靠程度。

2014 年 12 月 15 日，棕榈股份的股价触及短期高点后启动了一波回调走势。鉴于当时筹码发散程度较高的特点，投资者可以作出如下预判：股价拉升，筹码发散速度较快，因为主力没有将股价拉升到目标位时是不会轻易出货的，因而说明主力持股仓位可能不高。

基于前面的分析，未来股价回调时，如果筹码走向集中，极有可能属于主力的再次吸筹行为，未来上涨的概率很高。当然，股市中任何预判都只是一种猜测，投资者一定要等到股价确实向上突破上升形态时才能入场。

其后该股开始震荡，并形成了一个收敛三角形形态，如图 4-63 所示。

图 4-63　棕榈股份（002431）收敛三角形与筹码分布（二）

从图 4-63 的筹码分布图可以看出，发散的筹码峰已经消失并向股价附近集中，形成一个新的筹码单峰。这说明随着股价触及三角形两条边线后回调的次数增加，散户抛出筹码的数量逐渐增加，筹码重新开始密集。基于前面的介绍可知，该筹码峰将会对股价产生较大的支撑或阻力作用。也就是说，股价向上或向下突破该筹码峰，将会决定股价未来的运行方向。

2015 年 2 月 16 日，棕榈股份的股价向上突破了收敛三角形的上沿，这说明该股将重新启动一波上涨行情，投资者宜迅速追涨。

六、矩形整理形态与筹码分布

矩形整理形态可以出现在任何行情中，是一种典型的中继形态。股价向下跌破矩形整理区域后，继续下跌的概率很高；向上突破矩形整理区域后，继续上攻的概率很高。

1. 矩形整理

矩形整理又称箱型整理，是股市中最典型的整理形态，可以出现在任何行情中。该形态表现为：股价在一定的价位区间上下波动，将上涨的高点和下跌的低点分别相连，就形成了两条平行的水平直线。如图 4-64 所示。

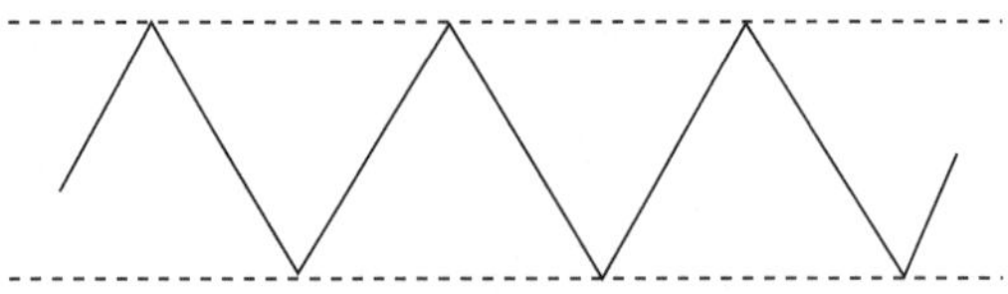

图 4-64 矩形整理

矩形整理的形成经历了这样的过程：股价在上涨或下跌了一段时间之后，出现了横向移动。股价上涨到某一高点时遇到阻力而回落，下跌到某一低点时获得支撑而回升，然后每次回升到前一个高点附近都会受阻回落，每次回落到前一个低点附近时又止跌反弹，如此反复，便形成了一条水平的整理通道。

矩形是一种多空冲突均衡的整理形态，显示多空双方虽然互不相让，你争我夺，但由于双方实力相当，所以基本在这一范围内达到了均衡状态。当然，出现这种形态有时也可能是庄家为了吸筹或出货，有意控制股价波动的幅度。

矩形的上边线是股价的阻力线，下边线是股价的支撑线。一旦股价有效突破了其中的任何一条线，都标志着矩形形态构筑完成。

出现矩形整理，表示多空双方在战斗中互有胜负，保持着势均力敌的僵持局面。如果某一方力量削弱，另一方力量加强，这种僵局便会被打破。

（1）大多数情况下，矩形表现为一种中继形态，表示股价经过整理后，仍然会按照原来的趋势运行。但是矩形整理之后，投资者仍需根据股价的历史走势和其他技术指标来判断其是否有演变成反转形态的可能。

（2）矩形整理常常是庄家强行洗盘形成的，上边的阻力线是庄家预定的洗盘位置，下方的支撑线是护盘底线。该形态出现在上涨途中的概率较高，也是最具有价值的。

（3）当矩形整理形态出现在深跌之后的低价位区域，通常表现为反转形态，是底部形态的一种表现形式。

（4）在矩形整理没有形成有效突破之前，如果矩形的上下边线距离较远，投资者可以在前期采取高抛低吸的短线操作策略。如果矩形的波动幅度较小，那么最好保持观望姿态。

（5）经过一段时间的横向整理后，当股价向上有效突破矩形的上边线时，表示多方开始占据优势，投资者可以考虑买入股票，并将止损位设在矩形的上边线上；当股价向下有效突破矩形的下边线时，表示空方开始占据优势，投资者应考虑卖出股票。

（6）股价形成有效突破的标准是，股价突破边界线后的涨幅或跌幅不小于 3%，或者股价连续 3 天没有重新回到矩形区域之内。

（7）在矩形整理形成的过程中，成交量应该是不断减少的。特别是从高点回落时，成交量必须呈逐渐萎缩态势。

（8）股价向上突破矩形的上边线时，必须伴随成交量的放大才有意义；向下突破时，则不必有成交量的配合。

（9）矩形作为中继形态出现，股价在突破后可能会有一个回抽动作。如果回抽时股价没有回到原来的矩形整理区间，则是投资者第二个买入或卖出的机会，如图 4-65 所示。不过这种回抽动作有时候并不会出现，所以投资者不能把它作为唯一的买卖点。

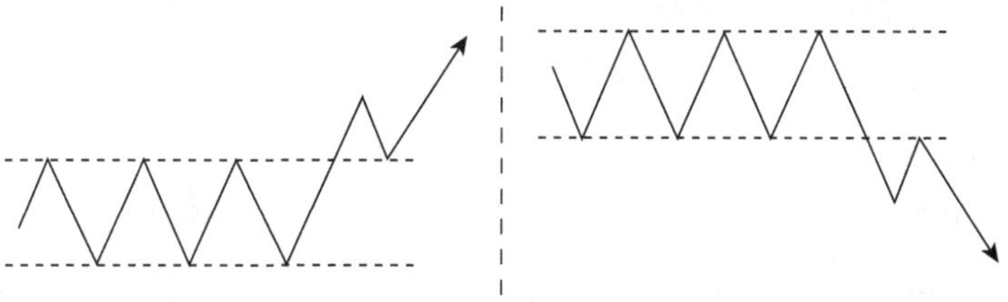

图 4–65　矩形整理的扩展形态

（10）形成矩形形态的过程中，如果成交量一直维持在较高的水平，则有可能是庄家托盘出货。即使之后向上突破，也可能是一个诱多陷阱，投资者对此要多加提防。

（11）根据经典理论，矩形整理完成之后，股价的上升或下跌空间至少应该等于矩形的高度，但实战操作中会有一定的出入。可以确信的是，这一高度越高，后面的上涨或下跌空间越大。

（12）矩形整理的时间要比三角形、旗形等整理形态都长，通常会超过4周（20个交易日）。矩形整理的周期越长，完成突破后上涨或下跌的幅度相应也会越大。

2. 矩形整理形态与筹码分布技术组合分析

利用筹码分布技术与矩形整理结合研判股价趋势时，需要注意以下几点。

（1）矩形整理形态形成的过程，也是筹码分布由发散形态向密集形态转化的过程。也就是说，随着股价在矩形内震荡的时间增加，筹码逐渐向股价所在的中心区域集中。

（2）随着股价的波动，筹码分布形态呈现出单峰密集形态时，往往就是股价即将选择新的突破方向的时候。这里还需要注意一点：不要提前预判股价的运行趋势，一定要等到股价完成突破后，再确定自己的交易策略。

（3）通常情况下，矩形整理形态完成后，股价会延续之前的运行趋势。从筹码分布的角度分析，在股价反复震荡的过程中，筹码逐渐向主力期望的方向集结。多数情况下，若股价自高位下跌后出现矩形整理形态，则说明主力还有部分筹码未出清，此时的震荡是主力希望将手中的筹码出清而刻意为之，未来股价下跌的概率较高；若股价自低位上涨后出现矩形整理形态，则说明主力吸筹可能并不充分，此时的震荡是主力希望进一步吸筹，因而未来上涨的概率较高。

（4）有的时候，股价走出矩形整理形态后，主力的意图可能仍未实现，因而主力此时可能会打压或拉升股价，以达到自己的目的，投资者需要注意防范主力设置的陷阱。

下面来看一下新乡化纤的案例，如图4-66、图4-67所示。

由图4-66可知，自2014年下半年开始，新乡化纤的股价就进入了一个

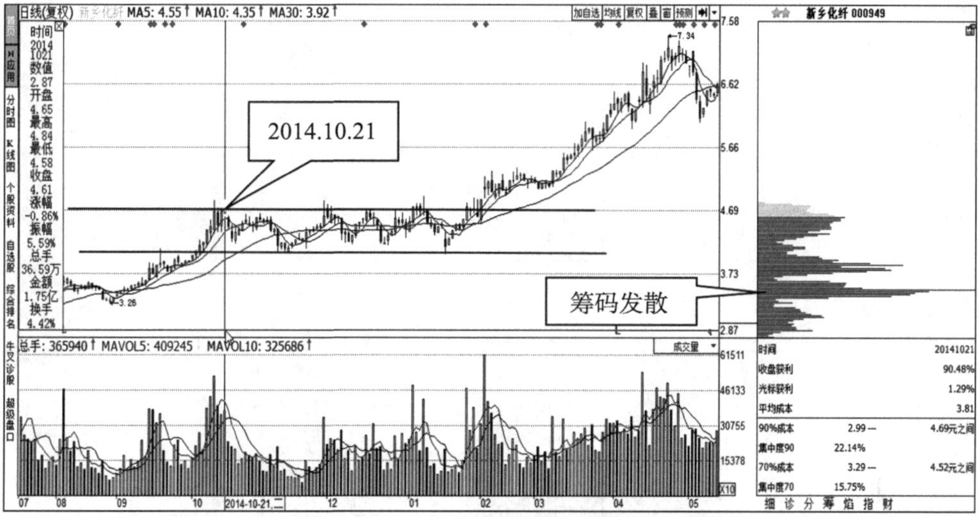

图 4–66　新乡化纤（000949）矩形整理形态与筹码分布（一）

上行通道。随着该股股价持续走高，低位筹码逐渐上移并形成发散状态，这说明已经开始有散户获利了结。主力为了后面的拉升能够顺利进行，一方面需要提高自身的持仓量，另一方面也需要将不牢靠的筹码清洗出局，以提升筹码的牢靠程度。

2014 年 10 月 21 日，新乡化纤的股价触及短期高点后，启动了一波回调走势。鉴于当时筹码发散程度较高的特点，投资者可以作出如下预判：随着股价的拉升，筹码发散速度较快，这说明主力持股仓位可能不高，因为主力没有将股价拉升到目标位时是不会轻易出货的。

基于前面的分析，未来股价回调时，筹码趋向集中多数情况属于主力的再次吸筹行为，未来上涨的概率很高。当然，股市中任何预判都只是一种猜测，投资者一定要等到股价确实走出上升形态时才能入场。

其后该股开始震荡，并形成了一个矩形整理形态，如图 4-67 所示。

从图 4-67 的筹码分布图可以看出，发散的筹码峰已经消失，并向股价所在位置附近集中，形成一个新的筹码单峰。这说明随着股价触及矩形整理形态两条边线的回调次数增加，散户抛出筹码的数量逐渐增加，筹码重新开

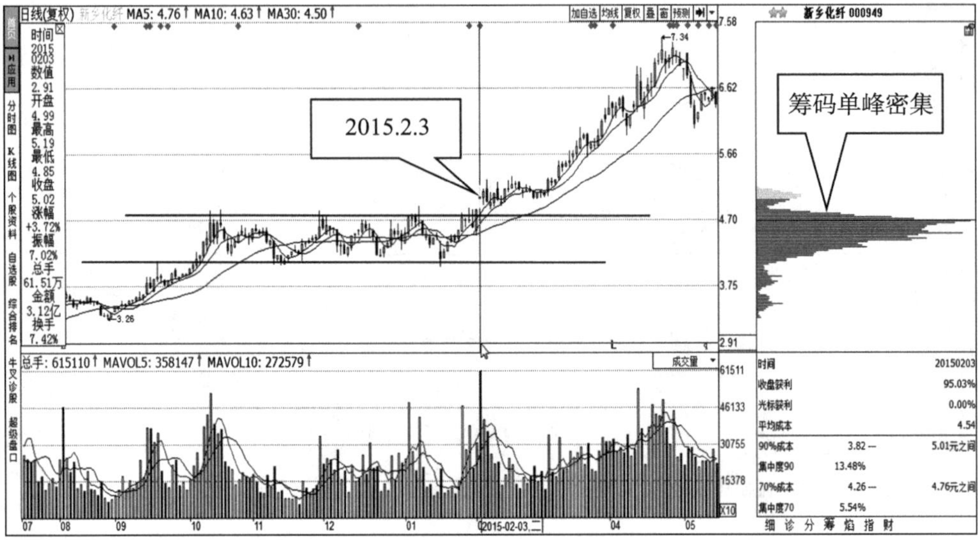

图 4-67　新乡化纤（000949）矩形整理形态与筹码分布（二）

始密集。

基于前面的分析可知，该筹码峰将会对股价产生较大的支撑或阻力作用。也就是说，股价向上或向下突破该筹码峰，将会决定股价未来的运行方向。2015 年 2 月 3 日，新乡化纤的股价放量向上突破了矩形整理形态的上沿，这说明该股将重新启动一波上涨行情，投资者宜迅速追涨。

从筹码分布角度来看，大多数 K 线整理形态都是主力为了达到某种筹码移动的目的而采取的有策略、有计划的拉升或打压股价的行为。出现 K 线整理形态后，当筹码分布形态由发散演化为集中后，就是股价即将选择突破方向的时候。也就是说，投资者通过观察筹码分布图，可以提前预判股价突破的大致时机。

第五章

筹码分布与主力动向识别技术

主力与散户最大的不同在于资金量较大，且其操盘具有严格的计划性。也正因如此，投资者才可能通过筹码分布图中的筹码运行速度、运行方向识别主力的动向。

第一节　主力筹码识别技术

在交易实战中，主力筹码往往与散户筹码掺杂在一起，让人无法识别。当然，这也与主力刻意保护和隐藏自己的行踪密切相关。其实，作为普通投资者并不需要随时掌握主力的筹码动向，只需在一些特殊时间了解主力筹码所在位置就可以了。毕竟我们不是主力，我们入场交易只是为了追求短期获利。

一、低位锁定的筹码峰

量价齐升普遍认为是一种比较良性的成交量与股价配合形态。也就是说，随着股价的上涨，会有一部分投资者兑现浮动收益。这就是大家常看到的，股价上攻，筹码峰逐渐上移并形成多峰发散分布，如图 5-1 所示。

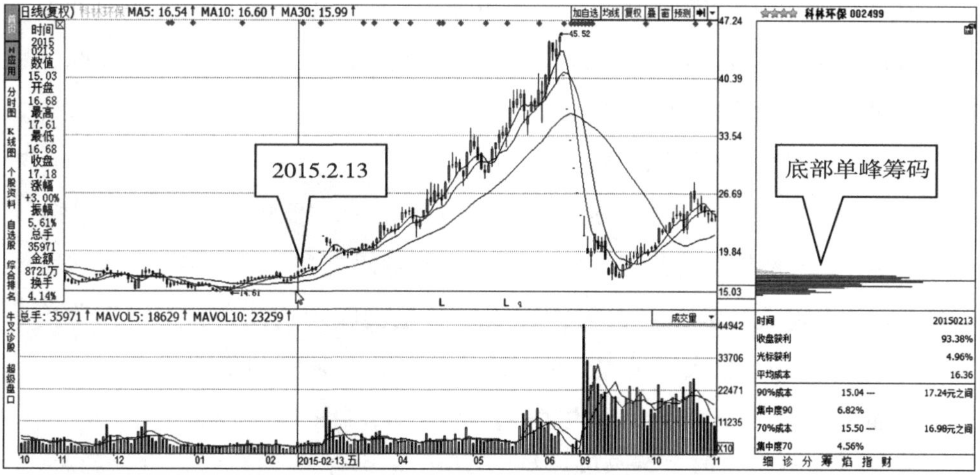

图 5-1　科林环保（002499）筹码分布图（一）

科林环保的股价在 2015 年 2 月 13 日结束底部盘整走势，启动了一波上涨行情。观察筹码分布图可知，此时该股的筹码分布出现了底部单峰密集形态，这说明未来该股继续上涨的可能性很大。

接着，该股股价连续发动上攻，如图 5-2 所示。

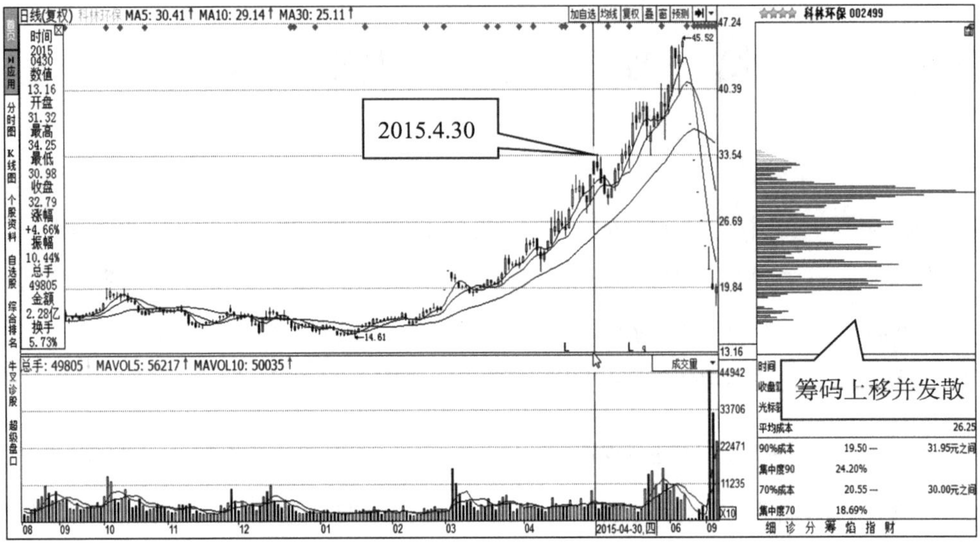

图 5-2 科林环保（002499）筹码分布图（二）

股价经过一段时间的上涨后，在 2015 年 4 月 30 日出现了一小波回调。观察此时的筹码分布图可知，该股底部的筹码单峰已经消失得无影无踪，取而代之的是多个发散的筹码峰。

通过以上案例分析可以看出以下几点。

（1）随着股价的上涨，成交量开始逐步放大，筹码单峰上移并发散。

（2）这种量价配合形态，主力与散户的筹码混在一起，难以清楚区分。

（3）投资者若要参与交易，必须按照量价配合的原则操作。当股价上涨到某一点位出现滞涨，或成交量无法放大时，必须获利了结。

下面再来看一下西王食品的案例，如图 5-3、图 5-4 所示。

由图 5-3 可知，西王食品的股价在 2015 年 3 月 16 日结束底部盘整走势，

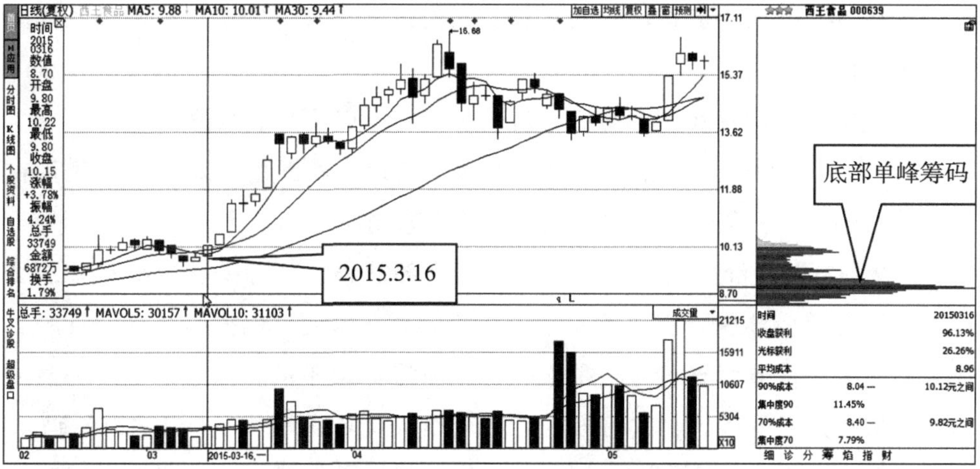

图 5-3　西王食品（000639）筹码分布图（一）

启动了一波快速上涨行情。观察此时的筹码分布图可知，此时该股的筹码分布出现了底部单峰密集形态，这说明未来该股继续上涨的可能性很大。

在此阶段，该股的筹码分布图与前面讲述的科林环保极其相似。接着，该股连续发动上攻，如图 5-4 所示。

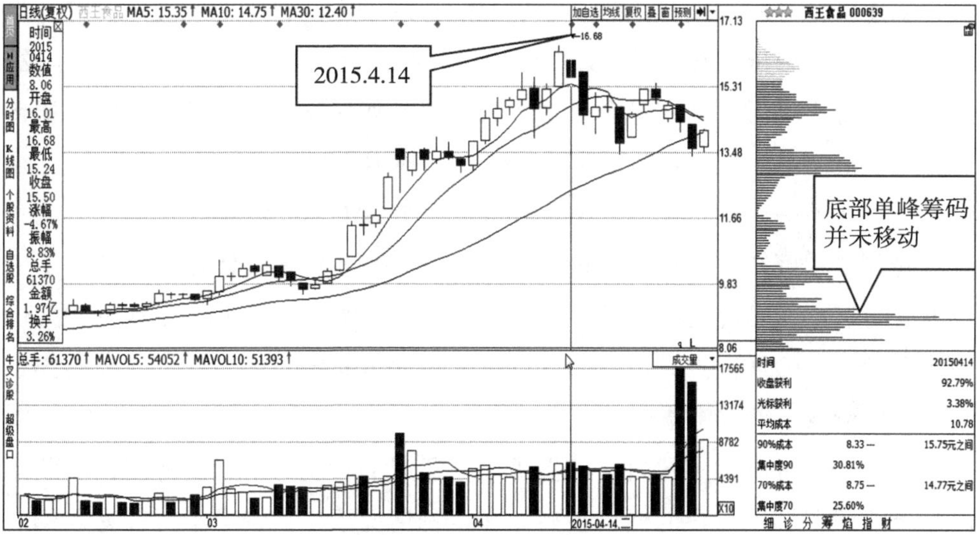

图 5-4　西王食品（000639）筹码分布图（二）

由图 5-4 可知，随着该股的上涨，高位逐渐出现一些筹码，不过底部的筹码单峰仍然存在。

通过对以上两个案例的对比分析，可以得出以下几点结论。

（1）通常情况下，随着股价的上涨，散户会不断地兑现浮盈。表现在筹码分布图上，就是由筹码单峰变为多峰发散形态。

（2）如果股价已经上涨了很多，但底部筹码峰却并未随之移动，那么这个筹码峰就应该属于主力的。主力一般会有非常明确的操盘目标与计划，如果股价未上涨到目标价位，那么很可能坚守原地不动。当然，也有一些主力喜欢边拉边派发筹码，这时投资者就很难从众多筹码中分辨出主力筹码。

（3）发现某只股票股价上涨时，若底部筹码仍然不动，那么可以确认主力已经锁仓。接着，投资者只需观察该筹码峰的动向即可。也就是说，如果该筹码峰萎缩，则表明主力开始出货，投资者也可以考虑出货；如果低位筹码峰不动，那么可以继续持股。

二、无量穿越筹码峰

筹码峰是由大量筹码聚集而成的。如果这些筹码是散户的，那么，当股价自上而下穿越筹码峰时，势必会引起散户的恐慌，选择跟风卖出股票；当股价自下而上穿越筹码峰时，必然促使部分散户投资者抛出股票。也就是说，股价穿越筹码峰时，成交量会出现放大态势。如果这些筹码是主力的，那么无论股价是向上穿越还是向下穿越筹码峰，根本不用成交量放大相配合。

下面来看一下大连友谊的案例，如图 5-5、图 5-6 所示。

由图 5-5 可知，大连友谊的股价在 2015 年初随着大盘的上升启动了一波上涨行情。在股价上涨过程中，筹码逐渐向顶部转移。2015 年 4 月 29 日，该股股价创下短期高点后出现回调。观察筹码分布图可知，此时筹码聚集于高位，并形成了单峰密集形态。

按照一般的理解，股价已经上涨了一段时间，主力会派发筹码，因此此时的单峰筹码属于散户的概率较高。在这种情况下，投资者不可轻易入场，而应观察该股后期的走势，如图 5-6 所示。

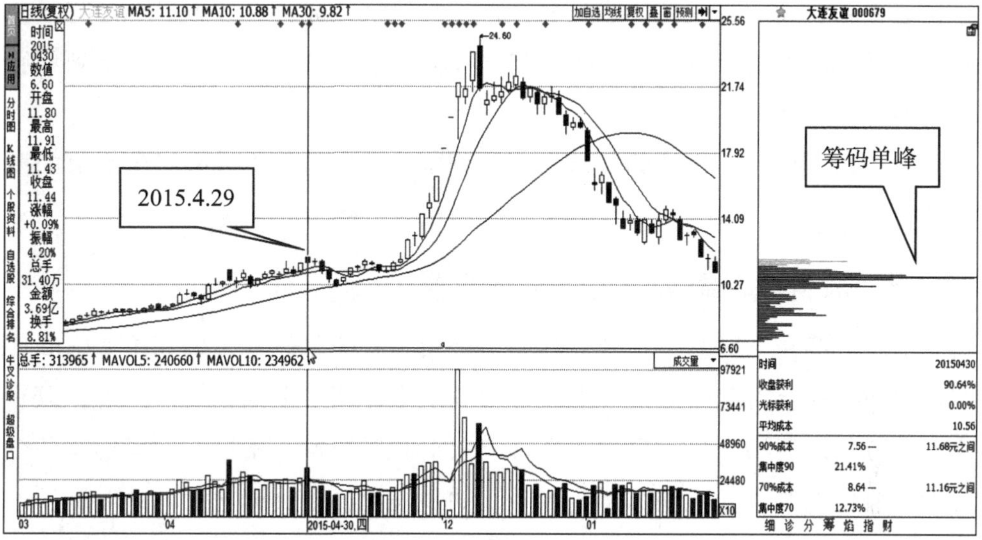

图 5-5 大连友谊（000679）筹码分布图（一）

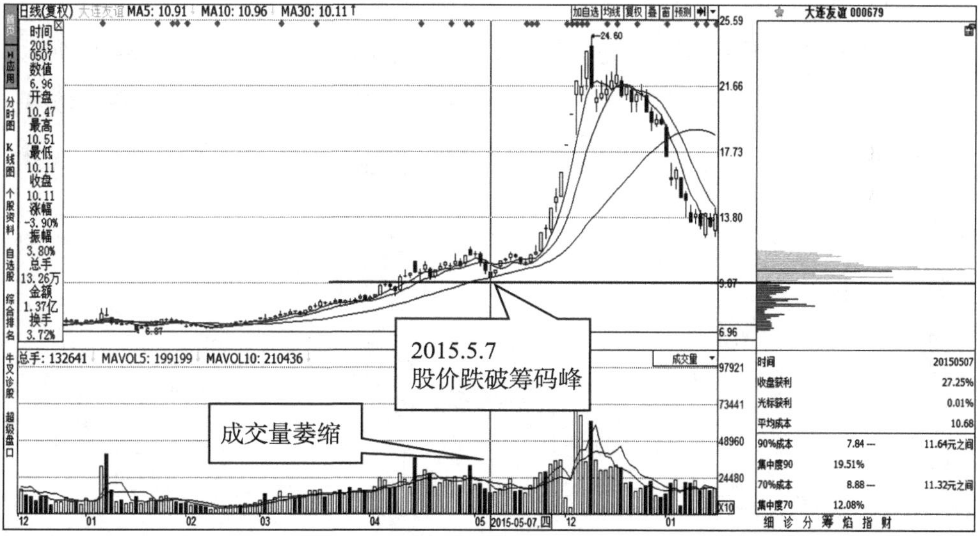

图 5-6 大连友谊（000679）筹码分布图（二）

2015 年 5 月 7 日，该股股价连续下跌，遇均线支撑后企稳。观察筹码分布图可知，此时该股股价已经自上而下跌破了筹码密集区，成交量也呈现出萎缩态势。此后该股又迅速向上穿越筹码单峰，成交量放大仍十分有限。由此可见，该筹码峰属于主力的可能性极大。也就是说，主力之前是利用股价温和上涨来吸筹建仓的。

基于以上判断，该筹码峰基本可以判定为主力筹码，未来股价上涨的概率极高。

三、股价触及解套位而不动的筹码峰

股价自高位下跌后，往往会在高点处留下一个筹码峰，即高位筹码峰，该筹码峰往往会对股价的上涨造成很大的阻力作用。前面曾经讲到过，只有这个高位的筹码峰消失，主力才有可能向上拉升股价。不过，这里还有一个特例：股价在高位留下一个筹码峰后，如果股价再次反弹向上，并上涨至筹码峰位置时，该筹码峰的筹码并未外逃，也并未对股价造成压力，则说明之前高位的筹码峰是主力的。此后，该股股价越过筹码峰后，将会发动一波较大幅度的上涨行情。

下面来看一下创维数字的案例，如图 5-7、图 5-8、图 5-9、图 5-10 所示。

由图 5-7 可知，创维数字的股价在 2014 年 11 月上旬到达短期高点位置，

图 5-7 创维数字（000810）筹码分布图（一）

并于 11 月 11 日开始启动下跌走势。观察筹码分布图可知，此时该股的筹码呈高位单峰密集形态。按照通常的理解，高位的筹码大多属于散户的，即在高位由主力派发给散户的筹码。

其后，该股连续出现下跌走势，如图 5-8 所示。

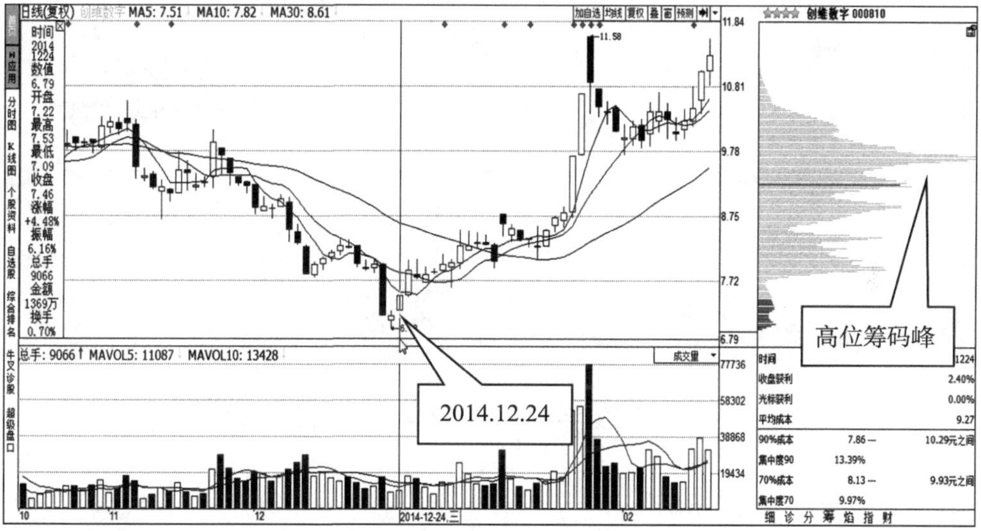

图 5-8　创维数字（000810）筹码分布图（二）

创维数字的股价经过一段时间的下跌后，筹码开始向低位发散，不过高位筹码峰仍然存在。2014 年 12 月 24 日，该股股价自底部启动反弹。前面已经讲过，高位筹码峰如果仍然存在，那么股价是很难反弹的。由此可见，该股的走势有些反常，其后该股股价又连续上攻，如图 5-9 所示。

2015 年 1 月 23 日，该股股价放量向上突破前期密集筹码峰。观察筹码分布图可知，该股股价向上突破该筹码峰前，并未有过多的套牢盘涌出，只是股价在向上突破筹码密集区时，成交量放大了一些。基于以上分析可以认定，此前的高位筹码峰应该是属于主力的，否则主力也不会大力拉升股价了。那么，主力重新将股价拉升至该位置后，只有继续拉升这一种选择。

其后该股股价盘整了几个交易日，于 2015 年 3 月 2 日开始大幅上攻，如图 5-10 所示。

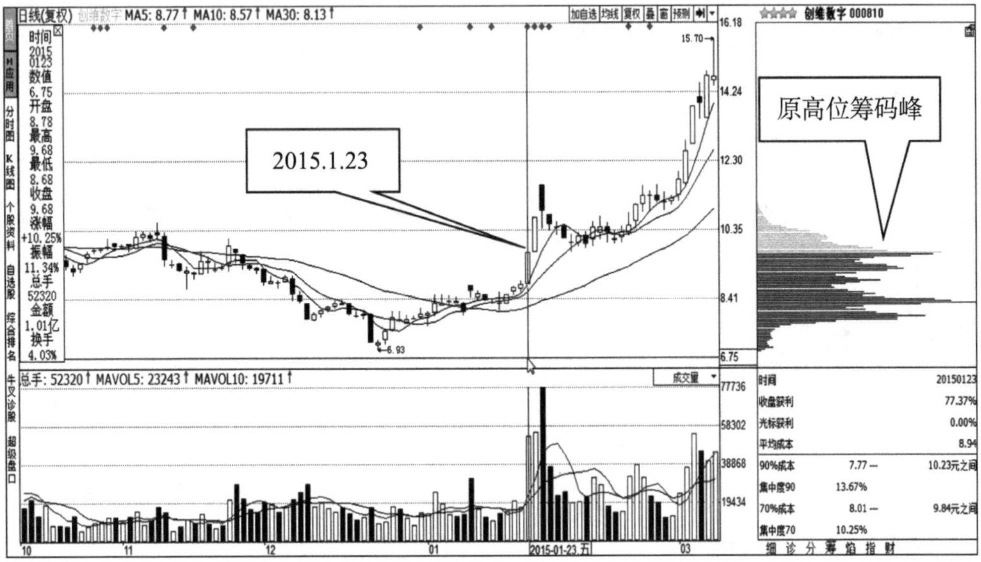

图 5-9　创维数字（000810）筹码分布图（三）

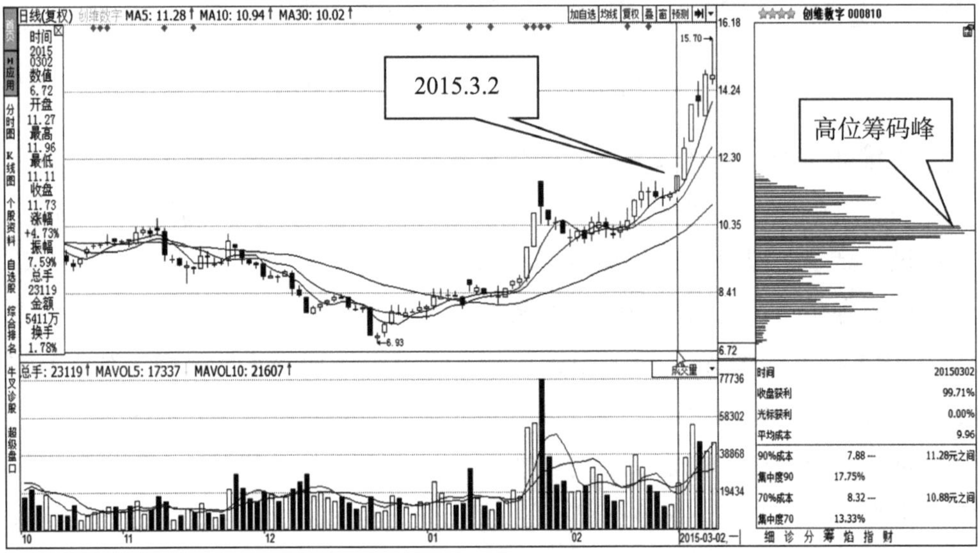

图 5-10　创维数字（000810）筹码分布图（四）

第二节　主力吸筹建仓识别技术

主力大都喜欢在低位吸筹，然后将股价拉升到高位后再出货。不过有时因为外界环境的变化，如突发性大利好、大盘暴涨等因素，主力也可能采取更为激进的吸筹策略。

一、低位温和吸筹建仓

低位温和吸筹建仓，是主力惯常采用的策略。主力使用该方法吸筹时，盘面上一般会呈现如下几个特点。

（1）股价经过一段时间的下跌后开始企稳。

（2）股价在底部区域长时间小幅震荡盘整，成交量随着股价的涨跌会呈现出一定的规律性变化，但涨跌幅度都不大。

（3）随着股价盘整时间的延长，高位筹码逐渐下移至低位。

（4）逐渐形成低位单峰筹码密集形态时，说明主力接近完成吸筹。通常情况下，主力吸筹进入尾声时，股价会小幅上涨，成交量也会随之小幅放大。

下面来看一下一拖股份的案例，如图 5-11、图 5-12、图 5-13 所示。

由图 5-11 可知，一拖股份的股价在 2013 年底启动了一波下跌走势。2014 年 4 月，该股的下跌走势也走到了尽头。4 月 28 日，一根大阴线将股价打到了极低的价位，此后该股开始横盘整理。观察筹码分布图可知，此时筹码多集中于股价快速下跌前的位置。

基于前面的分析，如果这些筹码不能转移至主力手中，主力是不可能向上拉升股价的。此后，该股的筹码逐渐向底部转移，如图 5-12 所示。

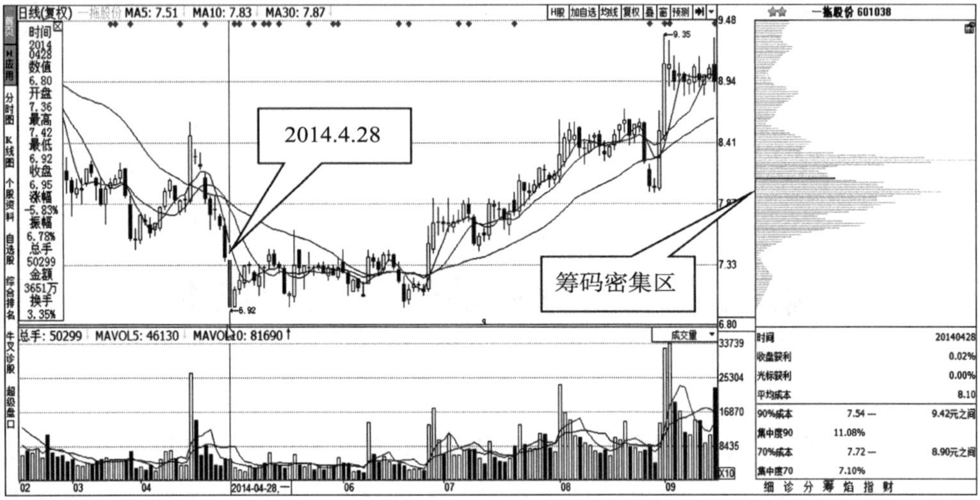

图 5-11　一拖股份（601038）筹码分布图（一）

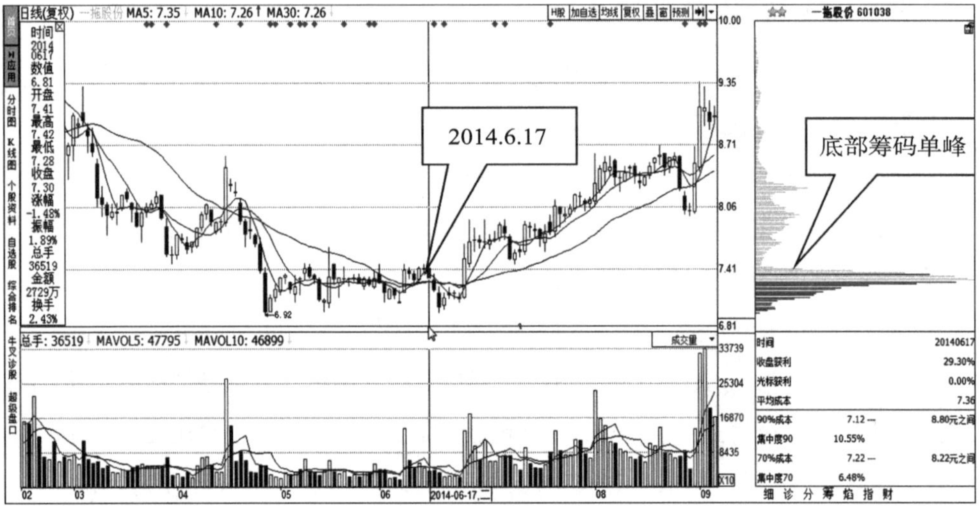

图 5-12　一拖股份（601038）筹码分布图（二）

2014 年 6 月 17 日，该股股价开始小幅下跌，成交量同步萎缩。观察此时的筹码分布图可知，此时高位筹码已经完全转移至底部，并形成了单峰密集形态。鉴于之前股价已经连续下跌半年之久，大致可以判断该筹码峰属于主力吸筹形成的。

其后该股股价快速下跌后又迅速上攻，如图 5-13 所示。

2014 年 6 月 26 日，一拖股份的股价结束了前几个交易日的下跌走势，并一举放量向上穿越多条均线和筹码单峰。由此可见，该股之前的下跌属于主力的诱空行为。另外，股价向下跌破筹码单峰时并未出现放量态势，这也可以印证该筹码单峰为主力筹码。

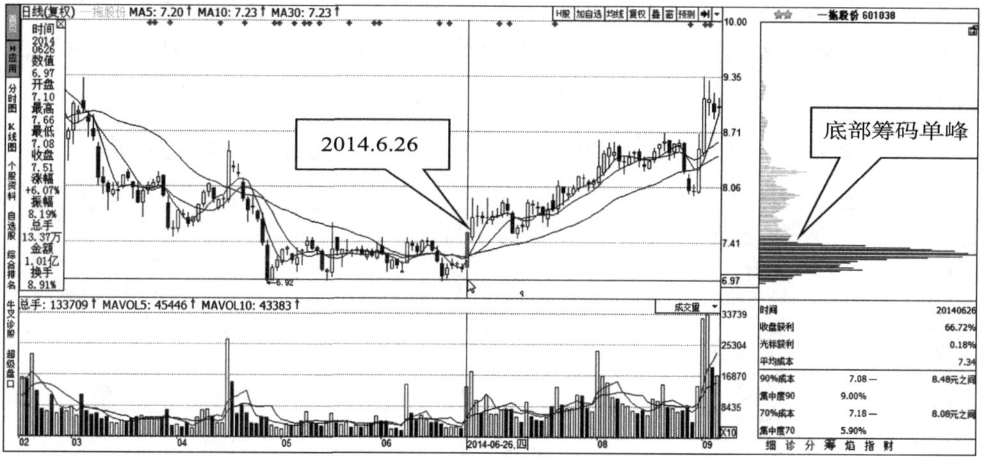

图 5-13　一拖股份（601038）筹码分布图（三）

二、打压式吸筹建仓

打压式建仓是指在股价下跌的时候，主力开始介入个股进行操作，整个下跌过程就是主力建仓的过程。主力在建仓过程中，利用早期吃进的一部分筹码，不计成本地大幅度向下砸盘，以便压低建仓成本。随着股价的持续下跌，主力可以逐步增加吸筹量。下跌到最后阶段，主力往往会大幅增加自己的吸筹量，直至达到目标仓位。

打压式建仓在盘面上会呈现如下特点。

（1）打压建仓过程中，当股价大幅下跌时，都会伴随着成交量的放大。因此，价跌量增是打压式建仓最显著的特征之一。

（2）打压建仓过程中，K 线图上会留下非常恶劣的走势形态，如跳空下跌、大阴线等。

（3）当主力建仓接近尾声的时候，总会在K线图上留下止跌回稳的信号，如底部十字星或者在底部收出大阳线。观察筹码分布图可知，此时低位筹码峰已经形成了。

随着股价放量下跌，高位筹码峰很可能会下移。如果高位筹码峰没有下移，且股价仍向上突破了高位筹码峰，可以证明之前顶部的筹码峰也是主力持有的，且主力只用了很少的筹码就将股价打压下去，收集到了更多的廉价筹码。当股价重新上攻且突破高位筹码峰时就是入场信号。当然，如果高位筹码峰已经消失，则可在股价站稳低位筹码峰并启动上涨时入场。

下面来看一下上海普天的案例，如图5-14、图5-15、图5-16所示。

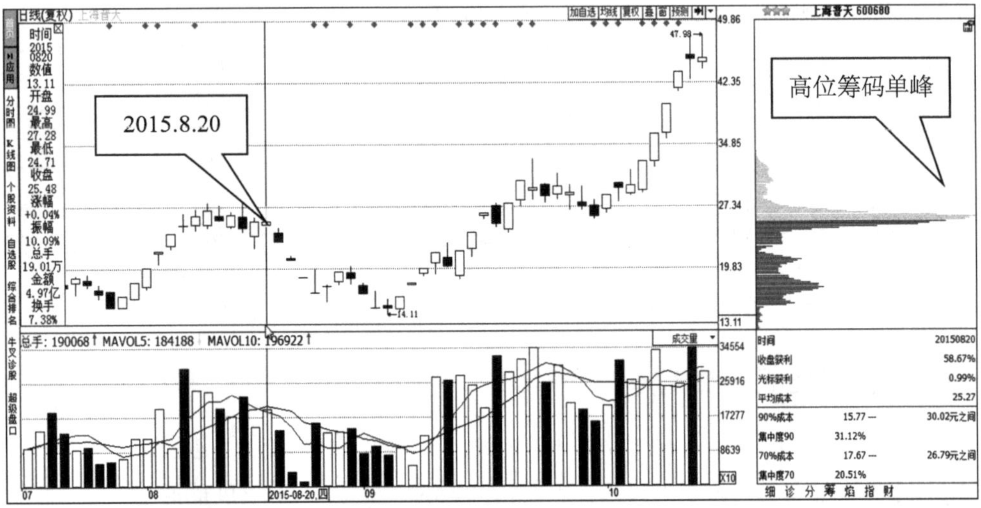

图5-14　上海普天（600680）筹码分布图（一）

由图5-14可知，2015年8月，上海普天的股价上涨至短期高位后出现筑顶回调迹象。2015年8月20日之后，该股股价连续大幅下跌。与此同时，成交量也呈现放大态势。观察筹码分布图可知，此时筹码形成了高位筹码单峰。此后，随着股价的放量下跌，底部迅速出现了一个新的筹码峰，如图5-15所示。

随着股价的不断下跌和成交量的放大，上海普天的筹码分布图上很快又出现了一个底部筹码单峰。该筹码峰与先前的高位筹码峰形成了筹码双峰形

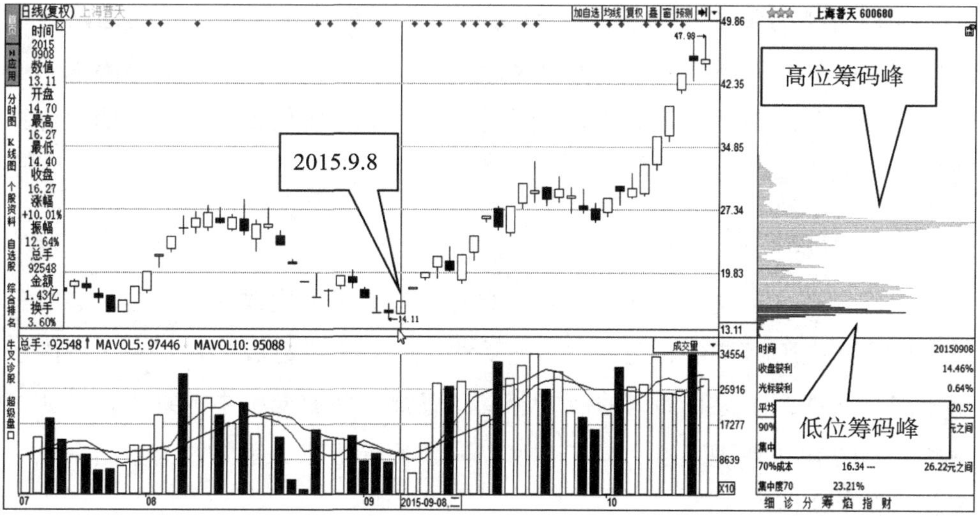

图 5-15　上海普天（600680）筹码分布图（二）

态。投资者可将股价突破高位筹码峰看成一个入场的标志。若股价向上突破高位筹码峰，则可考虑入场。

2015 年 9 月 8 日，该股股价结束下跌，启动上涨。由此可见，之前的放量下跌，只是主力的一次打压式建仓，如图 5-16 所示。

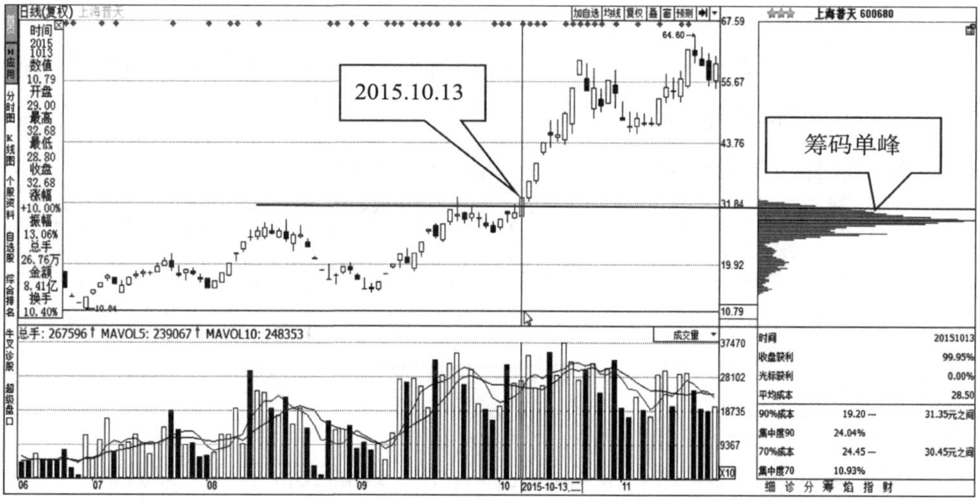

图 5-16　上海普天（600680）筹码分布图（三）

2015 年 9 月底，上海普天的股价开始出现盘整。观察此时的筹码分布图可知，此时低位筹码和高位筹码全部重合在一起，形成了新的筹码单峰。2015 年 10 月 13 日，上海普天的股价站到了筹码单峰的上沿，这说明股价将迎来新一轮的上涨。

三、震荡式吸筹建仓

股价自高位下跌至底部区域后，有时主力为了加快建仓的速度，会故意采用抬拉和打压相结合的震荡式建仓手法。主力通过让股价在某一区域内震荡上涨与下跌，让持有筹码的散户感受到恐惧，并放弃手中的筹码。其实，一些经典的 K 线整理形态，如三重底、头肩底等形态，都是因为主力采取震荡式建仓手法而形成的。

震荡式建仓在盘面上会呈现如下特点。

（1）在震荡式建仓期间，股价会呈现出上拉下压走势，同时成交量也会呈现放大且不稳定状态。

（2）在震荡式建仓期间，每个交易日的日 K 线也是阴线与阳线交替出现，甚至会多次出现十字星线。

（3）在震荡式建仓期间，股价会出现横盘整理走势，股价波动范围全部处于一个通道内。

（4）当高位筹码渐渐转移至低位，且低位筹码单峰足够大的时候，就是主力即将启动拉升的时刻。

下面来看一下彩虹精化的案例，如图 5-17、图 5-18 所示。

由图 5-17 可知，2016 年 1 月 28 日，彩虹精化的股价下跌到一个短期低点后开始反弹。随后，股价开始了一系列剧烈震荡走势。观察筹码分布图可知，此时该股的筹码呈双峰密集分布，这说明顶部散户的筹码仍未出清，该股短期难以上涨。

其后，该股股价连续出现震荡走势，如图 5-18 所示。

股价震荡一段时间后，成交量逐步增大。通过股价走势可以判断，主力在这个价格区间内采用震荡的方式逐步建仓。观察该股的筹码分布图可知，

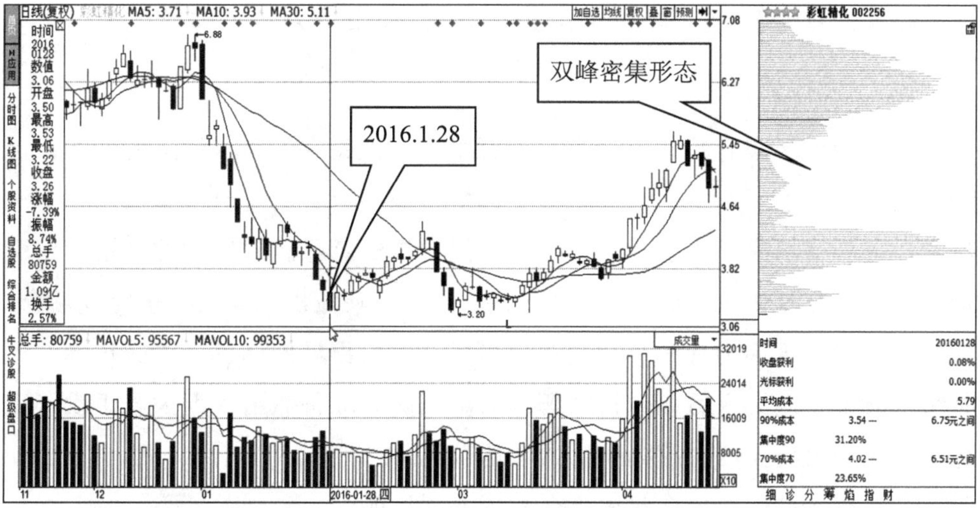

图 5-17　彩虹精化（002256）筹码分布图（一）

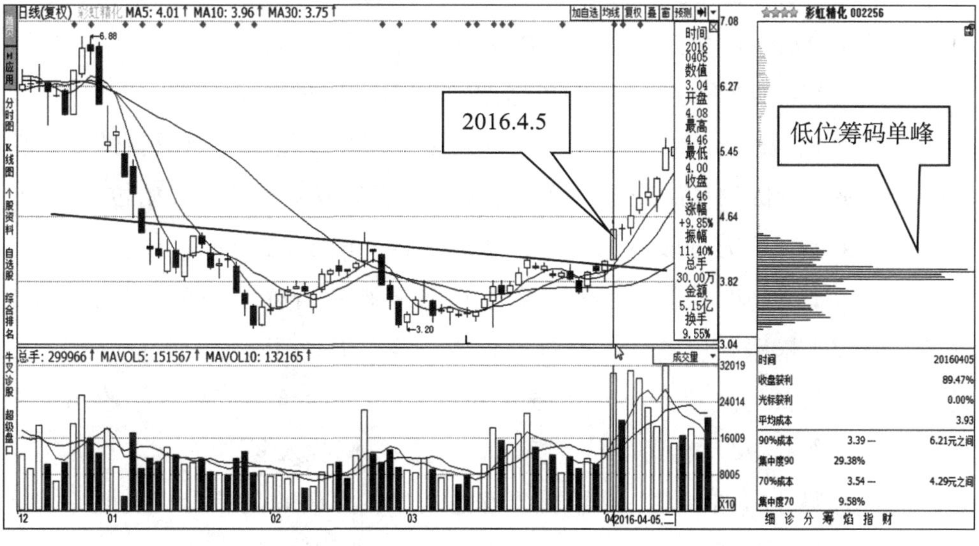

图 5-18　彩虹精化（002256）筹码分布图（二）

该股高位筹码峰已经完全转移至底部，并形成了低位单峰密集形态，这说明主力很可能已经完成了吸筹建仓。

2016 年 4 月 5 日，股价突破震荡区域，同时站在了筹码单峰的上沿，这标志着主力建仓工作基本完成，投资者可以迅速跟进买入股票。

四、抬拉式吸筹建仓

当主力处于空仓状态时，市场或者个股受到突发性利好消息的影响，走势突然转强。主力为了不踏空之后的行情，往往会采用“向上买入”的手法建仓。由于市场或个股表现较为强势，没有投资者愿意以较低的价格卖出股票，因此主力不得不将股价一步步拉高，通过收集流出的获利盘来完成建仓。

投资者发现主力在拉高建仓时，可以在股价出现回调且不跌破拉高区域时买入股票，但买入后要保持清醒的头脑，随时准备撤出。因为对于投资者来说，追涨已经被拉高的股票，风险是非常大的。

拉高建仓的股票，在盘面上会呈现如下特征。

（1）拉高式建仓发生在股价相对较低的位置或者涨势初期。

（2）拉高式建仓往往伴随着股价上升，成交量也逐步放大。在股价拉升到一定高位后，股价开始盘整，成交量也出现缩减态势。

（3）拉高式建仓过程中，常常会出现高开低走的放量阴线。

（4）随着股价走高，筹码会逐渐上移，并在盘整区域形成新的筹码单峰。未来一旦股价放量站稳筹码峰的上沿，则意味着主力即将开始拉升股价。

下面来看一下万马股份的案例，如图 5-19、图 5-20 所示。

由图 5-19 可知，万马股份的股价 2015 年初一直处于底部盘整状态。3 月底，受大盘暴涨的影响，该股股价开始一路向上拉升，成交量同步放大。经过几个交易日的连续上涨，2015 年 4 月 17 日，股价高开低走，收出一根小阴线。投资者纷纷卖出股票，主力则将这些筹码收入囊中。

观察筹码分布图可知，在股价上涨过程中，筹码峰同步出现发散并向上移动，尤其是顶部筹码峰特别显著，这说明主力吸筹力度在加大。

此后，该股出现了震荡盘整走势，如图 5-20 所示。

2015 年 4 月 30 日，该股股价经过多日盘整后重新启动上涨。与此同时，筹码分布图呈现出单峰密集形态。这说明主力已经完成了吸筹任务，未来股价上涨的概率极大。

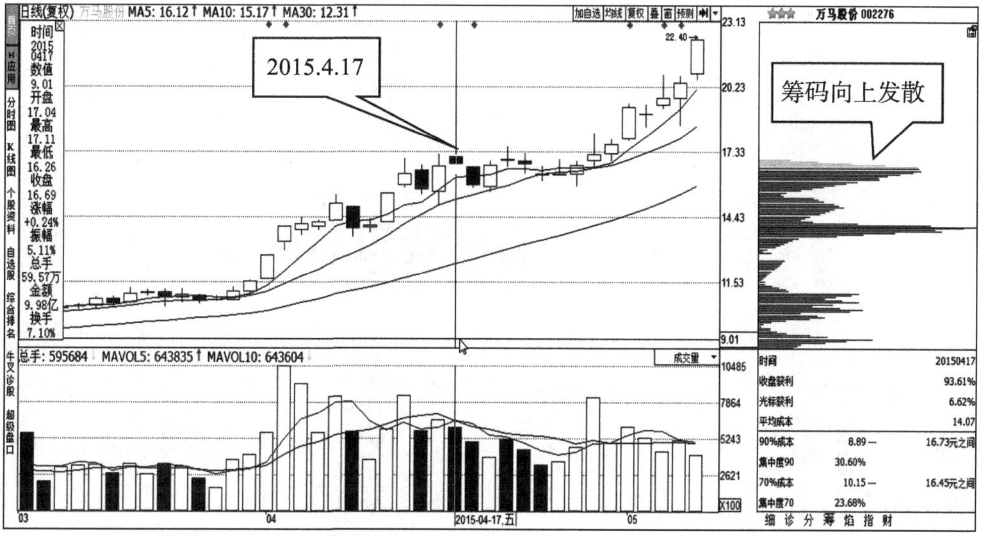

图 5-19 万马股份（002276）筹码分布图（一）

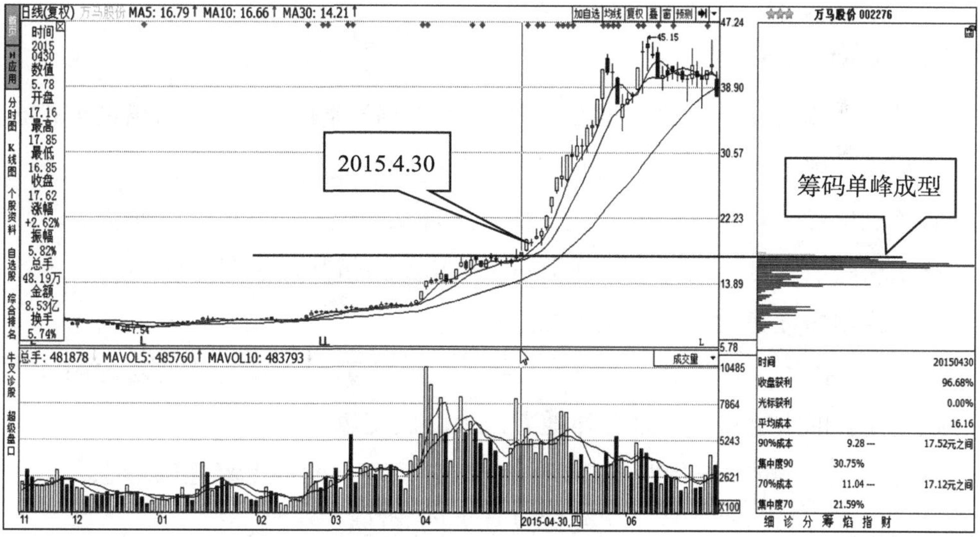

图 5-20 万马股份（002276）筹码分布图（二）

第三节　主力出货识别技术

通常情况下，当股价上涨至较高价位后，主力就会开始出货。股价到达最高点后出现回调时，若主力还未完成出货，则会故意让股价停留在顶部区域一段时间，以便其完成出货，这也是出现各类顶部K线形态的原因。

对于投资者来说，主力有两类出货方式，投资者应该特别注意：其一，股价上涨至高位后，主力边拉升边出货；其二，股价出现筑顶迹象，主力借以派发筹码。

一、拉高式出货

拉高式出货是一种非常重要的出货方式。拉高出货是指主力借助大市走强或某些利好消息，将股价拉升到一个较高的位置后，吸引大量买盘追涨，然后借机出货。对于投资者来说，如果发现某只股票的涨幅已经很大，这时又出现利好消息时，就需要特别小心，以防主力借利好拉高出货。

拉高出货在盘面上会呈现出如下特征。

（1）主力拉高出货过程中，K线图上一般都会出现高开低走的阴线或者跳空向上的十字星，而且会伴随着巨大的成交量。

（2）主力拉高出货时，筹码分布图会呈现一种头重脚轻的形态，即顶部筹码密集且筹码峰较长，底部筹码较为松散且筹码峰较短。

下面来看一下联络互动的案例，如图5-21、图5-22、图5-23所示。

由图5-21可知，联络互动的股价从2015年初开始启动了一波上涨行情。3月25日，该股创下短期高点后出现回调，在此之前的时间段内，股价上涨

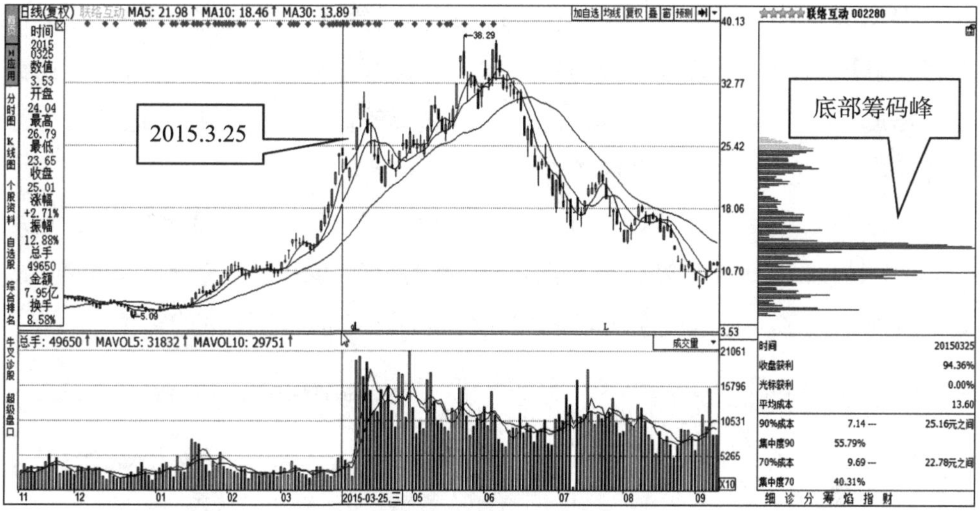

图 5-21　联络互动（002280）筹码分布图（一）

的幅度超过 200%。观察筹码分布图可知，此时底部筹码峰仍然存在，顶部筹码峰很小，这说明主力仍持有大量的仓位，并未出货。

其后，该股经过几个交易日的调整后，重新开始上涨，如图 5-22 所示。

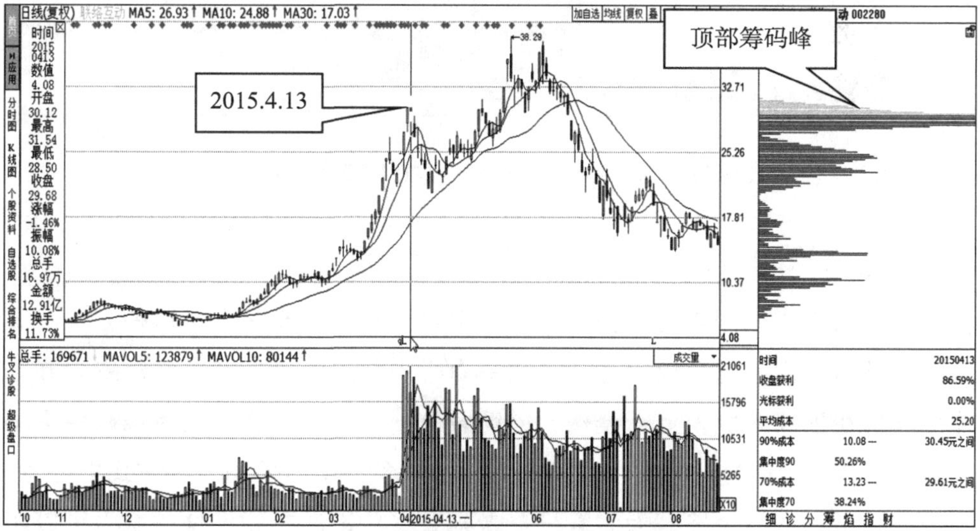

图 5-22　联络互动（002280）筹码分布图（二）

联络互动的股价经过几个交易日的调整后重新开始上涨，且在 4 月 13 日再度触顶回调。观察筹码分布图可知，低位筹码峰开始转移至高位，且在高位形成了一个新的较大的筹码峰。不过底部筹码峰仍然存在，这说明主力已开始出货，但并未完成出货任务。

如图 5-23 所示，该股回调几个交易日后，又一次启动了上攻，并于 6 月 4 日再次触顶回调。观察筹码分布图可知，此时该股筹码已经全部转移至高位，底部没有筹码了。这说明主力已经完成出货，未来股价下跌的概率极高。

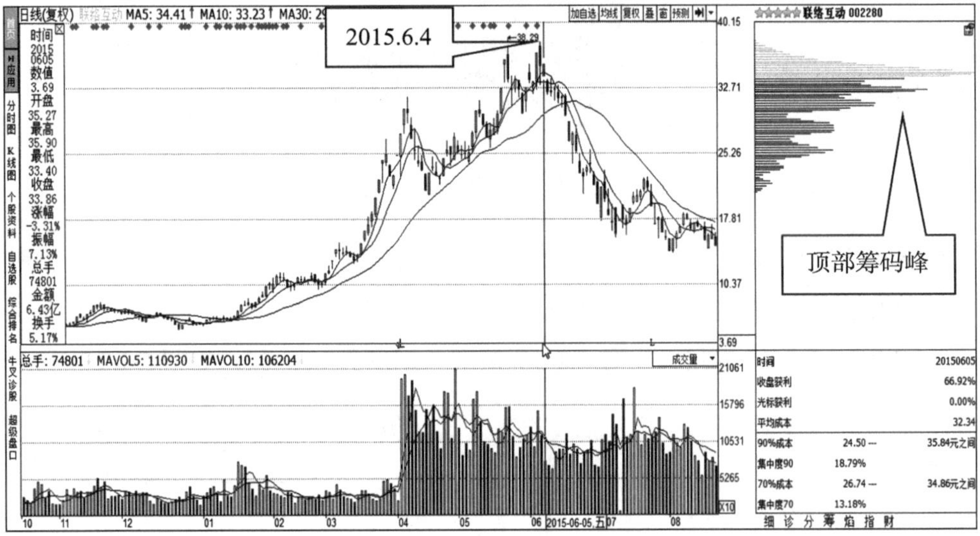

图 5-23　联络互动（002280）筹码分布图（三）

二、筑顶式出货

当主力出货时间较为充裕时，一般都会选择顶部震荡出货这种方式。震荡出货是指股价经过大幅拉升，到达主力心中理想的目标价位时，主力开始控制股价在顶部区域内上下震荡，借助股价上涨大量出货，然后再利用下跌小量吸筹，通过反复地多出少进的方式完成出货。主力使用这种方式出货时，一般都是市场行情较好，大多数投资者都看好后市的时候，这样主力可以顺利地在震荡中出脱手中的大部分筹码。

震荡出货会在盘面上呈现出如下特征。

（1）股价到达一个高位时，股价迟迟不向上方拓展空间，而是呈现横盘震荡状态。

（2）在震荡式出货过程中，会出现很多带有长长上影线和下影线的阴线或阳线。

（3）股价经过一段时间的震荡之后，出现向下运行的趋势，表示主力已经接近于完成出货。观察此时的筹码分布图会发现，股价结束盘整启动下跌时，就是顶部筹码峰已经成型且底部筹码峰已经转移至顶部的时候。

下面来看一下齐心集团的案例，如图 5-24、图 5-25 所示。

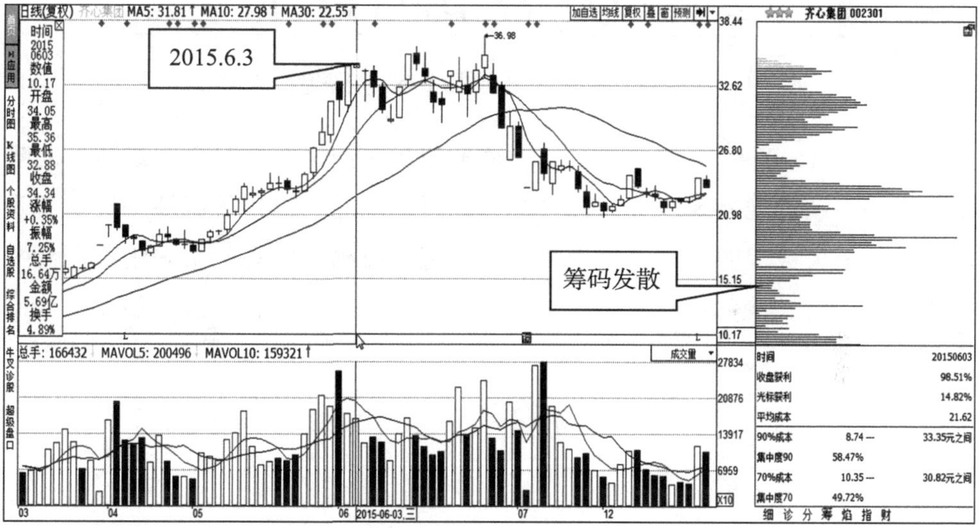

图 5-24　齐心集团（002280）筹码分布图（一）

由图 5-24 可知，齐心集团的股价在 2015 年上半年出现了一波快速上涨行情。2015 年 6 月 3 日，该股股价触及高点后出现回调。观察筹码分布图可知，此时该股的筹码呈发散分布，底部筹码明显多于顶部筹码，这说明主力已经开始出货，但并未出清，主力短期内不可能大幅打压股价。

其后，该股出现横盘筑顶走势，如图 5-25 所示。

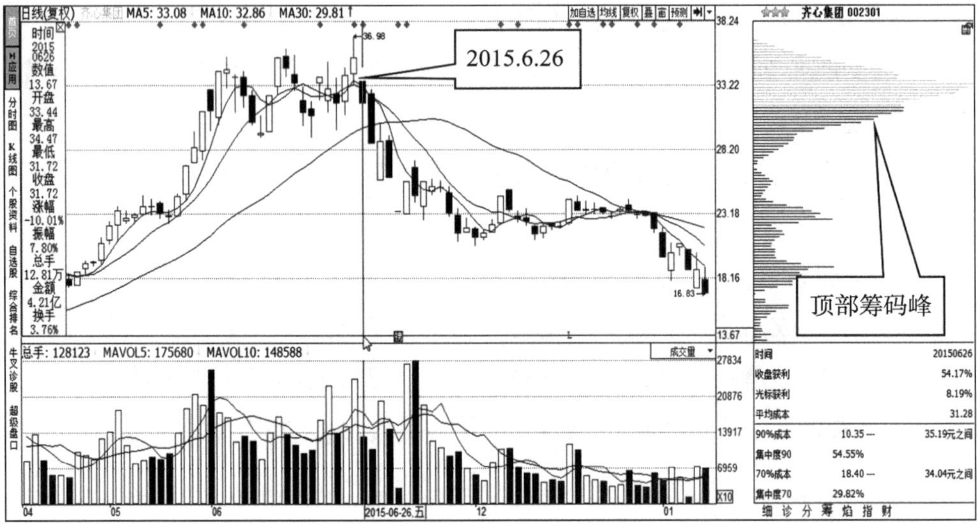

图 5-25　齐心集团（002280）筹码分布图（二）

到了 2015 年 6 月 26 日，齐心集团的股价在前一交易日创出最高价的基础上大幅下跌。观察筹码分布图可知，此时顶部已经出现筹码峰，且底部筹码峰全部消失或大幅萎缩，这说明主力接近完成出货状态，未来股价走低的概率很高。

第六章

筹码分布
综合实战技法

主力的动作必然引发股价的波动和筹码分布的变化。反过来，投资者也可以利用筹码分布的变化来洞悉主力的意图，预判股价未来的变动方向。

第一节 筹码分布追涨技法

这里向投资者提供几种比较实用的利用筹码分布追涨的方法，仅供参考。

一、下峰锁定，获利无限

下峰锁定，是指主力建仓完毕后，在拉升股价时，在底部吸入的筹码大部分没有出脱，这是一种比较积极和稳定的上涨信号。通常情况下，出现这种筹码分布形态，说明主力事先对股价的拉升过程有一个非常清晰和明确的计划，短期内股价将以上涨为主。

该方法的操盘要点如下。

（1）股价启动前，通常会在底部盘整很长一段时间，以便于主力吸纳足够的筹码。主力只有吸足筹码，才会开始拉升股价，否则就会为他人抬轿子。主力吸筹，在筹码分布图上就会表现为底部出现单峰密集形态。

（2）股价启动时，股价自筹码峰上沿启动，并温和放量上攻。有时，主力会在启动前故意向下打压股价，促使一些持筹不坚定的人放弃手中的筹码。当然，股价下跌时成交量会呈现萎缩状态，因为筹码已被主力控制，根本不需要太多的筹码，就可以将股价打压到较低的水平。

（3）股价启动上涨一段时间后，部分筹码会随着股价的上涨而向上移动，但底部的筹码主峰却没有削减或明显萎缩，这说明主力并未开始大规模出货。见到这类情形，投资者可耐心持股，不要害怕股价的回调整理。

（4）股价上攻至某一位置后，底部筹码峰消失，则说明主力已经开始出货了。此后若股价出现调整，投资者可考虑出货或部分出货，因为继续持股风险变得越来越大了。当然，主力也可能为了更快地完成出货，将股价继续向上拉升，但投资者必须注意防控风险。

下面来看一下重庆水务的案例，如图 6-1、图 6-2、图 6-3、图 6-4 所示。

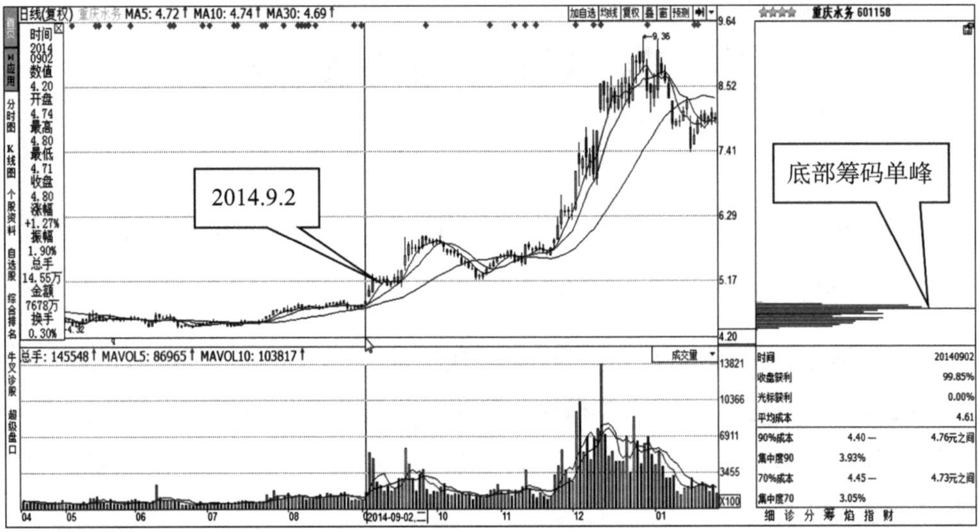

图 6–1　重庆水务（601158）筹码分布图（一）

由图 6-1 可知，重庆水务的股价在 2014 年下半年一直处于底部盘整状态。观察筹码分布图可知，此时底部筹码已经形成了一个低位筹码单峰密集形态，这说明主力很可能在等待拉升的契机。

2014 年 9 月 2 日，该股股价放量上攻，且股价已经站在了筹码峰的上沿，这说明主力已经开始拉升股价了，投资者可以考虑追涨买入该股。此后该股一路上攻，成交量也出现了温和放大，如图 6-2 所示。

2014 年 9 月 26 日，该股股价上涨至短期高点后出现回调。观察筹码分布图可知，此时该股的底部筹码单峰仍然存在，并未向上移动，这说明主力并未出货。此时股价出现调整，很可能只是主力的一次洗盘行为。投资者可密切关注筹码分布的变化情况，一旦发现底部筹码峰减少，要立即出货。

此后，该股经过几个交易日的调整后重新上涨，如图 6-3 所示。

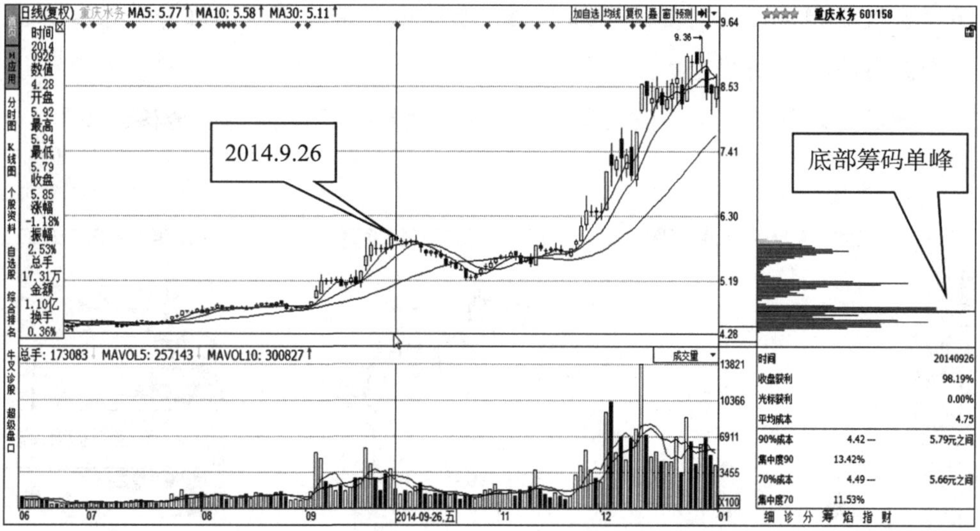

图 6-2　重庆水务（601158）筹码分布图（二）

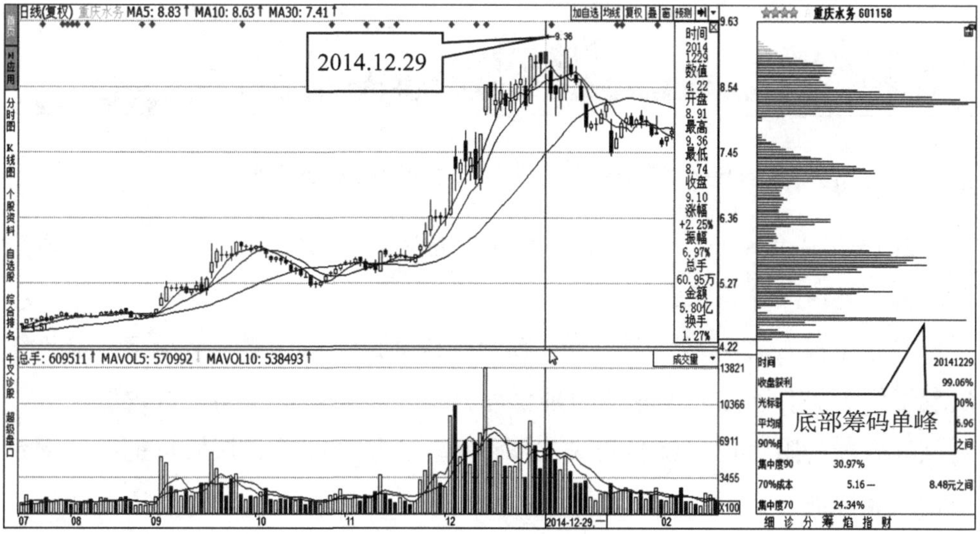

图 6-3　重庆水务（601158）筹码分布图（三）

2014 年 12 月 29 日，重庆水务的股价再次创出一个新的高点。观察筹码分布图可知，此时筹码进一步发散，大部分筹码都已转移至顶部。底部筹码峰虽然存在，但明显减少，这说明主力已经开始出货了，投资者宜谨慎。

保守型投资者可在此时卖出全部股票，激进型投资者可卖出部分股票，并进一步观察该股后期的走势。

此后，该股出现了一波震荡回调走势，筹码也迅速向高位转移，如图 6-4 所示。

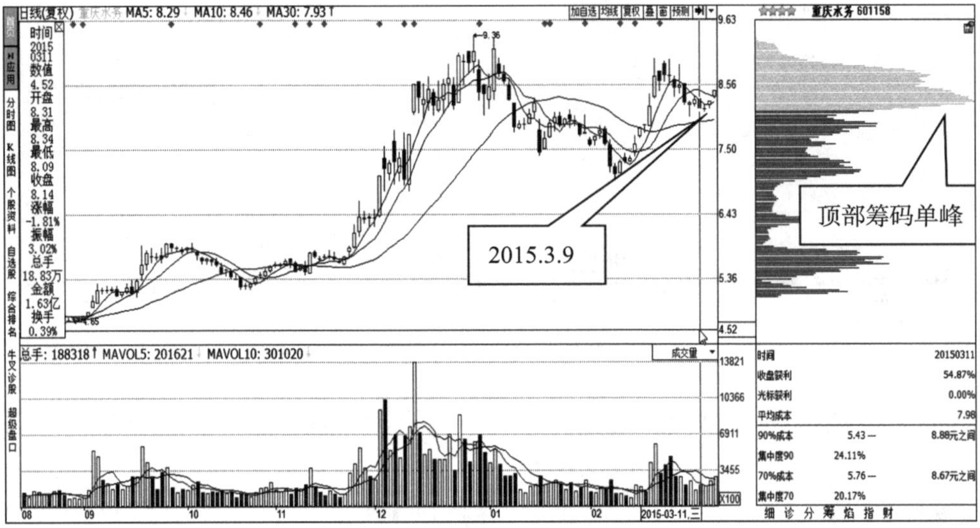

图 6-4　重庆水务（601158）筹码分布图（四）

2015 年 3 月 9 日，该股股价在顶部震荡了一段时间后，底部筹码峰完全消失，且顶部筹码峰成型。

在这里投资者需要注意一点，顶部筹码峰成型后，通常情况下，股价会出现下跌走势。不过，如果股价能够站到这一筹码峰的上沿，并继续上攻，则该筹码峰的阻力作用就会变成支撑作用。也就意味着，该股可能会启动新一轮上涨行情。

二、放量突破筹码密集峰

放量突破筹码密集峰，是指股价创下一个高点后出现回调，但筹码峰并未随之下降，其后股价重新启动上涨，且放量突破了前期密集筹码峰，这是一个主力强势拉升的信号。通常情况下，股价回调之后，在高位形成的筹码峰会阻碍股价的上攻。

如果主力不再顾忌前期的筹码峰压力，则存在这样两种可能：其一，前期的筹码峰本身就是主力自己的；其二，主力已经做好了强势拉升的准备，根本不惧阻力。

该方法的操盘要点如下。

（1）股价放量创出新高后出现回调，且回调时成交量出现萎缩。观察筹码分布图可知，高位筹码峰并未随着股价的下跌而下移，按照通常的理解，股价未来继续下跌的可能性并不大。

（2）股价在底部区域经过几个交易日的盘整后重新启动上攻，且根本不惧上方筹码峰的阻力，这说明主力已经做好了拉升的准备。投资者此时只需耐心等待，在股价向上突破高位筹码峰时果断跟进。

（3）通常情况下，股价到达前期筹码峰附近时，会出现几个交易日的震荡盘整，这也是主力正在消化前期的筹码峰，此时投资者也不宜介入。

（4）当重新出现的筹码峰足够大时，也就是主力吸入了足够的筹码，主力就会快速拉升股价，此时是投资者的最佳介入点。

下面来看一下中海集运的案例，如图 6-5、图 6-6、图 6-7 所示。

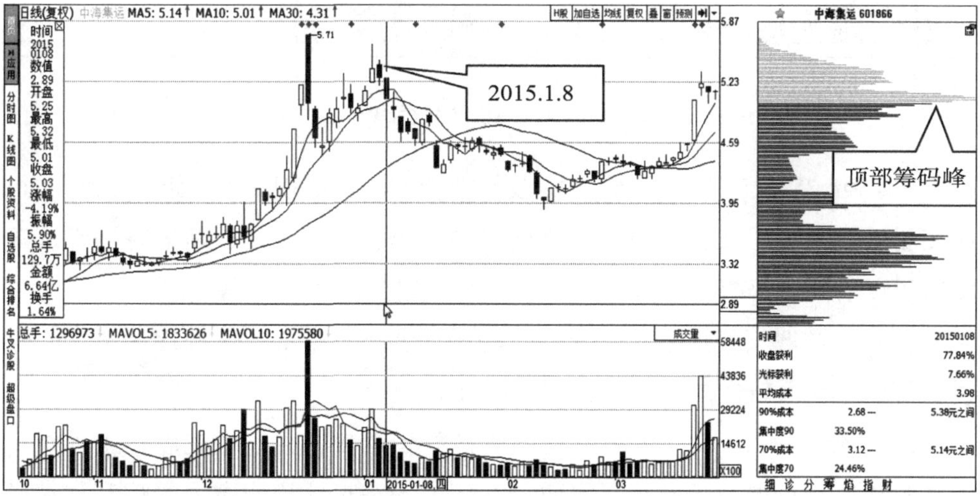

图 6–5 中海集运（601866）筹码分布图（一）

由图 6-5 可知，中海集运的股价在 2014 年底启动了一波上涨行情，股价在 2015 年 1 月初创下短期高点后出现回调。该股在筑顶期间出现了明显的放量状态，因而在顶部区域聚集了大量的筹码，不过在股价回调时，筹码峰并未随之出现下移。

投资者应该清楚，如果该筹码峰不能在将来随之下移，未来将会对股价的上攻产生相当大的阻力。正因如此，投资者只需保持关注即可，无需介入。

此后该股出现了回调，回调几个交易日后重新启动了上涨，如图 6-6 所示。

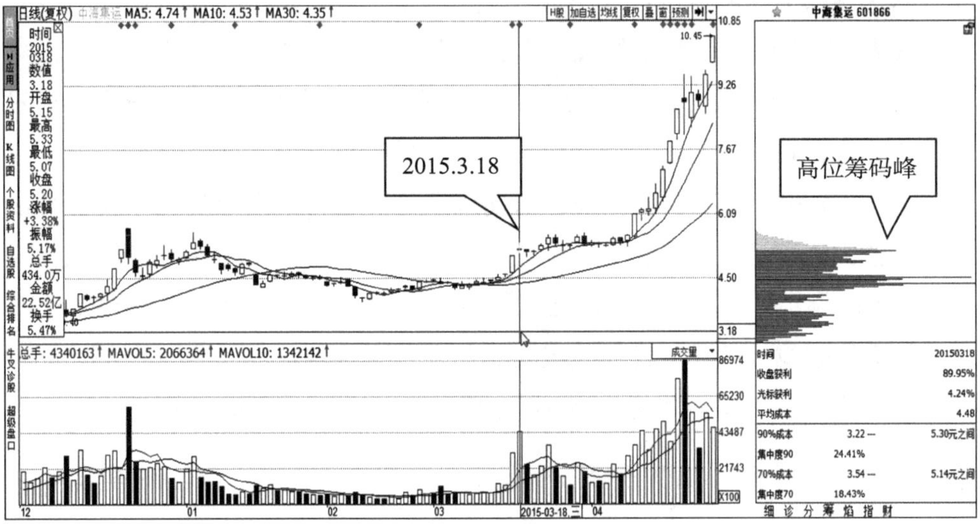

图 6-6　中海集运（601866）筹码分布图（二）

2015 年 3 月 18 日，中海集运的股价重新上涨至前期高点附近，与此同时，成交量明显出现了放大态势。观察此时的筹码分布图可知，新的筹码峰逐渐覆盖了以前的筹码峰，这说明主力正在吸入之前抛售的筹码。

其后，该股又经历了几个交易日的震荡调整，顶部筹码峰逐渐增大，这说明筹码正在重新走向集中，如图 6-7 所示。

2015 年 4 月 10 日，中海集运的股价放量上攻，并一举突破多条均线，走出盘整区域，同时还站在了筹码密集区的上沿。这说明主力的拉升行动已经开始，投资者宜迅速追涨买入该股。

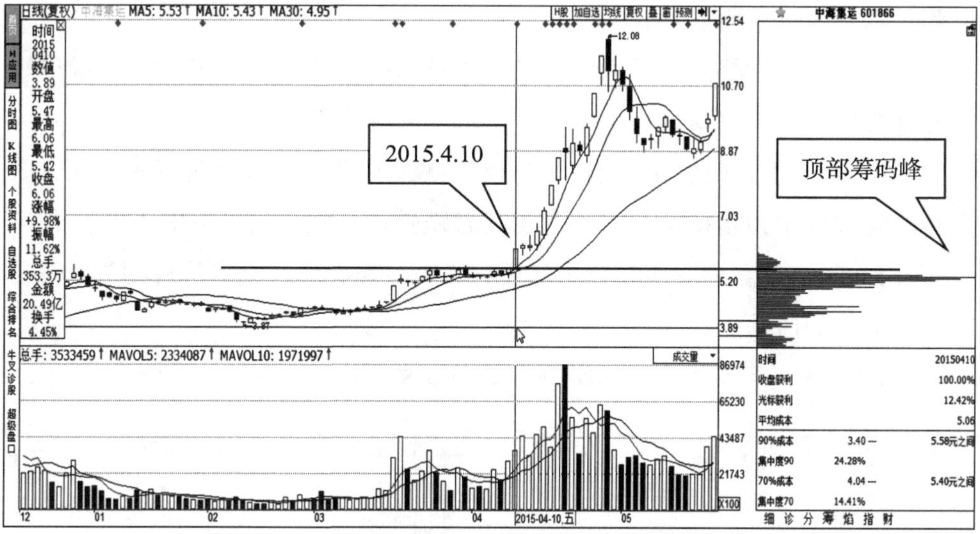

图 6–7　中海集运（601866）筹码分布图（三）

三、股价跳空穿越密集区

股价跳空穿越筹码密集区，是指股价创下一个高点后出现回调，但筹码峰并未随之下降；其后股价重新启动上涨，且以跳空的方式直接越过了前期密集筹码峰，这也是一个主力强势拉升的信号。

通常情况下，股价回调之后，在高位形成的筹码峰会阻碍后期的股价上攻。一旦股价直接以跳空的形式穿越前期的筹码密集区，则等于告诉投资者前期筹码密集区的筹码都是主力自己的，未来股价上涨的概率极高，也可能会走成超级大牛股。

该方法的操盘要点如下。

（1）股价放量创出新高后出现回调，且回调时成交量出现萎缩的情况。观察筹码分布图可知，高位筹码峰并未随着股价的下跌而下移。按照通常的理解，股价未来上涨的可能性并不大。

（2）股价在底部区域经过几个交易日的盘整后重新启动上攻，且根本不惧上方筹码峰的阻力，直接以跳空上扬的方式越过前期筹码峰，这说明主力已经做好了拉升的准备。投资者此时只需耐心等待，一旦股价向上突破高位筹码峰，即可大胆入场。

（3）通常情况下，股价跳空越过筹码峰后，有时会直接连续向上拉升，有时则会调整几个交易日后再度拉升。

（4）理论上，股价跳空越过前期筹码峰后，投资者就可考虑追涨买入，并将跳空位置作为止损位。股价若在其后跌破该位置，则可考虑止损卖出。

（5）股价跳空越过前期筹码峰后，如果出现震荡盘整走势后拐头上涨，则可将上涨的启动点作为一个加仓点位。

下面来看一下中海发展的案例，如图 6-8、图 6-9、图 6-10 所示。

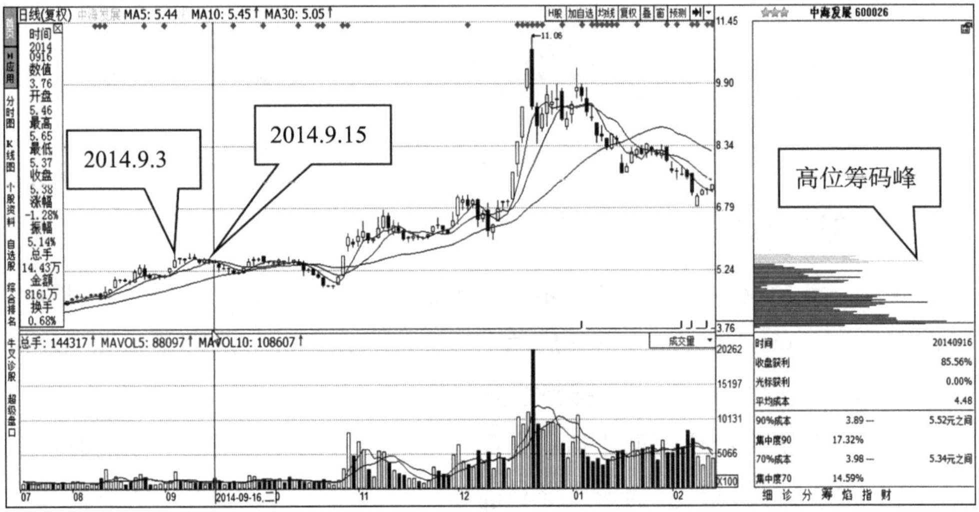

图 6–8 中海发展（600026）筹码分布图（一）

由图 6-8 可知，中海发展的股价在 2014 年下半年启动了一波上涨行情，9 月 3 日上涨遇阻，出现了筑顶迹象。9 月 15 日，股价结束盘整出现回调。观察筹码分布图可知，在盘整区域出现了高位筹码峰。

投资者应该清楚，如果该筹码峰不能在将来随之下移，未来将会对股价的上攻产生相当大的阻力作用。正因如此，投资者只需保持关注即可，无需急于介入。

此后，该股出现了回调，如图 6-9 所示。

图 6-9 中海发展（600026）筹码分布图（二）

2014 年 10 月 29 日，中海发展的股价重新上涨至前期高点附近。与此同时，成交量明显出现了温和放大态势。10 月 30 日，该股股价放量跳空越过了前期筹码峰，观察此时的筹码分布图可知，新的筹码峰与原来的高位筹码峰形成了明显的界限，该界限未来会对股价产生相当大的支撑作用。也就是说，投资者如果在 10 月 30 日买入该股，则可将该跳空区域设置为止损区域，股价若跌破该区域，则可卖出止损。

其后，该股又经历了几个交易日的震荡调整，顶部筹码峰逐渐变大，这说明筹码正在走向集中，如图 6-10 所示。

2014 年 12 月 16 日，中海发展的股价放量上攻，并一举突破多条均线，走出盘整区域，同时还站在了筹码密集区的上沿。这说明主力的拉升行动已经开始，投资者宜迅速追涨买入该股。

四、主力诱空，反向上攻

股价经过一段时间的震荡整理后，筹码逐渐趋向于集中。在筹码分布图上，股价附近区域形成了一个较大的密集筹码峰，且其他区域分布的筹码都很少，这说明主力已经完成了建仓或出货。此后，股价突然缩量下跌，给投

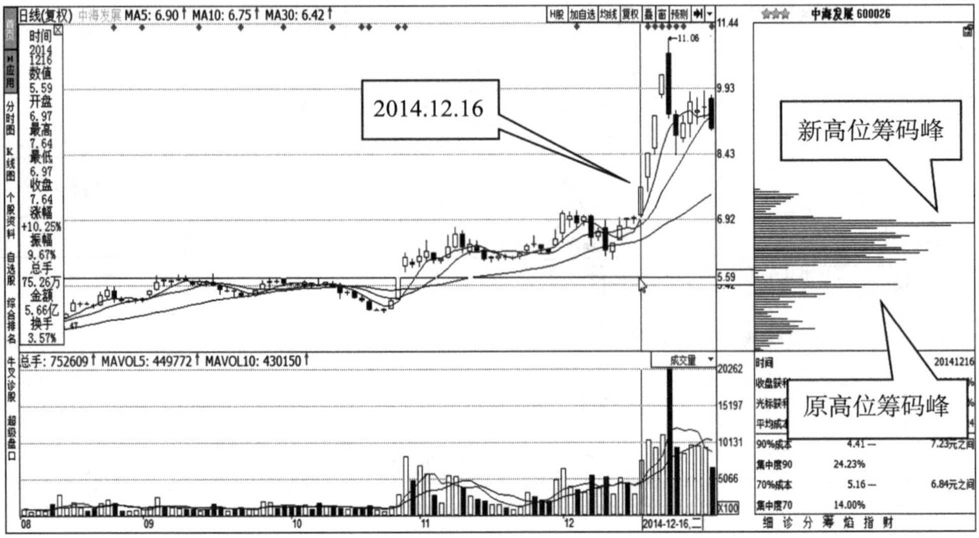

图 6–10　中海发展（600026）筹码分布图（三）

资者造成一种股价即将结束盘整、启动下跌的感觉，而后经过几个交易日的下跌重新开始放量上攻。

该方法的操盘要点如下。

（1）股价经过一段时间的横向盘整后，股价波动幅度变小。观察筹码分布图可知，此时筹码向股价波动区域集中，其他区域分布的筹码很少。

（2）股价横盘一段时间后，突破大幅下跌，且很快跌破了筹码密集区，不过成交量并未明显放大。通常情况下，筹码密集区被认为具有较强的支撑作用，当股价运行于筹码密集区上方时，上涨很可能会伴随着成交量的放大。如果股价跌穿了筹码密集区，且成交量很少，则说明密集区的筹码很可能属于主力所有。

（3）股价在筹码密集区下方运行一段时间后，重新开始放量上攻，并很快回到下跌之前的位置。此后有些股票会立即启动上攻，有些股票则会盘整数日后再上攻。总之，只要股价自下跌之前的位置放量上攻，投资者就应该坚决跟进。

下面来看一下安诺其的案例，如图 6-11、图 6-12、图 6-13 所示。

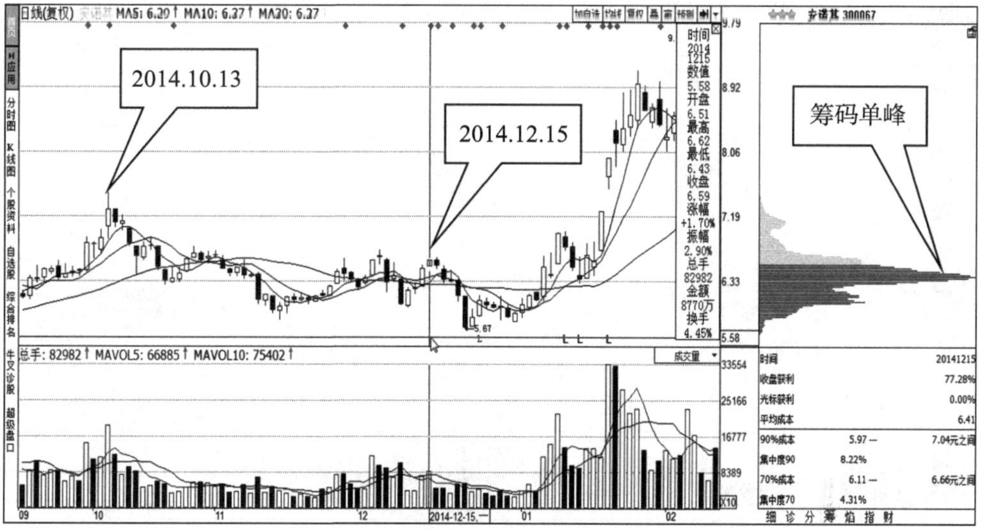

图 6–11　安诺其（300067）筹码分布图（一）

由图 6-11 可知，安诺其的股价在 2014 年下半年启动了一波上涨行情，10 月 13 日上涨遇阻出现了回调迹象。此后，该股出现横向盘整走势，筹码逐渐向股价附近区域集中，并形成了单峰密集形态。

12 月 15 日，股价结束盘整，向下突破并启动下跌走势。不过股价跌破筹码密集区域时，成交量并未出现明显放大，这说明该区域大部分筹码可能都是主力持有的。

此后，该股下跌几个交易日后又重拾升势，如图 6-12 所示。

2015 年 1 月 8 日，安诺其的股价重新上攻至下跌之前的位置，且原来的筹码单峰并未发生移动。这说明股价下跌完全是主力的一次诱空行为，也是为了让持筹意志不坚定者赶紧下车，以便为未来的拉升铺平道路。

此后，该股又整理盘整了几个交易日，如图 6-13 所示。

2015 年 1 月 20 日，安诺其的股价放量上攻，并一举突破多条均线，走出盘整区域。同时，股价还站在了筹码密集区的上沿。这说明主力的拉升行动已经开始，投资者宜迅速追涨买入该股。

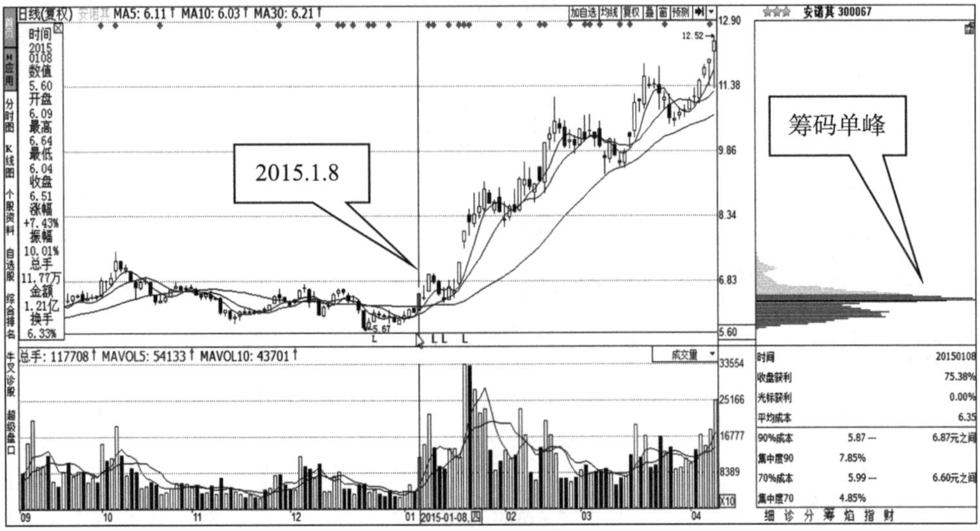

图 6-12 安诺其（300067）筹码分布图（二）

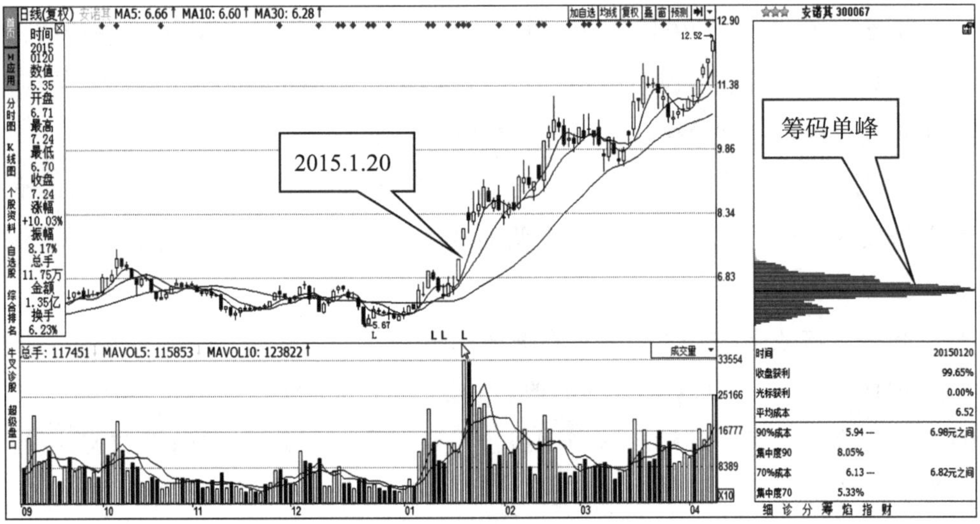

图 6-13 安诺其（300067）筹码分布图（三）

五、股价与筹码同步上移

股价在某一时段启动上涨时，成交量同步放大，筹码峰随着股价的上攻而呈逐级上移态势，即底部的筹码峰逐渐消失。最大的筹码峰总是在高位出现，而股价又位于最大的筹码峰上沿，这说明股价与成交量处于一种良性配合的状态，持有该股的投资者可以耐心持股。一旦股价跌破最大的筹码峰，则意味着股价很可能结束上涨趋势。

该方法的操盘要点如下。

（1）股价启动上涨前，需要在启动位置形成一个较为密集的筹码峰，且股价上方没有较大的筹码峰。也就是说，股价的上行不应该有明显的阻力位。

（2）股价启动上涨后，底部的筹码峰会逐渐消失。随着股价的上涨，筹码会呈现出发散状态，在股价附近形成新的筹码峰，且这个筹码峰是逐渐移动的。

（3）股价上攻过程中若出现调整，则会在调整位置出现小的筹码峰。不过，如果股价没有跌破这些筹码峰，投资者就可以耐心持股。

（4）股价上涨一段时间后遇阻回落，且跌破了最高的筹码峰，投资者可以考虑止盈出局。

下面来看一下南都电源的案例，如图 6-14、图 6-15、图 6-16 所示。

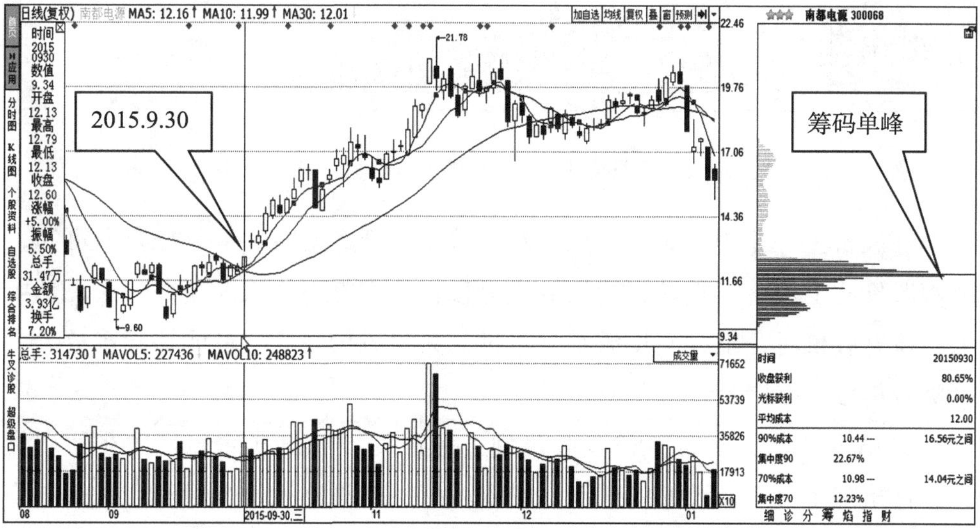

图 6–14 南都电源（300068）筹码分布图（一）

由图 6-14 可知，南都电源的股价在 2015 年下半年经历了一波下跌走势后，出现了震荡筑底走势。在股价筑底过程中，筹码逐渐向底部集中，并形成了底部密集筹码峰，这说明主力可能已经完成建仓。

9 月 30 日，股价结束盘整，开始放量上攻。观察筹码分布图可知，在盘整区域出现了低位筹码峰。此时，股价已经位于底部筹码峰的上沿，这属于一个较佳的入场信号。投资者可以少量建仓。

此后，该股出现了一波上涨行情，如图 6-15 所示。

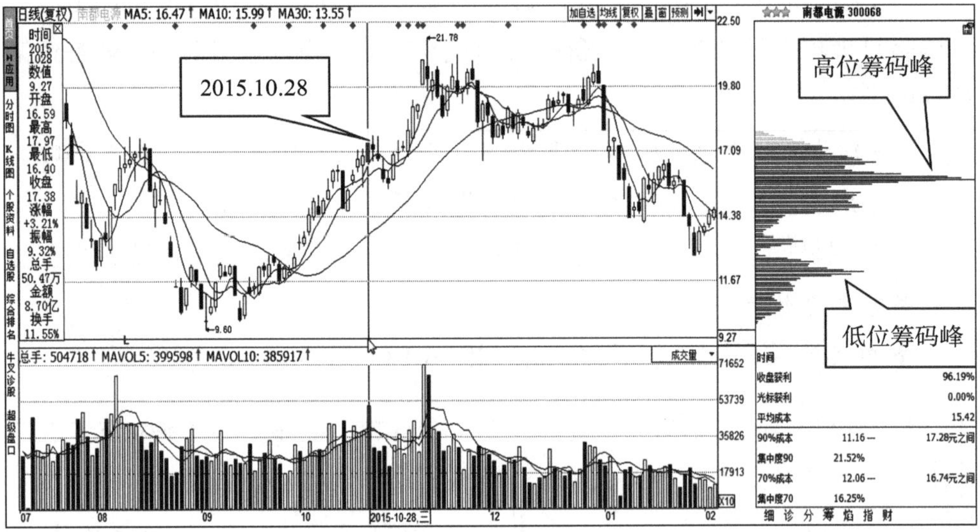

图 6–15　南都电源（300068）筹码分布图（二）

在股价上涨途中，成交量也不断地放大。观察此时的筹码分布图可知，随着股价的上攻，筹码峰逐渐发散且上移，底部筹码峰逐渐萎缩。这说明主力在拉升股价时，也在同步派筹。不过，只要股价与成交量能够同步放大，投资者仍可放心持股。

2015 年 10 月 28 日，该股股价创下一波高点后出现回调，且在回调位置迅速出现了一个较大的筹码峰。投资者此时应该注意，若股价遇该筹码峰支撑重新上涨，则可考虑加仓买入该股；如果股价跌破了筹码峰，则需清仓。

随后，该股回调遇筹码支撑后再度放量上攻，如图 6-16 所示。

图 6-16　南都电源（300068）筹码分布图（三）

南都电源的股价在 2015 年 11 月 13 日创下一个新的高点后出现回调走势。观察此时的筹码分布图可知，该股已经形成了顶部筹码峰。此时，投资者应该密切关注该股后期的走势，一旦股价跌破筹码峰，则应立即出清仓位。

2015 年 11 月 27 日，该股跌破了顶部筹码峰，这意味着该股上涨行情可能要终结，投资者宜清仓出货。

第二节　基于筹码峰移动设计交易计划

建立完善的交易系统并严格执行，是专业投资者必须具备的素养。然而很多散户尤其是新进入股市的散户，却很少能够为每次交易设计完整的交易计划。

一、交易系统基本构造

通常情况下，一套完整的交易系统至少包括三个基本要件，即市场环境与投资偏好控制、交易执行控制以及资金仓位控制。

1. 市场环境与投资偏好控制

市场环境与投资偏好控制，要求投资者首先识别当前的市场环境，并根据市场环境确定交易模式和股票投资标的。

（1）市场环境。

这里的市场环境主要是指整个股票市场所处的大势氛围，即目前股市处于上升趋势、下跌趋势还是盘整趋势。对于投资者来说，当股市处于上升趋势时，入场交易获利的可能性非常大；反之，当股市处于下跌趋势时，入场交易获利的可能性则会很低，如图 6-17 所示。

图 6-17 上证指数（1A0001）日 K 线走势图

2014 年 10 月开始，上证指数从 2200 点附近启动上涨行情，一路上涨至 5100 点位置。在此期间，投资者如果选择买入个股并持股不动，那么盈利的可能性非常之高。如果能够在 3000 点以下时买入股票，翻番的概率同样非常高。

（2）交易模式。

交易模式是指投资者根据对市场大势的判断和个人偏好设置的交易路径。这些交易模式既包括按周期划分的长线持股、波段交易、短线投机，也包括抢反弹、左侧交易与右侧交易等。

（3）股票投资标的。

股票投资标的，是指投资者根据对市场大势的判断和选择的交易模式，并结合个人偏好确定的备选投资股票。通常情况下，交易模式不同，所选的投资标的也会有所区别。例如，长线持股交易模式适合选择绩优股，抢反弹则适合选择短期热门小盘股。

2. 交易执行控制

交易执行控制是整个交易系统的核心，是指投资者对整个交易过程进行的详细规划。

交易执行控制包括如下细节。

（1）入场方法及条件。

入场点的选择，对于交易成败和投资者心理都会产生重要的影响。通常情况下，投资者可以通过大盘环境和个股走势双重方法设置入场条件。如当大盘向好时，股价脚踩底部筹码峰上沿放量上攻时买入。

初次买入股票时，要尽量控制好仓位，不宜全仓进入，以免判断失误给自己的本金带来风险。

（2）加仓方法及条件。

买入股票后，当股价突破某一重要阻力位或回调遇某支撑位支撑再度上升时，可以考虑适当加仓。加仓无需一次到位，可分批次进行。原则上，前期加仓量可以大一些，股价上涨到高位时加仓宜谨慎。

（3）减仓方法及条件。

买入股票后，当股价运行趋势与预期不一致，即遇到某一重要阻力位或出现回调时，可以考虑适当减仓。与加仓相似，减仓也可分批次进行。

（4）止损设定。

由于短线操作讲究快进快出，所以很多时候设定的卖出条件就可以作为止损条件。有时二者也会不一致，这时就需要另设止损位。如买入条件为股价向上突破底部筹码峰，卖出条件为股价跌破顶部筹码峰，这时就需要设定止损位为股价跌破底部筹码峰。

（5）止盈设定。

为了确保短线盈利能够及时兑现，在短线操作前，必须确定明确的盈利目标，一旦达到目标，就可以全部或部分撤离目标股。一般情况下，止盈条件设定为有明显卖出信号出现时。也可以设定为具体的盈利目标值，如10%、20%等。

3. 资金仓位控制

资金仓位控制主要包括对整体仓位和个股所占仓位的控制、预留资金控制等。

（1）整体仓位控制。

投资者可将总仓位水平线划分为空仓、30%线、50%线、70%线、满仓五个水平。鉴于股市中没有绝对安全的时间，因而满仓是应该尽量避免的。通常情况下，当股市处于上升趋势时，可以适当提升仓位水平；反之，当股市处于下跌趋势中，应降低仓位水平直至空仓。

（2）单只股票仓位占比。

通常情况下，单只股票的仓位占比不应超过30%。当然，如果资金量过小，可以突破这一限制。控制单只股票的仓位占比，本意是要分散风险，如果资金量太小，就失去了分散风险的意义。

（3）预留资金比例控制。

预留资金的比例，因投资者个人投资偏好和风险承受能力不同而异，一般应不少于20%。牛市时可以直接设定在20%的水平，熊市时则要提高预留资金的比例。即使是一次非常强劲的反弹，也要保证预留资金不低于30%，而且投入预留资金时，还要做好资金回收计划。

二、建立基于筹码分布技术的交易系统案例

基于筹码分布技术的交易系统包括下面几项。

1. 入场条件

基于筹码分布技术的入场交易条件如下。

（1）大盘环境。

大盘处于以下几种环境之一时可以入场交易。

第一，大盘处于上升趋势中，即大盘指数运行于短期均线之上，且各条均线呈向右上方倾斜。

第二，大盘指数位于较大筹码峰的上沿。

（2）个股情况。

拟买入股票同时满足以下条件可以入场交易。

第一，股价经过多日底部盘整，高位筹码逐渐向底部密集，且高位筹码逐渐减少。

第二，筹码分布呈单峰密集形态，且股价运行于底部筹码峰的上沿。

第三，股价拐头向上，并放量突破多条均线。

2. 仓位及加仓、减仓控制

基于筹码分布技术的买入及加仓方法如下。

第一，初次买入。初次买入的仓位与股价面临的风险成反比关系，即风险越大仓位越低；反之，则可加大仓位。原则上，初次买入的仓位占计划买入总仓位的比重不能超过 50%。

第二，加仓控制。股价处于上涨过程中，若股价经过一波拉升后回调几个交易日再度上攻，或股价与筹码上升速度同步加快，可以考虑加仓买入。加仓量原则上不能超过计划买入总仓位的 30%。

第三，减仓控制。顶部筹码峰逐渐变大，且股价上涨出现停滞，可以考虑减仓操作。减仓量主要结合当时面临的风险而定。

3. 止损位设置

基于筹码分布技术设置的止损位如下。

买入股票后，股价不涨，反而快速向下跌破底部筹码峰，则立即止损卖出。

4. 止盈位设置

基于筹码分布技术设置的止盈位如下。

第一，筹码分布呈顶部单峰密集形态。

第二，股价自高位跌破顶部筹码峰。

下面以贵研铂业为例，详细介绍一下基于筹码分布技术的交易系统。

2016 年上半年，股市整体处于盘整状态，大盘未出现大幅上涨或下跌走势，此时属于比较有利于进行个股中短线交易的机会。下面来看一下贵研铂业的走势，如图 6-18 所示。

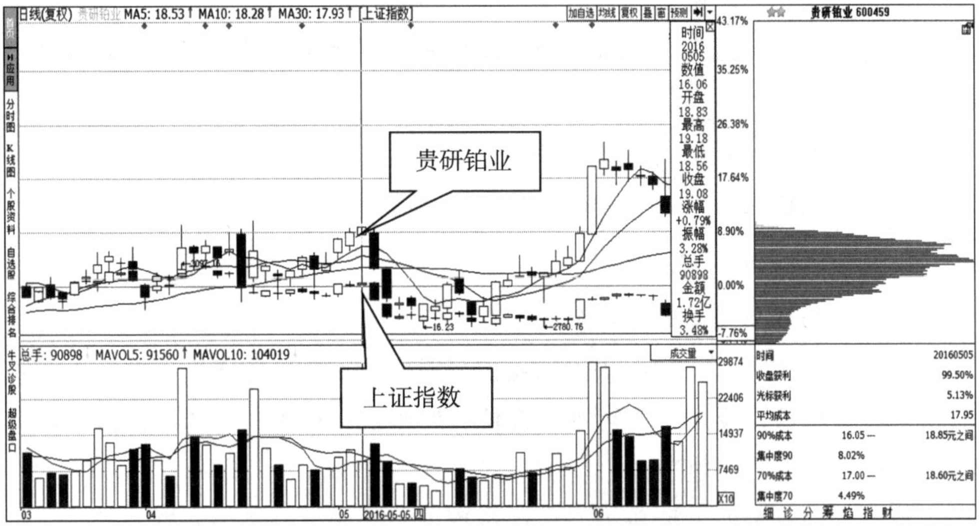

图 6-18　贵研铂业（600459）与上证指数走势对比图

贵研铂业的股价在 2016 年上半年与上证指数同步出现了盘整走势。在股价底部盘整过程中，贵研铂业底部的筹码峰逐渐变大，这说明主力吸筹接近完成状态，未来有启动上涨的可能。鉴于当时上证指数走势较稳，比较适合个股中短线操作。投资者若想入场交易该股票，可以制定如下交易计划。

（1）买入条件。

第一，股价 K 线位于底部筹码密集峰上沿。

第二，股价 K 线向上突破多条均线，包括 5 日均线、10 日均线，且均线呈多头排列。

（2）仓位设置。

第一，总体仓位设置。鉴于当时大盘走势不强，个股走势具有一定的不确定性，可将总仓位的 25% 用于购入。

第二，在股价拉升过程中，若出现回调，且回调至高位筹码密集峰位置遇支撑再度上攻，则可考虑加仓买入。

（3）加仓点设置。

股价向上拉升过程中，会形成若干筹码峰。股价回调遇筹码峰后重新上攻，则可考虑加仓买入。

（4）减仓点设置。

股价连续拉升至高位后，高位筹码峰开始变大，且股价出现滞涨状态，则可考虑减仓操作。

（5）止损位设置。

买入股票后，股价并未上涨，而是反向跌破底部筹码密集峰，则需止损操作。

（6）止盈位设置。

股价跌破最高的高位密集峰后，可以考虑止盈操作。

下面来看一下具体案例，如图 6-19、图 6-20、图 6-21、图 6-22 所示。

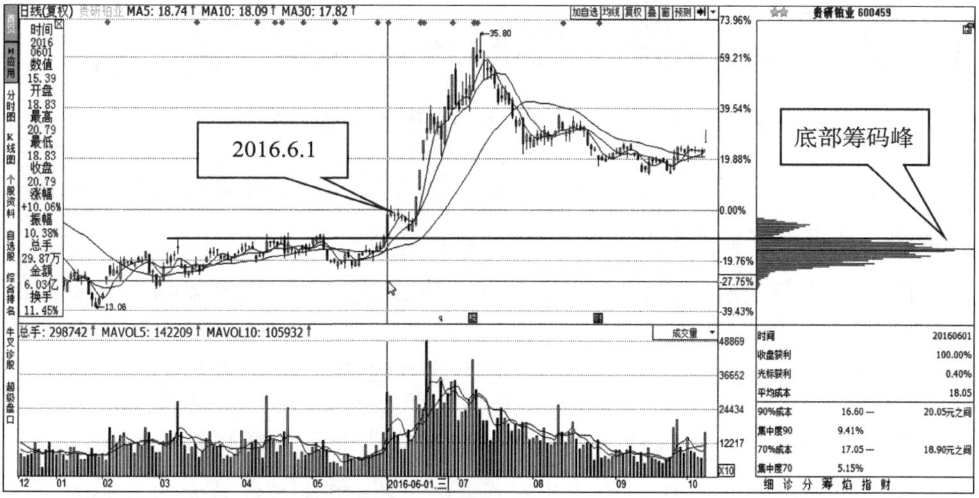

图 6-19　贵研铂业（600459）筹码分布走势图（一）

由图 6-19 可知，贵研铂业的股价在 2016 年上半年经历了一波下跌之后，出现了底部盘整走势。在股价盘整过程中，该股筹码逐渐向底部密集，并形成了密集筹码峰。

2016 年 6 月 1 日，该股股价重新自底部向上穿越筹码密集峰，并站到了底部筹码峰的上沿。与此同时，股价 K 线向上穿越了多条均线，各条均线呈多头发散排列，这说明股价即将启动上涨行情，投资者此时可以考虑第一次买入该股。

其后该股上攻两个交易日重新下跌，遇先前的底部筹码峰时，受到了强大的支撑作用，如图 6-20 所示。

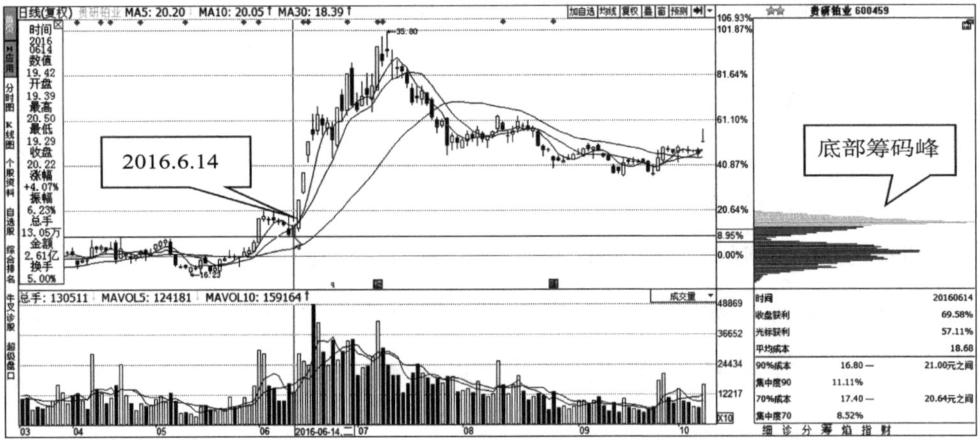

图 6-20 贵研铂业（600459）筹码分布走势图（二）

投资者可在 6 月 14 日该股股价遇到筹码密集峰支撑重新上涨时加仓买入该股。其后，该股重新启动了一波快速拉升行情。

随着股价的上涨，筹码峰逐渐上移，形成了多个筹码密集峰形态，如图 6-21 所示。

2016 年 7 月 1 日，贵研铂业的股价出现了回调走势，且股价跌破了高位筹码双峰的第一个筹码峰。这说明该股未来走势开始变得极不确定，投资者可考虑第一次减仓操作。由于高位第一个筹码峰并不是最大的筹码峰，因而投资者可以保留部分筹码。若第一个筹码峰就是最大的筹码峰，则应考虑

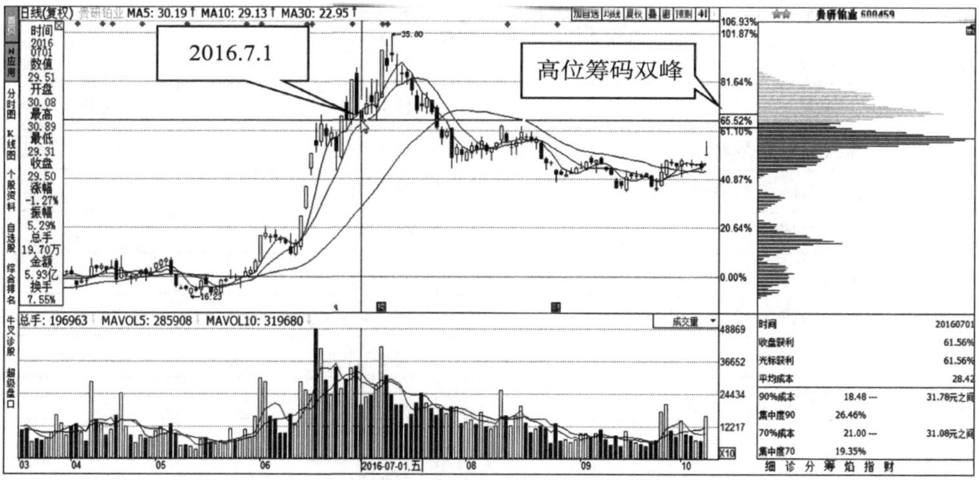

图 6-21　贵研铂业（600459）筹码分布走势图（三）

清仓操作。

其后，该股股价遇高位第二个筹码峰支撑再度上攻，但攻击力已经减弱，如图 6-22 所示。

2016 年 7 月 15 日，贵研铂业的股价自高点回落，且跌破了高位筹码密集峰。该筹码峰就是该股当时最大的筹码峰，这说明股价运行趋势可能发生改变，投资者宜清空仓位。

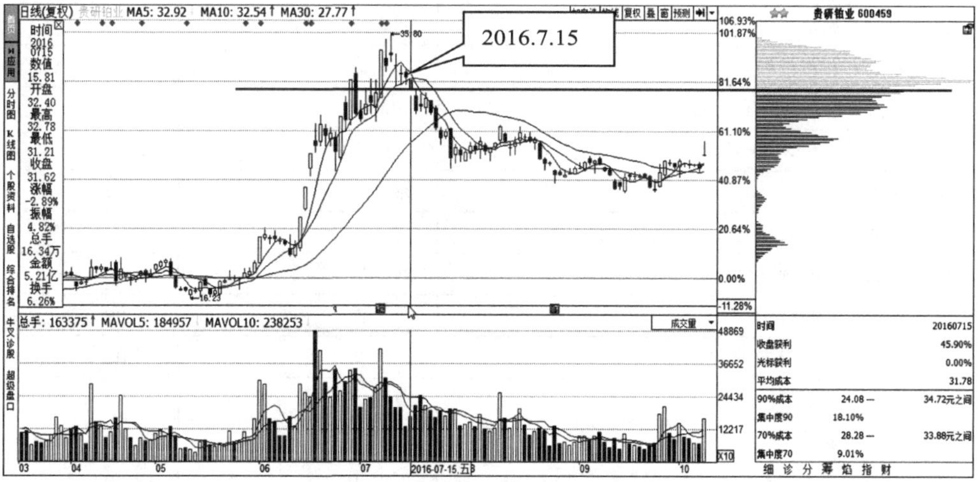

图 6-22　贵研铂业（600459）筹码分布走势图（四）

投资理财类书目

书名	作者	定价
宝塔线指标入门与实战精解	刘振清	35.00
筹码分布技术入门与实战精解	刘振清	35.00
现货石油交易实战宝典	张耿豪　饶　斌	38.00
农产品期货	付上金	58.00
教你炒股票：缠论与 K 线分析技术	培　峰	48.00
短线炒股全攻略	付　刚	49.00
磁区理论点评升级版	江南小隐	38.00
三步掌握波段买卖	曹明成　谭　文	38.00
黑马捕捉术	曹明成　谭　文	36.00
阴阳 K 线的奥秘	曹明成　谭　文	38.00
相对波浪理论	唐桂华	42.00
波段操盘秘法	何瑞东	38.00
布林线指标入门与实战精解	刘振清	35.00
MACD 指标入门与实战精解	刘振清	35.00
KDJ 指标入门与实战精解	刘振清	35.00
一本书读懂互联网投资理财	蔡余杰	38.00
玩转技术指标：九种技术指标精讲	金　铁	45.00
新手炒股快速入门与技巧	刘振清	38.00
银行理财产品全攻略	薄志红	35.00
决战牛熊：股市获利之道	曹明成　谭　文	35.00
短线出击：股市快速获利战术	麻道明	49.00
聚沙成塔：T+0 交易绝杀技	江南小隐	35.00
短线实战操盘技巧	伟　晴	42.00
一买就涨：买在底部的 101 个起涨信号	付　刚	38.00
一卖就赚：卖在顶部的 123 个卖出信号	刘　平	38.00
短线追涨与低吸技术	金　铁	38.00
实战交易密码之走向盈利	陈志文	45.00
吃定庄家	曹明成　谭　文	39.80
量价关系精要	徐子城	28.00
股票画线技术入门与实战	刘振清	38.00

续表

股价结构：趋势与轨道	华　强	35.00
K 线操盘学	麻道明	58.00
如何做股票交易	杰西·利弗莫尔	20.00
从零开始炒股票	徐子城	35.00
江恩理论入门、精通与实战	景生辉	28.00
缠中说禅：教你炒股票	王培峰	48.00
如何看懂技术指标	麻道明	38.00
个股期权投资指南	付上金	32.00
索罗斯 32 个投机信条	孙恩棣	28.00
巴菲特 76 条投资准则	孙恩棣	28.00
波浪时空体系	王军凯	32.00
超级牛股操盘术	李　闻	48.00
发现身边的成长股	王春玮	35.00
股价结构：压力与支撑	华　强	35.00
趋势定位	付上金	35.00
量价精研	邢孝寒	32.80
K 线阳线战法	麻道明	39.00
K 线阴线战法	麻道明	39.00
零起点期货投资一本通	黄　金	28.00
零起点基金投资一本通	黄　金	29.80
零起点股票投资一本通	黄　金	35.00
股市交易特技	时空老人	38.00
夜话交易谋略	股峰求道	32.00
如何看懂分时图	江南小隐	28.00
易经演股法之个股攻略	第六感觉	35.00
艾略特波浪理论入门、精通与实战	景生辉	28.00
趋势与拐点交易法	戈　岩	35.00
家庭投资理财规划一本通	雷　冰	35.00
股票易占交易系统	劳剑勇	35.00
实战擒庄	张　文	35.00
筹码实战分析	刘晓杰	28.00

续表

趋势技术分析	邱立波	36.00
专业操盘原理	景生辉	38.00
背离技术分析	江南小隐	29.80
小女人理财锦镶	游凌燕	28.00
理财产品全攻略	罗显良	38.00
股票投资资金管理与止损止盈技巧	雷　冰	32.00
谁是股市赢家	梦　兮	25.00
春林涨停战法	张春林	29.80
龙头股实战技巧	张　文　赵振国	35.00
均线技术分析	邱立波	38.00
易经演股法	第六感觉	35.00
现货黄金投资技巧	邢孝寒	28.00
系统化交易——A 交易系统久赢真经	黄　根	39.00
缠论解析：缠中说禅技术理论图解	江南小隐	23.00
实战交易密码	陈志文	35.00
股票投资的 24 个关键财务指标	雷　冰	35.00
K 线技术分析	邱立波	38.00
破译 K 线图中的密码	江南小隐	38.00
你最想要的投资学	张潇云　徐　刚	25.00
四维操盘：基于价量时空分析的实战操盘技术	邢孝寒	29.80
波段操作实战精解	雷　冰	35.00
精准判断买卖点：炒股就这一招	曹千阳	38.00
崩溃点战术：基于市场心理分析的交易技术	铸剑先生	39.80
新手炒股也赚钱：量价实战技法	帝都操盘手	29.80
K 线综合实战分析	雷　冰	48.00
赢在股市 24 堂课	索氏门人	28.00
磁区理论：识别最佳买卖时机和位置的分析技术	江南小隐	38.00
告别亏损：从持续亏损到稳健盈利的修炼法则	冼　剑	38.00